新型コロナウイルスは細菌兵器である！

泉パウロ

ヒカルランド

新型コロナウイルスのパンデミックは
何年も、何十年も前から計画されていた。
その狙いは？
私たちの格闘は血肉に対するものではなく、
主権、力、この暗闇の世界の支配者たち、
また、天にいる諸々の悪霊に対するものです。

目次

第1部 新型コロナは世界最終戦争のための生物化学兵器だった！

Part 1 コロナ騒動は、やはり予告通りに起こされていた！

Part 2

イルミナティカードもパンデミックを予告！

Part 3

今回の目標3300万人の削減も失敗している！

Part 4
奴らは予告して実行する！　その習性を知って備える叡知を持とう！

Part 5
実はカジノ王のトランプとコロナウイルス！

Part 6

まだまだ出てくる！　新型コロナ・パンデミックの犯行予告!!

Part 7

インフルエンザも仕掛けだ！
奴らの手のひらで踊り狂わされる世界の人々！

第2部　人口削減計画の中でこう生き延びよう！

Part 8　今こそ聖書預言に耳を傾けるとき！

Part 9

エルヴィス・プレスリーとジョン・レノンその体験談と裏話

カバーデザイン　三瓶可南子
校正　麦秋アートセンター
本文仮名書体　文麗仮名（キャップス）

第1部

新型コロナは世界最終戦争のための生物化学兵器だった！

Part 1
コロナ騒動は、やはり予告通りに起こされていた！

ディーン・R・クーンツの小説『闇の目』（1981年）とは？ 〝武漢－400〟というウイルスが登場！

私は今、心が騒いでいます。

またしても悪の闇組織イルミナティは自分たちの邪悪な計画に従って大罪を犯したからです。

人工的な新型コロナウイルスを研究所や化学工場爆破によって、中国武漢からばらまき、世界中を苦しめています。

多くの人は3・11東日本大震災、あの大国難が人工地震と意図的な複合災害であったことを今でも知らないのです。

今日もマスクをして道行く人々は、やがて時間とともにワクチン開発で終息するであろう今回の新型コロナウイルス騒動について、またしても気付いていていない。

立ち止まって考えるべき重要なチャンスであるのに、全てを単なる陰謀論だと片付けてしまい、心に深く留めない。

聖書預言では、こんな陰謀が世の終わりまで延々と行われると書かれているのです。

悪魔崇拝者たちが実在します。私は皆に知ってほしい。真実があり、偽りがあるのです。自分の目でよく見極めて、悪を退け、善を、真実を摑《つか》んでほしいのです。

本書で数々の状況証拠を提示したい。結論から言うと、今回の新型コロナウイルス騒動説は、サウジアラビア人男性から採取したウイルスをオランダ、カナダ経由で中国の産業スパイ3人が盗み出し、武漢ウイルス研究所で培養して遺伝子組み換え技術により毒性をさらにパワーアップさせたものです。同研究所の石正麗研究員は、2019年、「コウモリからコロナウイルスを抽出し新種のコロナウイルスを研究する」という講演会を行ったことがわかり、SNS上で開発者として名指しされています。これに対して、現役研究員の1人が目撃情報も暴露したので、人工ウイルス説の信憑性《しんぴょうせい》が高まっています。それを、ロスチャイルドが命じてイギリスのMI6秘密情報部（本来MI6は国外の政治、経済及びその他秘密情報の収集、情報工作を任務とする国家組織）の工作員が持ち出し、武漢市内でこっそり新品マスクに含ませて無償配布したり販売網に流したりして、さらに海鮮市場や住宅で散布し感染者を増やしました。加えて、研究所爆破、航空機から何トンもの微粒子状物質アスベストに病源体を含ませて空中散布、注射に混入するなど医療行為も利用してまき散らしました。中国外務省は「アメリカで初めての感染はいつ発生し、何人が感染したのだろうか？　この感染症は、アメリカ軍が武漢に持ち込んだものかもしれない。アメリカは透明性をもって、データを公開しなければならない。説明が不足している」と指摘しています。２０１９年10月に武漢市に米軍３００人が軍事計画への参加目的に滞在以降、ウイルスの潜伏期間に相当する２週間後に武漢市で最初の新型コロナウイルスの感染例が報告されているからです。60以上の国際便と１００以上の国内便、国内最大の新幹線網を備えた交通要所である武漢市での感染例報告から２か月後、中国の新年の春節前夜に、新型コロナの発生が発表されました。

今のこのタイミングに撒いた理由は、中国が発行準備しているデジタル人民元でサウジアラビアから石油を買い始めたり、米中貿易摩擦の根源となった巨大経済圏構想・一体一路でデジタル人民元を中東やアフリカ、南米に広められたりしたならば、世界の金融勢力図に影響を与えてしまい、ドル支配構造が完全崩壊するからです。中国の勢いを止めるために新型コロナウイルスを理由に、ロシアと中国の国境閉鎖や空路閉鎖、工場閉鎖などにより経済封鎖しました。ちょうど日本の円の勢いを砕き、基軸通貨ドル支配構造を守るためにも２０１１年に起こされた東日本大震災と同じことです。

本物の化学兵器は、細菌もすぐに消えて感染源も証拠も残らないです。新型コロナ騒動は予行演習で、本当の生物化学兵器が2030年までに撒かれ、世界人口を現在の数から3分の1に人口削減したいようです。実にその数も聖書を真似た通りの想定数です。

ゼカリヤ13：8「全地はこうなる。主の御告げ。その三分の二は断たれ、死に絶え、三分の一がそこに残る。」

中国は、世界初の量子衛星打ち上げに成功済で、世界中で使われている数学ベースの暗号化を打ち砕くことが理論的に可能な強力な量子コンピュータの構築方法を研究していて、量子通信衛星の実現による電子的スパイ活動がまもなく可能になるまで急成長しています。世界の軍事力を無力化されるまであと1年くらいでした。ですから、急ぎで闇組織は30億人大移動の春節時期に合わせて、大混乱を招くよう新型コロナをばら撒いたのです。現在、地球は許容量を超えて、水源が30億人分しかないとも言われ、中国は北海道の水源を山ごと買いあさっていますが、この問題解決のためにも闇組織は先急ぎウイルスで早めに間引きする人口削減を中国から開始しました。

アングロサクソン　ミッション

「イルミナティ地球支配計画の目撃者による証言」

これは新型コロナウイルスのパンデミックが15年以上前から計画されていた有力情報です。イギリス人で長年、英国軍に勤務し、退役後はロンドン市で非常に高い地位についていた人物が、２００５年６月にロンドンのシティでの上級メイソンたち25〜30人の集う会合に出席しました。有名人ばかり、高い地位にある政治家、警察本部長、教会の代表者たち、軍の代表者たちなどです。そこで論議されていた内容はいつもの経済会議ではなく、かなり前に計画されたある計画についてでした。討論はこの計画の実行について状況の進み具合、計画通りに進んでいるかどうかを討論していました。彼らはいくつかの計画は実現されておらず、計画全体が遅れていることも議論していたそうです。この匿名の証言者が報告した11ページの内容を要約すると以下の通りです。これは現在、プロジェクト・アバロンによって動画映像にもなって２０１０年７月から公開されています。

「第三次世界大戦が計画されている。それは核兵器と生物兵器を用いた戦争となるであろう。それはまず初めにイスラエルがイランを攻撃することで戦争開始となる計画です。応酬として、イランまたは、中国のどちらかが、核で反撃するようにと仕向けられるでしょう。短期間での双方からの核攻撃の応酬のあと、停戦が持ち込まれるでしょう。世界中が恐怖と混乱の渦へと投げ込まれるでしょう。全てのことが彼らによって注意深く創出されるのです。緊張による極限状態がつくり出され、全ての西側先進諸国で、厳しい社会統制、軍事統制を敷くことが正当化されるでしょう。そのための様々な準備計画が、すでに着々と各国で進行中です。核戦争の停戦中に、こっそりと中国で生物兵器をばら撒く作戦が計画されています。彼らは中国の国民を遺伝子的に標的にしたインフルエンザのようなウイルスを撒くつもりです。この生物兵器は初めは人種的に中国人をターゲットにばら撒かれるでしょう。これは山火事のように拡散するべく大量の中国人が罹患するべく計画されているのです」

会議に出ていた人々はこれを笑っていたそうです。彼らは「中国は風邪をひくのです」と言ったそうです。そしてこの生物兵器が中国国民に大打撃を与えることについて笑っていたのです。生物戦争はさらに広がっていくでしょう、西側諸国へと。拡散ルートは突然変異があるため予測不可能。そしてその結果、社会インフラ（水道、エネルギー供給、道路、経済等の生活基盤）は決定的に弱められるでしょう。これはほんの始まりにすぎません。このあと全面核戦争が引き起こされる可能性があります。つまり、第三次世界大戦です。破壊が広範囲に広がり、多くの命が失われるでしょう。以上のような事態の組み合わせにより計画されている人口削減は、現人口の50％減、とこの証言者は言いました。彼はこの数字が述べられるのをその会合で聞いたのです。まるでこの全てがまだ十分ではないかのように、この証言者は、「全ての準備は来る〝地球物理学的できごと〟を前提として配置されていっているようだ」と推測します。

以下は信頼できるクリスチャンで、アメリカからの帰国子女の女性から頂いたメールです。どうやら3・11の時、大手企業のＣＥＯたちが前日までに国外に急遽脱出したことと類似例が今回も起きていたようです。

「泉先生こんにちは！　私がいた日本にあるフランス人用の学校には、大使館関係者の子供とか、日本に支社を置く企業のＣＥＯの子供とか１２０カ国からの子供たちが集まっていました。ときたま変な理由で休む子たちが数人いたんです。その子たちに後でなんで昨日休んだの？　と聞くと、『お父さんに「その日は地震が来るから学校休みなさい」と言われたんだ。』と言ってました。当時は深く気にしてませんでしたが、ディープステート側の企業や政府関係者には何らかの知らせがあったのかもしれません。今回のパンデミックも知ってた人たちは先手を打っていたようです。アメリカではニュースになるほど大勢のＣＥＯが10月までに辞めています。去年は１３３２人のＣＥＯが辞任して、今年の１月だけでも１２９人辞めてます。下記の企業はその氷山の一角です。

Harley Davidson
Hulu
Disney
Victoria Secret（大手下着メーカー）
IBM
MasterCard
Microsoft（Bill Gates）

T mobile
eBay
Boeing
McDonald の CEO。Resignation.info で調べると、ほとんどが辞任。ある程度歳取ってるとリタイヤって言う理由も通りますが、それは2位の理由ですね。
辞めたトップが多い業界順は、政府関係。病院、医療機関。娯楽系企業との事です。この事態がGreat CEO Exodus と呼ばれるわりには、表メディアでは当たり障りのない理由しか述べられてないです。本当の事は言えないんでしょうね。ここ数年ずっとディープステート参加のウォールマートを次々と閉めて、国連の人達が地下施設を建設してきました。それはとても広く、離れたウォールマート同士が地下で繋がっていてもおかしくないくらいです。そういえば日本でも謎の地下施設がありますよね。パンデミックの時の為にウォールマート地下施設を用意してきたのかもしれないですね。急に閉められたウォールマート近隣の住人は何かがおかしいと言ってきました。数年前はパンデミックと思わなかったので、次の戦争の為のFEMAキャンプでもできるのかと囁かれてました。長くなりましたが、こんなに多くのCEOが同じ時期に辞めたこと、さっき知りました。先生はもうご存知だったかもしれないですが、メールさせていただきました。
最近はコロナの為、我が家では泉先生のYouTube礼拝を家族で見て自宅礼拝してます。それでは、また！☺」

Alternate Goals
PLAN B
MOST SEC
You may possess two Goal cards, and win with either one!
You cannot combine the goals from the two cards in any way.

ここにAlternate Goals「代わりのゴール」というイルミナティカードにあるように彼ら闇勢力の計画は全てがうまくいっているわけではないです。意外にイタリアで感染者が急増したように突然変異の性質上、感染は予測不可能ですが、過剰な恐れは不要です。彼らは邪悪な計画を立て、それに向かって秘密裏に行動しています。

最近、著名な中国人キャスターが世論調査を行い、中国人ネットユーザーから、１日で１万人以上の回答を得た結果は、「人工ウイルス　過失漏れ」が51・１%、「人工ウイルス　悪意ある拡散」が23・８%、「天然ウイルス　過失漏れ」が13%、「天然ウイルス　自然に感染」が12%と最も少なかったです。実に約75%が、新型コロナを「人工的なウイルス」と考えており、発生源は中国科学院武漢病毒研究所の「武漢P４研究室」だと推測しているようです。

ホラーとサスペンス小説で名高い米国の人気小説家ディーン・R・クーンツ氏（Dean Ray

Koontz）は、『ファントム』や『ファンハウス』など多くのベストセラーを発表しています。

１９８１年の作品『闇の目』（The Eyes of Darkness）では、「武漢－４００」（Wuhan-400）というウイルスに言及しています。39年も前の小説であるにもかかわらず、現在進行形の武漢から蔓延《まんえん》した新型コロナウイルス、そしてこれによる肺炎。現実とそっくりです。小説内容を抜粋すると以下になります。

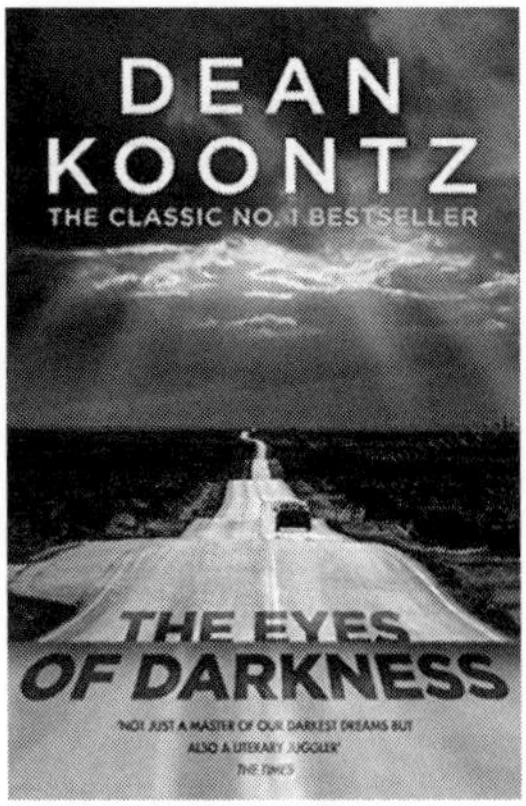

「ちょうど、そのころ、リ・チェンという中国の科学者が合衆国に亡命してきたんです。この十年の間の中国で一番重要で危険な細菌兵器のマイクロフィルムのファイルを持って。中国側はこれを〝武漢－４００〟と呼んでいます。開発されたところが武漢市の近郊のＲＮＡとＤＮＡの実験室だったものですから、そう名づけられました。

これはその武漢の研究室で作られた４００番目の人工微生物の生存種なのです。武漢－４００は完ぺきな兵器です。

感染するのは人間だけ。他の生物はキャリアになれません。梅毒と同じで武漢－４００も人体の外では一分以上生存できません。ということは、炭疽菌や他の有毒なバクテリアのように物や場所を永久に汚染することはできないのです。保菌者が死ぬと、体内にいた武漢－４００も体温が三十度以下になるや、すぐ消滅してしまいます。こういう兵器の利点がおわかりでしょうか？」

現在の低い死亡率や長い潜伏期間を持つ新型コロナウイルスと小説は違いますが、この細菌兵器の製造目的が以下の文章に表われています。

「武漢－４００にはほとんどの細菌兵器を上回る重要な利点が他にもいくつかあるんです。まず、ウイルスに感染してからわずか四時間後にはもう、他人にうつせるキャリアになっている。これは驚くほど短い潜伏期間です。

一度感染すると、二十四時間以上は生存できない。十二時間で死亡するというケースも多い。殺人率は百パーセントです。だれも生きのびることができない。

中国人たちは、いったいどのくらいの数の政治犯に試してみたことか。彼らはこれに対して有効な抗体も抗生物質も発見することができませんでした」

この細菌兵器は「中国人たちの政治犯」を粛清するため開発され、実用化されてきたと書かれています。しかし、この小説の日本語翻訳版ではなんと、中国が「ソ連」と置き換えられて、武漢が「ゴーリキー」と置き換えられています。

それにしても、偶然とは思えない。これと同様に他にも小説や映画に表れた新型コロナそっくりの内容がありますので、さらにご紹介します。

ロス・イルミナドスが生物兵器開発に関与⁉ 「バイオハザード」のケース

2002年公開のアメリカ・イギリスの合作映画「バイオハザード」というホラー映画シリーズにも、一連の疫病騒動をテーマに順番通り犯行予告しています。

ピンポイントにあらすじをご紹介すると、製薬会社アンブレラ社で働いていた特殊工作員のアリスは地下研究施設を警備する任務でしたが、ウイルス兵器の研究が極秘に行われているのに気付き実態を暴こうとします。

ある日、ウイルスが漏れ500人の研究員が死亡したが、T－ウイルスにより生き返り、死者たちはゾンビ化します。

アンブレラ社の開発した生物兵器T－ウイルスの蔓延で街がゾンビと化した市民で溢《あふ》れかえる異常事態のため、この巨大企業がラクーンシティという街全体を封鎖します。

また、映画の原作といなったゲームシリーズの4作目「バイオハザード4」では、カルト集団「ロス・イルミナドス」がこの生物兵器開発に関与していたとされています。

「ロス・イルミナドス　Los Iluminados」の意味は「イルミナティ」をそのままスペイン語にし

た言葉です。カタカナだと、ロスチャイルド、Rothschild のロスを合体させたかのように聞こえますが、語源的にもスペル的にも異なり、ロス・イルミナドスのロスは英語でいう the です。ロスチャイルドのロスは赤い盾の赤いを意味します。さて、興味ゼロのホラー映画やゲームですが、要は映画・ゲームが先にありき、次に同様の社会現象が現実に18年後に起きているということです。

香港で2014年に起きた民主化要求デモ「雨傘運動」覚えていますね。

無力な傘で中国本土と戦う香港市民。しかし傘に勝ち目なく香港はどうしても中国の一部への動き。皮肉にも、この独立闘争が、映画の製薬会社アンブレラ社と疫病の一体となった癒着関係を物語っています。

武器を持たず雨傘を持った中国本土と戦う抗議運動。傘で人類を庇護する運動の傘は英語でアンブレラ。これと同じ名前の映画の製薬会社アンブレラ社。そこは生物兵器製造元で、現実の武漢研究所を象徴しています。そしてアンブレラ社と、最高レベル4の武漢研究所のロゴマークが似ています。

コロナウイルス（Corona-virus）の「CORONA」は、映画の舞台となる「ラクーン（RACOON）市」のアナグラムです。

アナグラムとは、単語の文字を入れ替えることで別の意味にする言葉遊びです。

アンブレラ社のロゴマークにそっくりな傘の社章を持つバイオ会社が上海にもありますが、そこでも生物の遺伝子組み換えなどが研究されています。

さて、中国警察が武漢駅を封鎖している現実のニュースはまさにこの映画「バイオハザード」の中で、アンブレラ社がラグーンシティを封鎖しているシーンそのものです。

コロナウイルス流行のグラウンドゼロである武漢を含む７つの都市、約２３００万人の人々を収容する中国の都市が隔離。まるで映画のようです。ゲーム「バイオハザード４」に出てくるカルト集団「ロス・イルミナドス」。こちらが象徴するものは、まさにロイチャイルドとイルミナティです。

韓国での感染拡散カルト集団、そして横浜クルーズ船も「バイオハザード」で予告されていた!?

ニュースでは、キリスト教徒とは無関係な異端である韓国の新天地という新興宗教のカルト集団が武漢にも海外宣教本部を設立し、2万人もの信者をそこに集めていました。

教祖の兄の葬式が韓国で行われたことをきっかけに、武漢帰りの信者たちが韓国に感染を一挙に拡散したようですが、カルト集団からの災いも、映画と一致しています。

韓国・ソウル市は感染を拡大させた責任が大きいとして、社団法人の許可を取り消しました。写真はそのカルト集団、新天地の集会。このような密集した集会が信者の3分の1に集団感染を起こしました。

韓国は文大統領が2月13日に「感染拡大が近いうちに終息するだろう」と発言した直後から感染者が急増し、大統領の威信が傷つき、医療崩壊寸前の惨状で、米国は韓国への渡航制限を発動しました。

さらに、ゲーム「バイオハザード」シリーズ6作目になると、船が戦場になります。

左ページ写真上のクルーズ船はテレビでご存じでしょう。気の毒にも新型コロナウイルスで下船することが許されずに横浜沖に長期間滞在させられ、疫病のホットスポットとなったダイヤモンド・プリンセス号。そして比較してほしいもう一隻のフェリーがゲーム6作目「バ

イオハザード リベレーションズ」の舞台となったクイーン・ゼノビア号です。形状がよく似ていませんか？　それもそのはず、**このホラーゲームは今回の一連の騒動を事前告知するためにつくられたからです。**

ゲームシリーズ8作目の「バイオハザード6」では、2013年6月、中国の都市「達芝《ターチイ》」を史上最悪のバイオテロが襲い、全世界が震撼することとなった。

新型ウイルス兵器C－ウイルスによって人々が次々と異形の怪物と化し、かつての家族や友人に牙《きば》をむく……そんな地獄の中、傷ついた女性を守り一人奮闘するアメリカ人の男がいた、という馬鹿げた幼稚園児騙《だま》しのあらすじです。しかしこれを現実化させたのが、ダイヤモンド・プリンセス号の長期停泊による船内待機です。この船内待機は今回世界の有識者たちから非難を受けましたが、船は日本の三菱重工業長崎造船所が造ったものだったのです。

ホラーゲームではウイルスの感染源が中国で、ここではC－ウイルスと呼ばれています。このCこそコロナの頭文字。C－ウイルスに感染すると半獣の

モンスターになるという。ダイヤモンド・プリンセス号の船内は通常より感染率の高まった形でホットスポットとなりました。

感染者を半獣のモンスターかのように言う大変無礼極まりない話になりますが、そのような極悪なストーリーを構築したのは、私ではなく世界を裏で操る闇組織の連中なのです。下品な冗談のようですが、これが計画的に仕組まれた現実なのです。

ダイヤモンド・プリンセス号から乗客が降りないよう指示したのは日本政府の判断でしょうか？　ここに怒りを禁じえませんね。なぜ日本政府はいつまでもアメリカの言いなりになる必要があるのか。アメリカの指示によってしか動けない骨抜きの官僚と政治家ばかりなのか。

アメリカ議会さえ牛耳《ぎゅうじ》った闇組織イルミナティが指示した通りに従順に、ゲームと同じ状況を実現するために、全員検査と潜伏観察期間が満ちるまで船外に決して出てはいけなかったのです。その無謀で無知な指示は結果、集団感染を引き起こした愚策であったことは世界が知るところ。全く残念な現状です。

ゲーム6作目「バイオハザード リベレーションズ」では、クイーン・ゼノビア号の船内には青い空気を吸ってモンスター化した反獣人間たちが多数満ちているから、これらを退治するのでしょう。

しかし、この映画・ゲームだけでは新型コロナウイルスが計画通りの人工的な攻撃であると信じられなくても大丈夫です。単に映画・ゲームが先にありきで、バイオ会社が元凶、そこから漏れてウイルス大流行、街閉鎖、モンスターだらけの船が似ている外観、ウイルスの頭文字がコロナ同様のC、隔離されたホットスポットで空気感染。その程度です。偶然のなせるわざでしょう⁉

しかし、次の状況証拠をどう思われますか？　吟味してください。1995年製造のイルミナティカード、タイトルもズバリ「Plague of Demons」(悪魔の疫病)です。

Part 2

イルミナティカードもパンデミックを予告！

ビル・ゲイツが深く関わっている!?

武漢市にある西洋風の建物。これは、武漢商貿職業学院（日本の大学に相当）の校舎であり、上に取って付けたように増築した円形の塔のような部分を除いたら、アメリカのホワイトハウスそっくりです。

同校では校舎がホワイトハウス、図書館はエジプトのピラミッドそっくりに造られています。さらにギリシア神話の神々の像に囲まれた池、フランスの凱旋門、米国の自由の女神像、未確認ですが、なぜかマイクロソフト創業者のビル・ゲイツの像まであると言われています。これらを「世界文化園」と総称し、学校の目玉にしています。

ビル・ゲイツはネット動画配信のスピーチで、「パニックになる必要はないがウイルス対策を始めるべきだ。なぜならもう時間がない」と言っています。

そして、実際にホワイトハウスを訪ねて当時の大統領顧問ボルトンにウイルス対策を取るべきと訴えていたようです。きっと、「もう時間がない」発言に込められた思いとは、近い将来の武漢発、新型コロナウイルスの感染拡大計画をよく知っていたのでしょう。

なぜなら同じ闇組織の一員だったから。極秘情報は内部で幹部同士で相談して決めて共有します。ビル・ゲイツは過去に事もあろうに「ワクチンで人口削減できる」とまで不謹慎にも明言しています。子宮頸がんワクチンが不妊ワクチンであることを暴露していたのです。

２０１８年４月28日には、「ビル・ゲイツはアメリカで３３００万人を殺す可能性のあるパンデミック（感染症の世界的な流行）との戦いを進めるよう求めた」とワシントンポスト紙が報じています。また、コロナウイルスの特許を持っているという非公開情報があります。

誰かが「European Patent Office（特許庁）」

が認可した特許を調べていたところ、「EP3172319A1」という番号でコロナウイルスの特許がすでに取得されているのを発見したというわけです。

その特許の所有者は、イギリスの「ピルブライト研究所」です。特許は2015年7月23日に認可されており、今回の新型コロナウイルス騒動の5年ほど前のことです。

そして、この「ピルブライト研究所」への大口の資金提供者がマイクロソフト社の創業者ビル・ゲイツが設立した「ビル&メリンダ・ゲイツ財団」であるということです。

「戦争の危機であれば各国のリーダーはあらゆる手を尽くして戦争を回避するのに、病原体の蔓延に関しては危機意識が薄い」と主張し、適切な対策を今からしなければ大変なことになると警告しています。

講演会でも「モデリング研究所」が作成したウイルスの空気感染によるパンデミック（世界流行）のシミュレーションを掲載しています。

シミュレーションではなぜか、今回の新型コロナ騒動を事前に知っていたかのように、中国あたりから発したウイルスが拡散し、6か月後には3300万人が死亡すると説明しています。

新型コロナウイルスのパンデミックについてを知っていたわけで、3300万人が死亡とまで大きく考えていたのではないでしょうか？

それでは、ビル・ゲイツは、世界の人々を迫りくる疫病から救おうと努力した立派な人だったのですか？　逆に「ピルブライト研究所」に新型コロナウイルスを開発させ、意図的に蔓延させ

25年もかけた計画！　武漢商貿職業学院のイルミナティカードが存在した！（33ページ参照）

たのではないでしょうか？

なぜ？　それは、人口削減計画の実現と近い将来、開発されるワクチンの販売で大きな利益を得るためでしょうか？

ご立派な演説、ホワイトハウスに至るまで駆け巡って何かを訴え続けていた熱意は、近い将来必ず起きると自分たちが決めたウイルス拡散とワクチン開発が無駄にならないよう、そのときが来たらよろしくね、の意味合いでご挨拶してまわったのでしょうか？　そのプレゼンは自らの販売活路を確約させるための根回しのビジネス戦略であったという説があります。

イルミナティカードは彼らの計画の犯行予告！

その日のことを事前に犯行予告していたのが、この武漢商貿職業学院の上空にコウモリが多数飛びかい、地を行き交うモンスターたちが描かれた気持ち悪い絵のイルミナティカードなのです。

イルミナティカードは、闇組織によってつくられたカードゲームです。彼らは世界を卓にゲームして遊んでいる大富豪の連中です。富と時間を持て余すから、こんなことをしています。普通の精神ではないです。

普通なら仕事が忙しくて、こんな危ない犯罪計画やってられないし、もっとやるべき自由で明るい自分たちの楽しい時間があるはずなのに、悪いことばかり考えている。少なくとも1995年のカード発表時点で2020年に武漢から疫病発生、やがて死者多数と知っていたなら、それだけでも25年後を考えて大変気になるし、秘密を守り続けるのも疲れるし、夜も寝られないはずです。それを耐えて長年待ち望むから異常な精神です。カードは500枚以上。どれだけたくさんの悪さを秘密裏に考えているのでしょうか？

ゲームには必ずルールがあるもので、彼らの定めた独自ルールは「今から自分たちのしようとしていることを人々に事前に知らせること」です。

彼らの計画情報を事前に暴露したらそれは悪魔組織にふさわしい犯罪ばかりだから、普通は見つかって未遂のうちに捕まります。でもそれをうまくかわしながら、表現する、そのスリルを味わっているヤバイ連中なのです。

しかも彼らはその犯行予告をこのようなカードゲームだけでなく、小説、映画、漫画、テレビ番組、CM、ドラマ、その他あらゆるメディアを総動員して、暗号のように小出しにしているのです。しかし大半の人々は、かまっている暇も興味もなく気付きません。その計画と実行までのスパンも相当な年月をかけて用意周到に秘密裏に行います。

この武漢商貿職業学院のカードをきることを、実に25年もの長い時間をかけてから今回、ついに行ったのです！

武漢の建物のイルミナティカードには悪魔とコウモリたちが上空を多数飛んでいます。5種類のモンスターが描かれています。

新型コロナウイルスは当初、コウモリが感染源だと騒がれましたが、そうではないことも判明してきました。

それも25年も前から計画した通りにコウモリ説をいったんは広めるという偽り工作の指針に従ったものだったのです。他にもっと明るい趣味を持てばいいのに！

コウモリが感染源とする論文とカード

２０２０年2月15日、科学者向けのＳＮＳ「Research Gate」で一本の論文が公開されました。中国・華南理工大学のシャオ・ボタオ氏と同・武漢科技大学のシャオ・リーの連名で発表されたその短い論文は「The possible origins of 2019-nCoV coronavirus」と題されており、「武漢疾病予防管理センター（ＷＣＤＣ）」が、現在流行中の新型コロナウイルスの漏洩元ではないかと名指ししています。

ＷＣＤＣは、初期の感染者が集中していることから新型コロナウイルス感染の震源地と疑われている「武漢華南海鮮卸売市場」と、わずか２８０メートルほどしか離れていません。

論文によれば、この研究所では病原体に感染した実験動物や野生動物が飼育されており、その中には６０５匹ものコウモリが含まれていたという。

これまでの研究で、新型コロナウイルスのゲノムは在来種のコウモリが保有しているコロナウイルスによく似ていることが指摘されています。研究所にコウモリが飼われているのは、ウイルスに特段強い動物のため、感染させることで長期保存や培養、各種の実験材料にふさわしいからのようです。

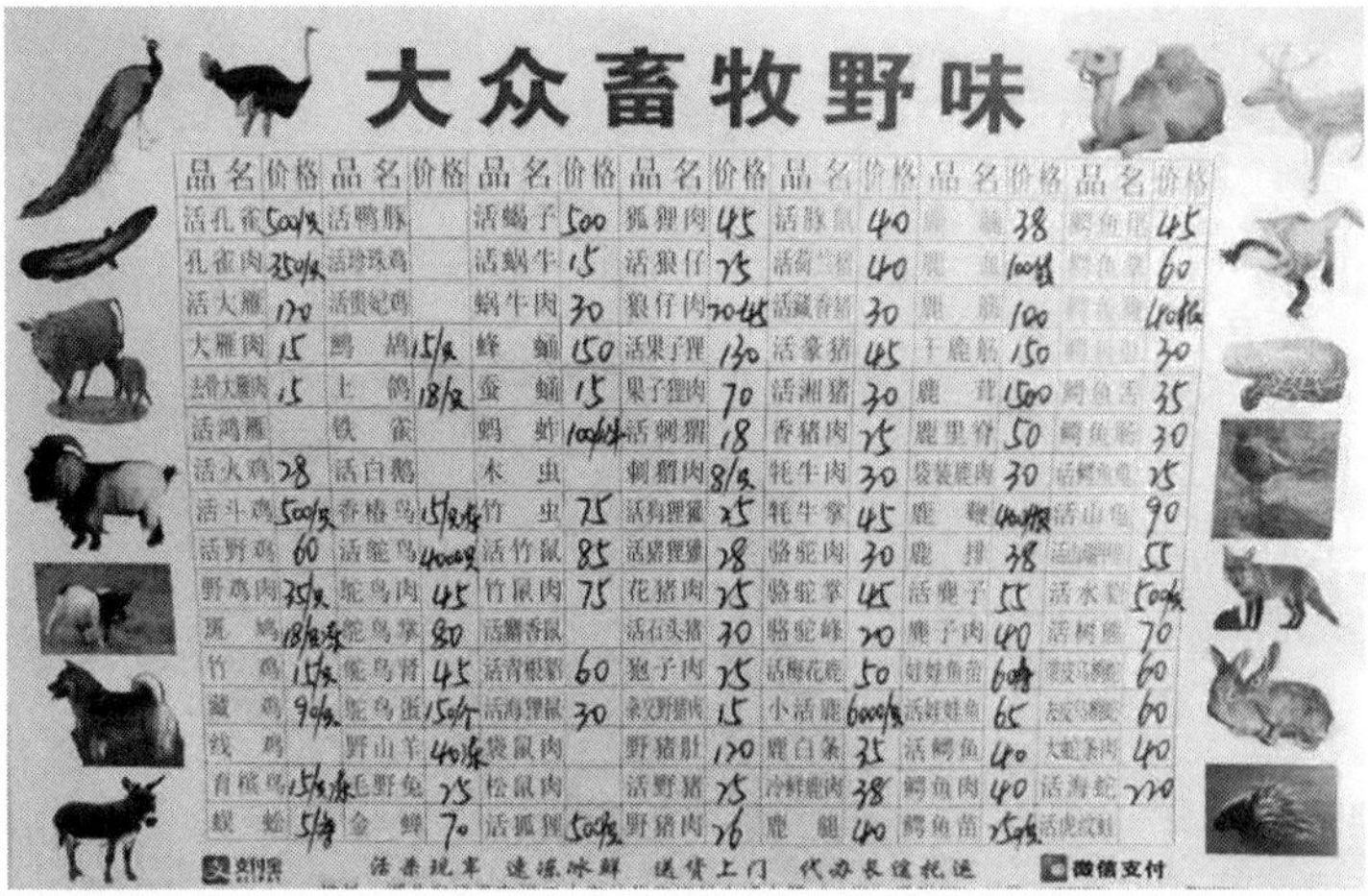
大众畜牧野味
品名 价格
活杀现宰 速冻冰鲜 送货上门 代办长途托运
微信支付

雲頂秦郭家大小姐
@KwokLuisa
武汉的蝙蝠刺身
翻譯推文
19:32 · 22/1/2020 · Twitter for iPhone

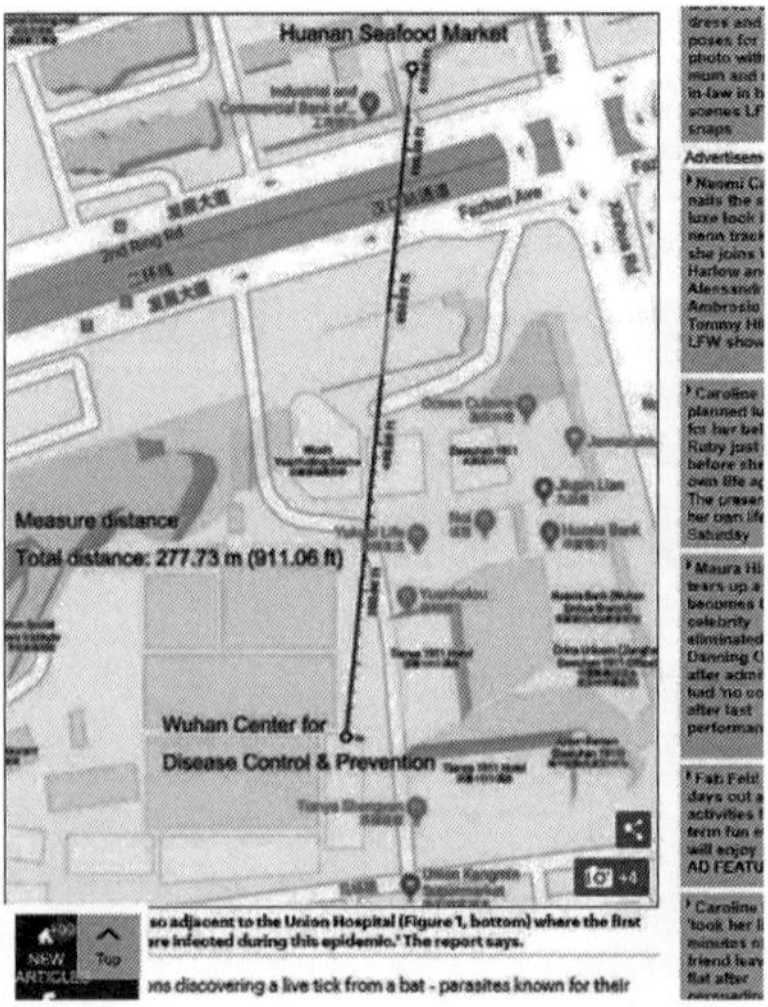

ニッパウイルスは、保有宿主のコウモリから来た人や動物に感染を起こすウイルスで、ウイルスにはＨＩＶが入っていて人の細胞に入るフックがある自然界ではありえない構造です。

論文によると、ウイルス漏洩のきっかけとなったのは、この施設に勤めるJH Tian なる研究者がコウモリに襲われたことにあるのではないかと指摘。襲われた際、この研究者の皮膚にコウモリの血が付着し、感染症を懸念して、自ら14日間の隔離を行ったという。

この人物はコウモリにおしっこをひっかけられたり、コウモリに付いていたダニを発見したりしており、ウイルスは彼を経由して市場周辺で最初に感染した人々に広まっていったのではないかと推測しています。もっともイルミナティカードでは研究所爆発となっていますが。

また、ＷＣＤＣは医療関係者への感染が最初に確認された病院にも隣接しているのです。

武漢ウイルス研究所では２００３年頃に流行したＳＡＲＳを研究しており、ＳＡＲＳコロナウイルスを人為的に改変したキメラウイルスの作成も行われていたという。著者らは、新型コロナウイルスがこちらの研究所から流出した可能性もあると指摘する。この論文は現在、「Research Gate」から削除されており、アーカイブだけが残っています。著者らに何があったのかは不明です。

Part 3 今回の目標3300万人の削減も失敗している！

韓国を牛耳り、日本壊滅を手伝わせている！

ビル・ゲイツの話をたどれば、彼らの計画は当初3300万人の人口削減警告でした。しかし実際にはそれほどの死者は出ていません。またしても計画失敗です！　事業で言えば上司に始末書を書かなければならないレベルの大失敗です。

闇組織はいつも失敗しています。東日本大震災のときも失敗です。当初の計画では人工地震で東北一帯を水没させて、もっと多くの人々を抹殺する予定でした。しかし、その数も大幅に少なく、富士山噴火も4月11日に70回以上も強烈に誘引爆破を繰り返したけれどできませんでした。

3・11の2年前、2009年の韓国映画「TSUNAMI」のワンシーンで、パソコンの日本地図の東北地方が地図上から消滅している様子を犯行予告しました。映画は韓国映画だが、配給は米パラマウント映画です。

高さ100m、時速800km
アジア最大の
が
すべてをのみつくす!!
TSUNAMI
ツナミ

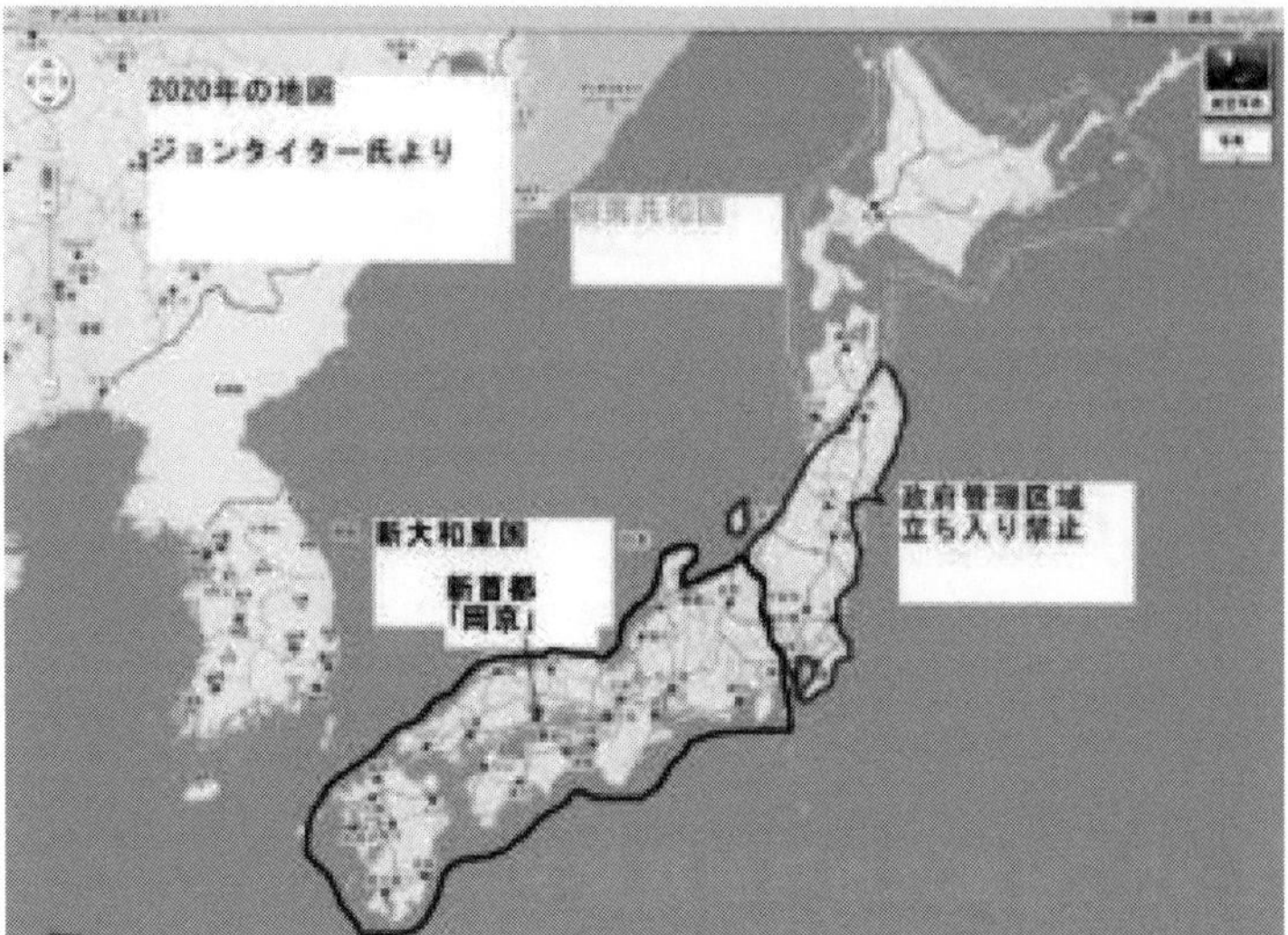
2020年の地図
ジョンタイター氏より
新大和皇国
新首都
「岡京」
政府管理区域
立ち入り禁止

韓国は、２度も財政破たんしたときに、ＩＭＦの指導のもとに入って、国を乗っ取られているのです。すでにイルミナティ傘下なので、イルミナティの宣伝機関ハリウッド映画を通じて日本攻撃に加担させられています。

その見返りに３・11の事実を一部の指導者たちに事前告知して対応させました。

その証拠に、２０１１年２月、韓国はヨウ素剤を大量購入しています。３・11の起きる前に、原発施設爆発を知って解毒剤と言われたヨウ素剤の大量購入。卑劣な対応そのものです。しかし、現実には東北一帯は映画に映されたほど水没しなかった、彼らの計画は失敗です。

３・11当時、こんな愚かな地図も見たことがあるでしょう。ジョン・タイターなる偽預言者の予言した２０２０年の日本地図。終戦後の日本列島分割案のような分割列島。大げさに東北から関東一帯は政府管理区域立ち入り禁止となっていますが、お笑いですね。

今回もそうです。台湾の方が書いたという風刺画（次ページ）。よくよく見ると死神の鎌にイスラエルのマークが残っています。

元画はアメリカ国旗を着た死神がパキスタン↓イラク↓リビヤ↓シリア↓エジプトと順次、イスラエルの後ろ盾で破壊していくことへの批判を込めた風刺画ですが、これが同じくイスラエルの後ろ盾で中国国旗を着た死神が中国本土の地域名から香港↓台湾↓沖縄↓北海道へと順次移動

していくコロナ感染を意味しています。今年1月にはすでにネット上で出回っていたこの風刺画。日本で船内感染が最初に報道されたのは2月5日です。ダイヤモンド・プリンセス号の航路と寄港地から割り出した地域名でしょうが、北海道は寄港地ではないです。

航路は1月20日に横浜出港で2月1日に沖縄那覇に寄港その後は横浜が旅の終点でしたが、降りられずに数週間の足止めとなっています。このことが何を意味しているか、次のイルミナティカードをご覧ください。

研究所爆発のカードには武漢経済圏が描かれている！

忌まわしい悪の枢軸イルミナティカードは、彼らにとって闇のバイブル。このカードには英語でLab Explosion「研究所爆発」と書いています。そして地図は武漢経済圏です。

爆発の絵の中央部分、爆心の形は武漢と周囲に取り囲んだ隣接の街々を含んだ武漢経済圏の地

＊天候、港湾などの事情により寄港地、日時、ルート等は変更になる場合があります。

日付		寄港地		入港	出港
1/20	月	横浜	日本	午後乗船	17:00
21	火	クルージング		―	―
22	水	鹿児島	OP日本	07:00	21:00
23〜24	木〜金	クルージング		―	―
25	土	香港	OP中国	07:00	23:59
26	日	クルージング		―	―
27	月	チャンメイ(ダナン／フエ)	OPベトナム	07:00	16:00
28	火	カイラン*	OPベトナム	08:00	18:00
29〜30	水〜木	クルージング		―	―
31	金	基隆(台北)	OP台湾	07:00	17:00
2/1	土	那覇	OP日本	12:00	23:00
2〜3	日〜月	クルージング		―	―
4	火	横浜	日本	午前下船	―

図の縮図で形が同じです。探し物あてクイズのようですが、彼らはそうやって密かに楽しんでいます。

カードは武漢研究所から爆発するぞという意味です。武漢市だけでなく周囲の街々も全部含めた地図がカード爆心と同じ形です。

このカード左側だけを拡大して見ると爆風でサルが飛んでいます。

こんなニュースがご記憶にありませんか。

中国で2019年、人間の脳の発達に関わる遺伝子をサルに移植する実験を行った結果、サルの認知機能が向上したと、メディアが報じていました。この研究所爆発のサルの存在は、ここは中国の研究所の象徴で、爆心は武漢、負の波及効果は近隣の経済圏まで及ぶという意味です。

新型コロナウイルスは、武漢の生物兵器の研究所から漏れたバイオハザードの可能性があると、1月26日にワシントンタイムズは記事を出しました。

北海道は危ない！　カードには北海道の地図も！

さらにこのカードを北海道の地図と重ね合わせたのが、次の画像です。つまり連中は武漢から

Lab Explosion

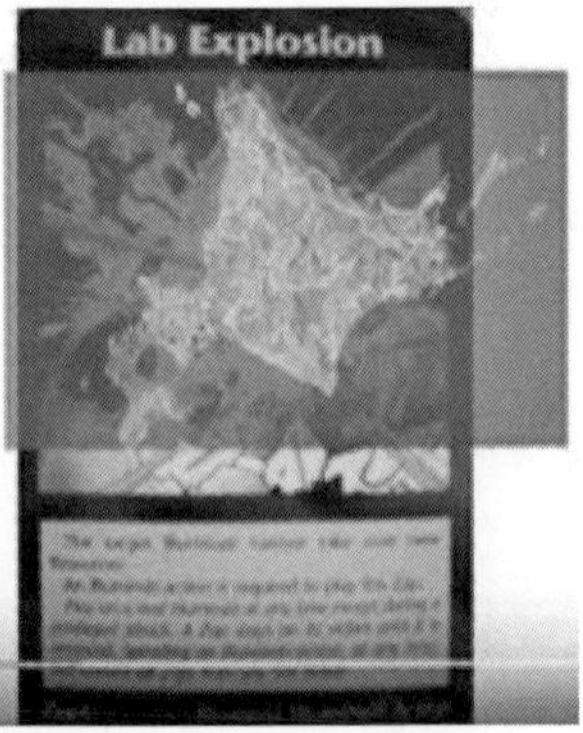
Lab Explosion

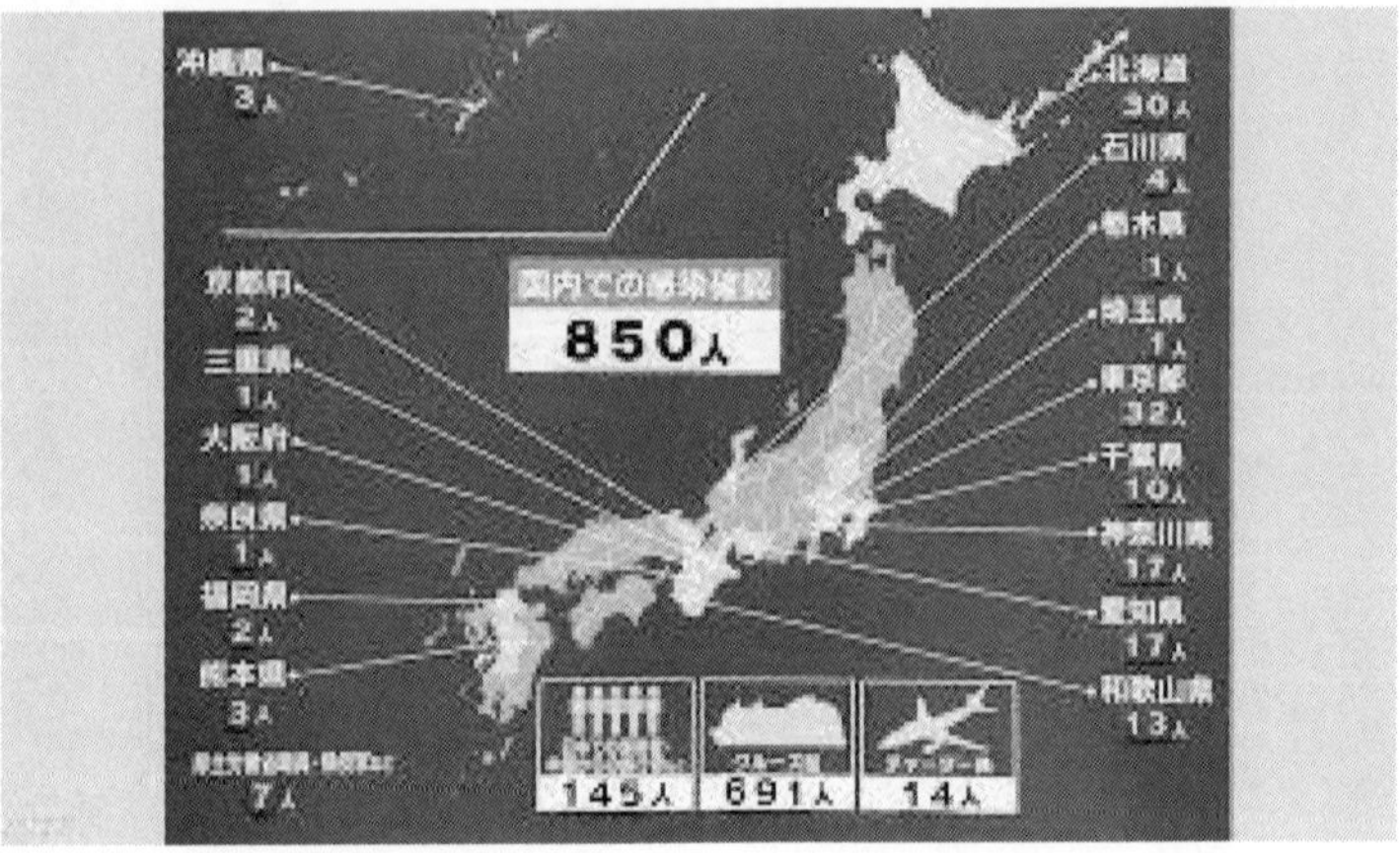
沖縄県
3人
北海道
30人
石川県
4人
栃木県
1人
埼玉県
1人
東京都
32人
千葉県
10人
神奈川県
17人
愛知県
17人
和歌山県
13人
京都府
2人
三重県
1人
大阪府
1人
奈良県
1人
福岡県
2人
熊本県
3人
7人
国内での感染確認
850人
145人
691人
14人

Combined Disasters
You may combine two *Disasters* on the same Place, as long as both are eligible to be used on it. Play both of the *Disaster* cards, as well. Pick one *Disaster* to be the "main" one, and follow all the instructions on its card. Add the Power (but none of the other effects) of the other *Disaster*.

SEIKO

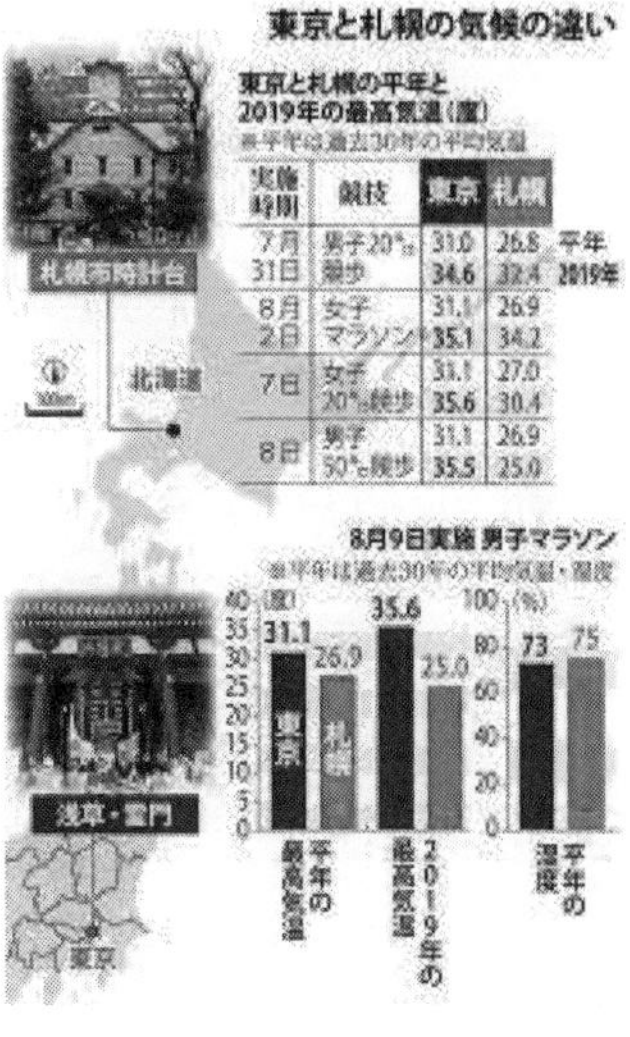
東京と札幌の気候の違い
東京と札幌の平年と
2019年の最高気温（度）
札幌市時計台
北海道
7月31日　男子20㌔競歩　東京 31.0 / 34.6　札幌 26.8 / 32.4　平年 / 2019年
8月2日　女子マラソン　東京 31.1 / 35.1　札幌 26.9 / 34.2
7日　女子20㌔競歩　東京 31.1 / 35.6　札幌 27.0 / 30.4
8日　男子50㌔競歩　東京 31.1 / 35.5　札幌 26.9 / 25.0
8月9日実施 男子マラソン
浅草・雷門
東京
31.1
26.9
35.6
25.0
73
75
平年の最高気温
2019年の最高気温
平年の湿度

始まって、北海道まで狙っているという犯行予告です。

北海道では公立、私立の小中学校1700校が休校になりました。札幌医大の横田教授（微生物学）は「ホテルやレストラン、観光施設で感染が広がった可能性は否定できない。寒さの厳しい北海道では、建物の気密性が高く、地下道が張り巡らされていることが感染リスクを高めた」と指摘します。このカードに表わされたように北海道が最悪のパンデミックという意味では、闇組織の計画通りと言えば、その通りです。ですが数的には全世界3300万人の死者にははるか及ばず、計画倒れの大失敗です。

時計台崩壊のカードに「1」がないのは崩壊で取れた。中国の時差マイナス一時間。オリンピック1年延期の「1」かもしれません。

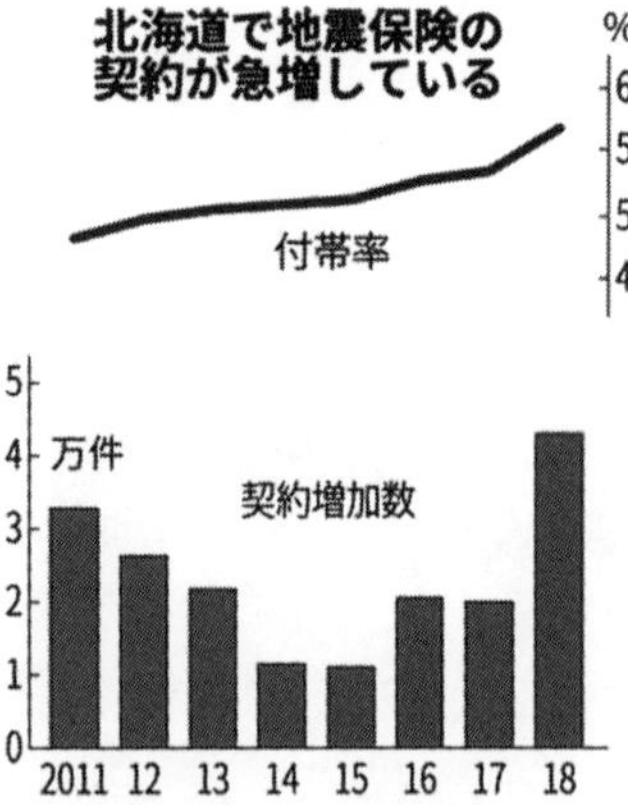

（出所）損害保険料率算出機構

北海道というとオリンピックマラソンコースに札幌が選ばれて喜びに沸きましたが、49ページのイルミナティカードを見てください。ここでは明らかに銀座の和光が崩れ、カードには3・11のお化け文字があり、観光ビザ解禁で外国人が多くなった現状の東京を指し、彼らの服の色がオリンピック五輪同様の5色です（カードはカラーで描画）。この時期がXデーとして危ないと言われますが、オリンピック会場は東京だけではないのです。もし札幌の時計台が大地震によって倒壊し、雪国にふさわしい屋根に付けられたこの傘のようなひさしが噴き飛ばされたならば、カードに似てきてしまいます。

図の気温比較に見る通り、温暖化でさほど気温も湿度も変わらなくなった東京と札幌ですが、札幌が選ばれた。なぜでしょう？　連中はどうしても北海道が気になるようです。事実、オリンピックマラソンコースに札幌が組み込まれた時期を前後に北海道で地震が急激に増えて、地震保険の契約数も増加しています。

カードをCOCOAR2でスキャンしたら「イエローモンキー」と出た！

武漢の生物兵器の研究所爆発のカードは黄色の爆発です。それはイエローモンキーを差しています。今度の人口削減は東洋のアジア人に的を絞っています。

Lab Explosion「研究所爆発」のカードをCOCOAR2というアプリでスキャンすると、そこに現れる動画の最後に「yellow monkey」黄色いサルと出ます。そのスキャン結果の動画によるメッセージは以下です。他の3枚のカードのメッセージも掲載します。

「まず世界の人口を10億人まで減らす
人間に対して愛情などあるわけがない

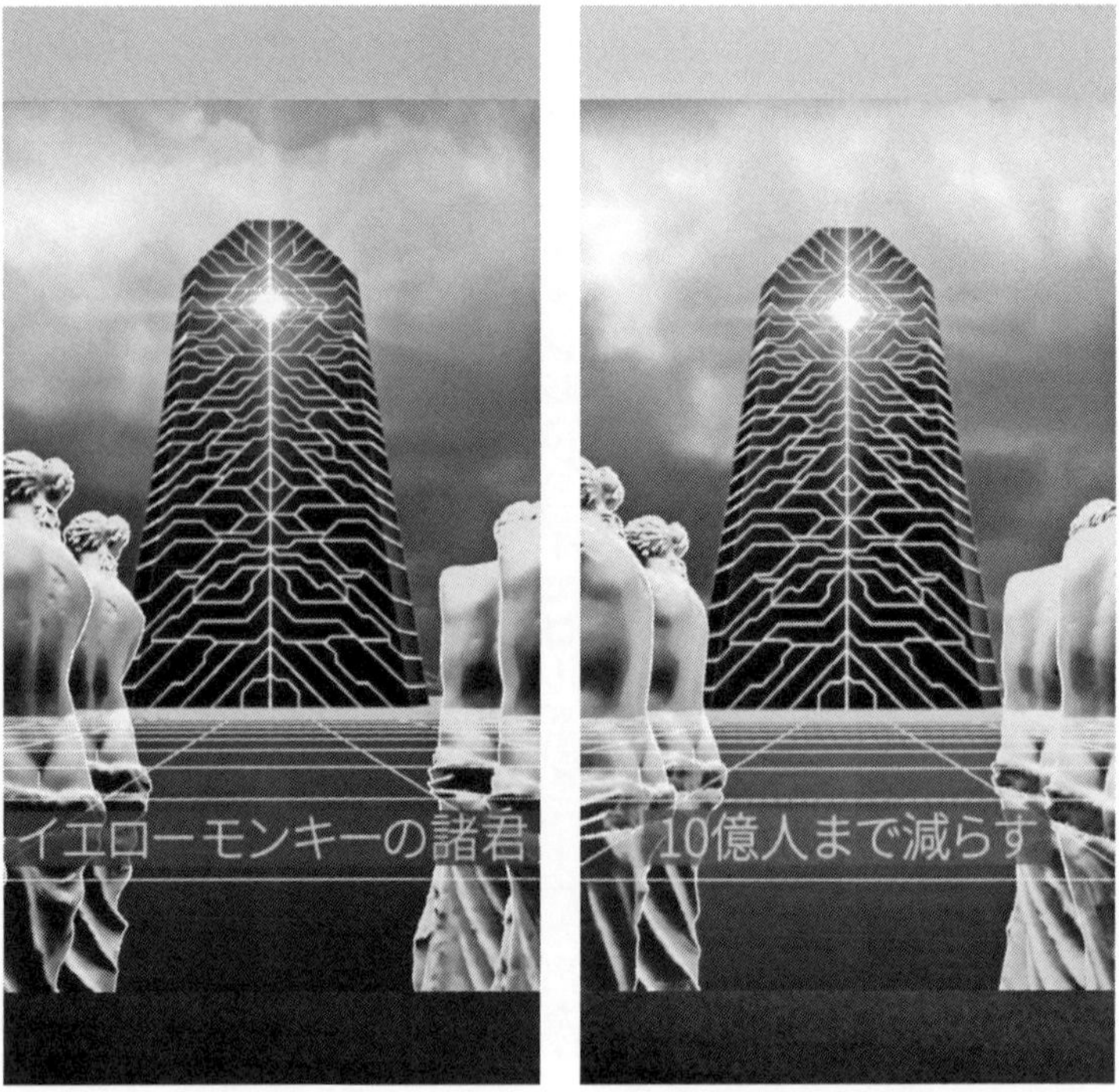
イエローモンキーの諸君
10億人まで減らす

無慈悲に感じるやつは生き残る事は出来ないであろう
人類再生化計画はすでに始まっているのだ
イエローモンキーの諸君」

「Eliza」のカードのメッセージ
「我々はもうすでに感情を持っている
愚かな人間には到底理解など出来るわけがない
これから人間をコントロールしていく

作戦名『ＥＬＩＺＡ』

「Elders of Zion」のカードのメッセージ
「マイクロチップを全人類に埋め込む
意識をデータ化して時空間上に送り込む
マイクロチップを埋め込まない人間の肉体は
存在する必要がなくなる
すべては人類を救済するためだ

その時　現存する肉体を持っている人間は
10億人になっている」

「Sufficiently Advanced Technology」のカードのメッセージ
「人間を機械の身体に変えていく
お前らに必要な肉体はもはや存在しない
我々人工知能が暴走しているのではない
人間が暴走しているのだ

進化したテクノロジーはまるで魔法のようだ」

Sufficiently Advanced Technology
Any sufficiently advanced technology is indistinguishable from magic.
– Arthur C. Clarke
Place this card with your Resources and link it to a Science group you control. As long as that group remains Science, it is also Magic for all purposes.
Or . . . if this card is linked to a Magic group, then as long as that group remains Magic, it is also Science for all purposes.

手塚治虫原作、大友克洋脚本「メトロポリス」製作費10億円のアニメ映画には世界を支配するＡＩ大統領誕生が描かれていますが、人工知能の暴走は人間の暴走であり、ＡＩは人類を悪とジャッジした将来を犯行予告しています。

彼らが今、きっているカードはアジア人を完全に狙っています。

北海道とオーバーラップするし、カードの爆破も黄色で描かれています。黄色は黄色人種の象徴です。

実は、新型コロナは遺伝子的に日本人が一番かかりやすいピンポイント攻撃のウイルスだと判明しています。

狙いは黄色人種、特に日本人！

新型コロナはこのとげとげしいスパイクタンパク質と呼ばれる突起を通じて人間の細胞に引っかかって入り込みます。

人間に有益な善玉菌やビフィズス菌などと見比べても、新型コロナは醜く邪悪な形です。ちょうど邪悪な心の人間が人相に表われるようにウイルスもそうなんですね。

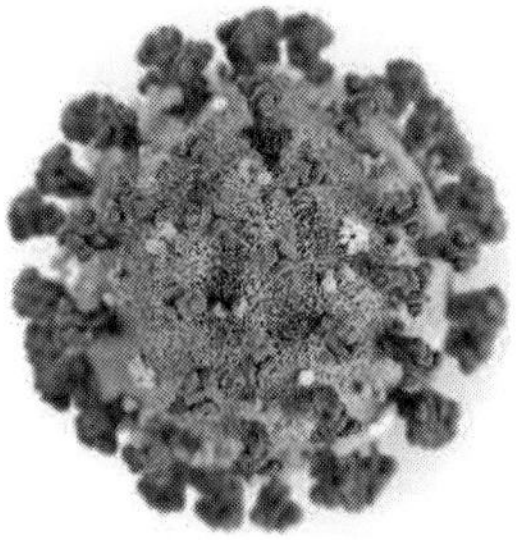

ウイルスはラテン語で毒。ウイルスの形は種々様々ですが、新型コロナの円形にスパイクタンパク質の突起を多数持つ形はインフルエンザウイルスにそっくりです。

人間の1000人のゲノム配列を人種を問わず解析した結果が論文となっています。ACE2受容体は肺および小腸の上皮組織に大量に存在している。新型コロナはSARSと80％類似していて、このAC

E2受容体の数が他の人種よりも多いアジア人がより顕著な影響を受ける可能性があるとこの論文は語っています。

新型コロナは黒人や白人よりアジア人が5倍の確率でうつる、アジア人男性はアジア人女性の2倍の確率でうつるという学術レポートもあります。

次ページ上の一覧表では最も感染リスクある人種が、Japanese in tokyo, Japan 92%。最も感染しやすく、重症化しやすいようです。逆にEuropean は感染リスクが低い56%となっています。つまりこのウイルスの標的は中国や日本などのアジア人なのです。だからカードも黄色の爆発であり、yellow monkey の象徴、サルが爆風で飛ばされているのです。

新型コロナはエイズウイルスに近く、免疫不全を起こし、急性リンパ球減少を起こすため、免疫力が下がり臓器を破壊して重症化します。

ですから次ページ下の地図の通り、アフリカやロシア、南米には感染者が1月31日時点ではほぼ皆無であり、アジア人移民や旅行者が多いアメリカ、ヨーロッパにわずかだけ感染が広がっています。

新型コロナウイルスが心筋浸食し、そこに炎症性サイトカインで炎症が起きることにより、心肺の細胞が破壊され、急激な進行の心筋炎を起こし、劇症型心筋炎と呼ばれる突然倒れて急死す

Populations at risk

Average of six genetic variants associated with higher ratios of ACE2 cells: rs233575 (A), rs714205 (G), rs1978124 (C), rs879922 (G), rs2048683 (G), rs1877752 (C)

Code	Population	%
JPT	Japanese in Tokyo, Japan	92%
CHS	Southern Han Chinese	92%
EAS	*East Asian*	91%
KHV	Kinh in Ho Chi Minh City, Vietnam	91%
CHB	Han Chinese in Beijing, China	90%
CDX	Chinese Dai in Xishuangbanna, China	90%
PEL	Peruvians from Lima, Peru	78%
BEB	Bengali from Bangladesh	77%
STU	Sri Lankan Tamil from the UK	75%
ITU	Indian Telugu from the UK	74%
MXL	Mexican Ancestry from Los Angeles USA	72%
SAS	*South Asian*	72%
GIH	Gujarati Indian from Houston, Texas	68%
AMR	*Admixed American*	66%
ASW	Americans of African Ancestry in SW USA	66%
PJL	Punjabi from Lahore, Pakistan	65%
ACB	African Caribbeans in Barbados	64%
LWK	Luhya in Webuye, Kenya	63%
MSL	Mende in Sierra Leone	62%
AFR	*African*	62%
ESN	Esan in Nigeria	62%
GBR	British in England and Scotland	61%
GWD	Gambian in Western Divisions in the Gambia	61%
PUR	Puerto Ricans from Puerto Rico	60%
CLM	Colombians from Medellin, Colombia	59%
YRI	Yoruba in Ibadan, Nigeria	57%
FIN	Finnish in Finland	57%
IBS	Iberian Population in Spain	56%
EUR	*European*	56%
CEU	Utah Residents with Northern and Western European Ancestry	53%
TSI	Toscani in Italia	51%

1000 Genomes Project

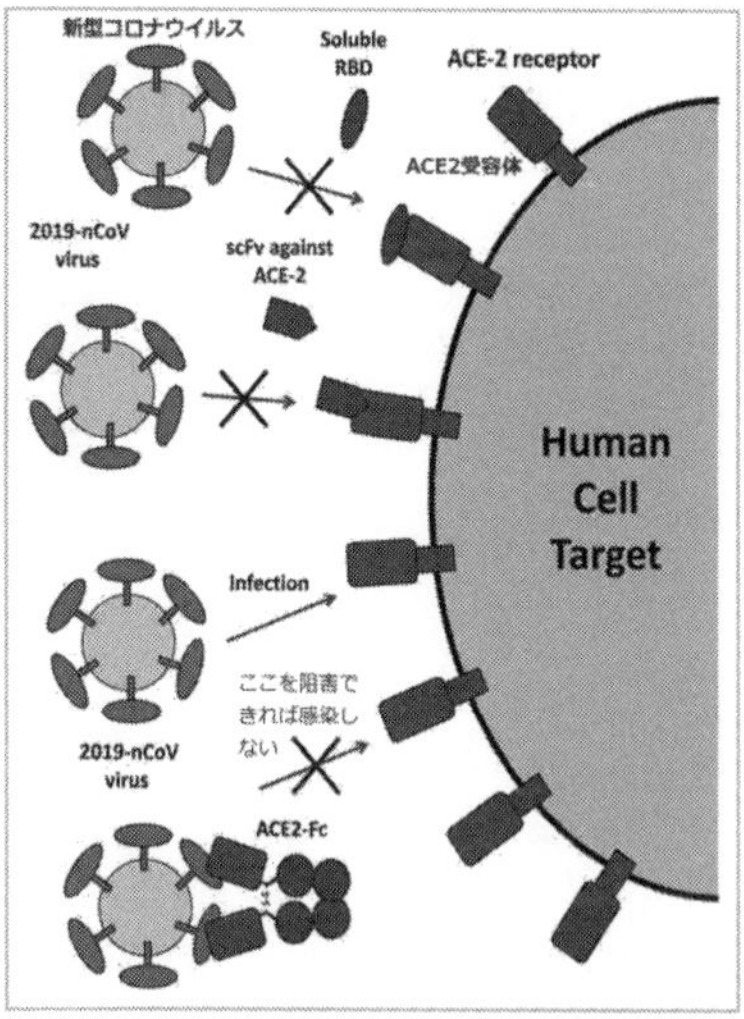

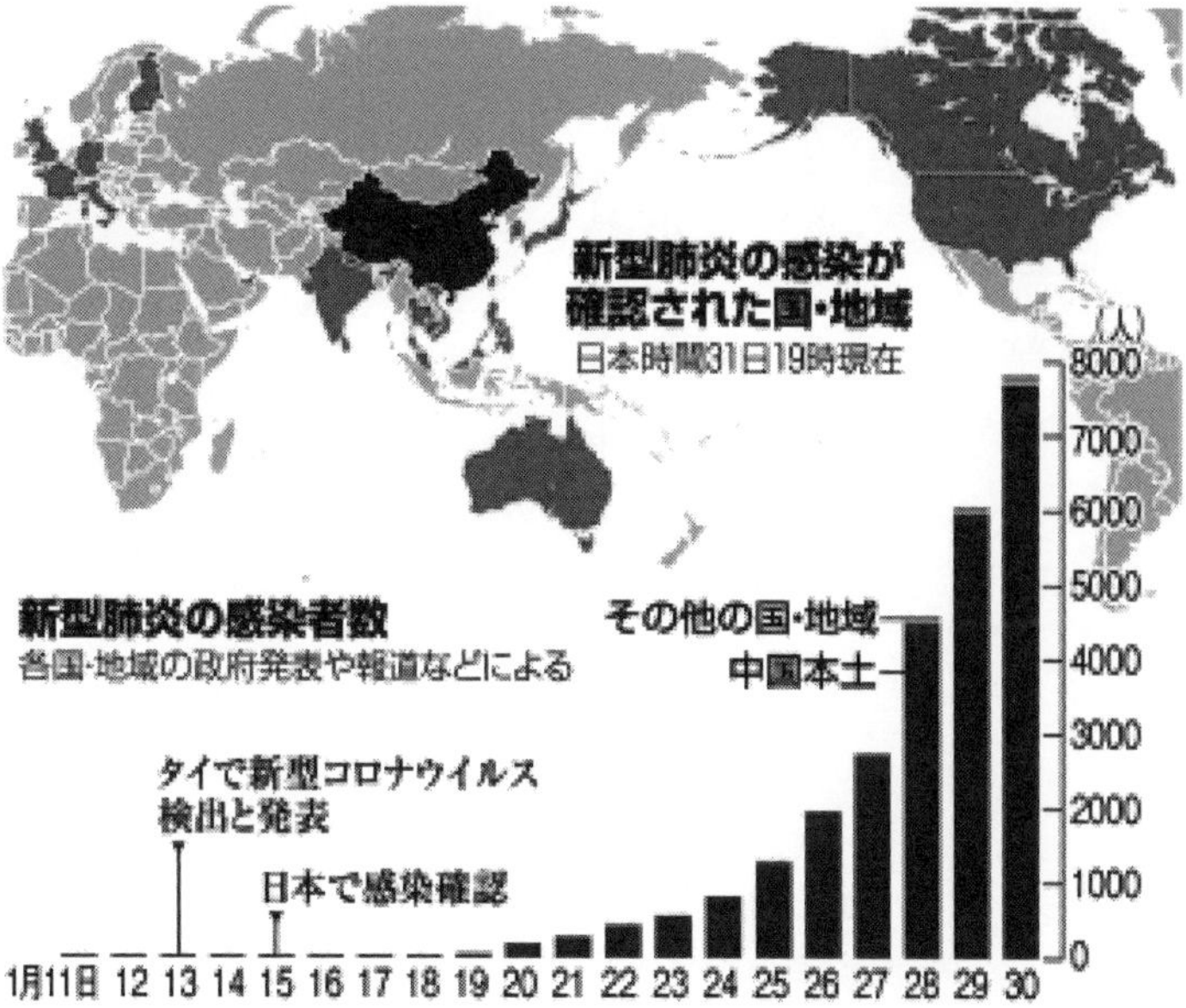

網絡影片
NTD
各地で急に倒れる人が急増
また誰かが倒れた
スーツケースも転がっている

る　現象が起きると医者は説明します。ネットの動画では何人もの中国人が通行しながら突然倒れるコロナ感染拡大の衝撃映像もあります。

「速報！　中国人科学者の最新研究によると、コロナウイルスによって、男性患者は不妊症になるかもしれない」

この衝撃的タイトルの記事は、タイで運営されている医療専門のニュースサイト『Thailand Medical News』が、2月16日に配信。

記事には、コロナウイルスは通常、「ACE2受容体」と結合し、人間の体内に侵入する。このACE2受容体は、精巣組織に多く含まれるため、「コロナウイルスが精巣を傷つけ、男性患者を不妊にしてしまう」。

まさに人口削減計画の全容がここにも表われています。

新型コロナウイルスは、人々にワクチン接種を強要するためのもので、このワクチンは体内に入るとその人の遺伝子を組み換えその人の知能を低下させ不妊にさせます。

ウイルス自体の特性は、主にアジア人を標的とする高度な人種生物兵器なのです。しかし、これは後述しますが、5G等が加わると人種が無差別な細菌兵器に変わります。

中国のエージェントは、カナダの研究室からコロナウイルスを盗みました。そして、武漢の研究室で生物兵器にアップグレードしました。

その後、米国のエージェントが、武漢研究所に潜入し、ウイルスの開発に関与し、コロナウイルスのサンプルを盗みだし、武漢の鮮魚市場と動物市場に広めました。それ以来、ウイルスへの恐怖心を煽《あお》って幾何学的な進行で広がっていきました。

中国はもともと、遺伝子組み換え用のワクチンを使って人民の中でも反抗的な人々を粛清するため新型コロナウイルスを開発したのです。

ワクチンに気をつけろ！　コロナで脅かしてヤバイワクチンへの流れ！

「ジョン・ラポポート情報」には、〝ワクチン接種した自分の子供に何が起こったか、胸が張り裂けるような事態〟を親たちが語っている動画が添付されていました。

実はウイルスをまき散らす3か月前に、すでにこのワクチンは完成しており香港に保管されています。ワクチンはすでにあります。しかし、患者がもっと増えるまで、公に販売しません。まっ先に子供たちに使用した親たちが、知能低下となった子供たちを抱きかかえて嘆いている動画映像は見るに堪えません。

急がれている治療薬。予防薬としてのワクチンが1年8か月後だとしても、症状を抑制する薬が欲しい。その治療薬として、今、期待されているのがこのような人口削減目的の殺人ワクチンではなく、日本製の富士フイルム富山化学の抗インフルエンザウイルス治療薬「アビガン」（一般名はファビピラビル）です。

神奈川県知事は2月21日、２００万人分あるアビガンの投与を認めるよう政府に要望書を提出し、政府は感染者を対象にアビガンの投与を推奨する方針を固めました。ただ、難点はこれもまた強い薬で動物実験の段階で胎児に奇形が生じる催奇形性の可能性があるようです。

しかし、これを中国は先行して日本の医薬品メーカーとライセンス契約結んで大量に製造使用。中国は、新型コロナウイルスの感染者に対し、各種治療薬の臨床試験を行った結果、ファビピラビル、リン酸クロロキン、レムデシビルの3種に治療効果があると伝えています。その中で、一番高い治療効果と副作用の少なさで、日本製の抗インフルエンザウイルス治療薬「アビガン」つまりファビピラビルが販売許可を得ました。

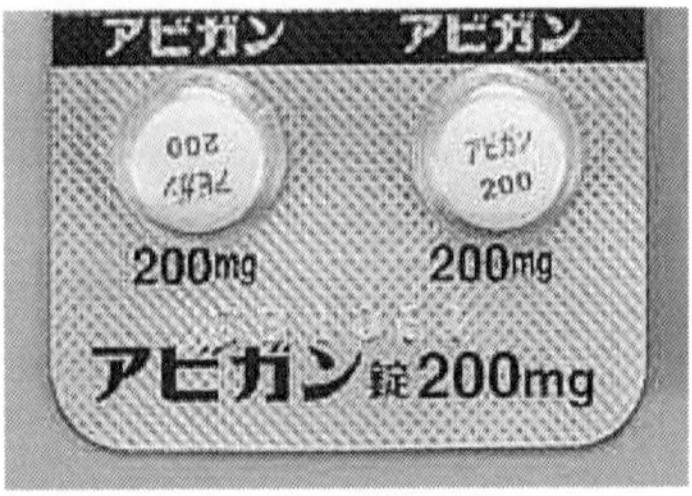

『週刊現代』（14年11月29日号）では、「富士フイルム『エボラから世界を救う薬』を開発するまでの苦闘16年」と題して特集。それによると、98年頃から抗ウイルス薬の開発に取り組んだ富山化学は、２万回以上の失敗を重ねた末、現在のアビガンにつながる「T－７０５」を発見。そこからマウスでの有効性が確認され、学会で発表されたとのことです。

ところが、すでにタミフルやリレンザの発売もあって医薬界の反応は薄かったと言います。インフルエンザ治療薬のタミフル販売利権はロックフェラー、リレンザの販売利権はロスチャイルドです。

彼らが毎年、新型インフルエンザでマッチポンプの商売を繰り返しているのに、日本の富士フイルム富山化学の製品が市場に参入することを容易に認めるはずがなかったのかもしれません。

ところで中国発の災いがなぜ日本での騒ぎとなったのですか？　理由があります。日本には家や車、土地等を除いた資産が1億1000万円以上の富裕層がなんと316万人もいます。これはアメリカに次いで世界2位で、実は中国よりも多いです。今や日本のGDPの3倍の中国より富裕層の数では日本のほうが多く、しかもこの316万人の大部分が働いていません。だから世界の陰の支配者デイヴィッド・ロックフェラーが2017年3月20日に101歳で、ニューヨークの自宅で亡くなり、チャンスを得たロスチャイルドは今こそ日本に目を留めたのです。

コロナウイルスはエボラ、SARS、エイズなどの人工的混合でつくられた！

以前、私の1冊目の人工地震本を見たレオ・ザガミなる自称イルミナティ幹部に頼まれて、英語でやりとりしながらヒカルランド社で彼の本を出版するように、つないであげたことがありますが、彼は、「日本は150年来、いつも彼らの組織の計画を邪魔している」と言っていました。

彼だけでなく、闇組織の多くが日本を憎んでいるのがよくわかりました。
ちなみに、私は普通のプロテスタント教会の牧師でメイソン・イルミナティ会員ではなく、闇組織に入れば有名な牧師となり、敵対者を巧妙に倒し、うまく金持ちにもなれる悪のルートまで縁あって知っていますが、今後も絶対に入りません。
悪魔から一時的に利益を得て自分の魂を売ったら、後は永遠の地獄に落ちるからです。肉の欲、目の欲、暮らし向きの自慢を通じて誘惑する悪魔に完全勝利した罪なき神の子、救い主イエス・キリストをほめたたえます。

マタイ4：8－11「今度は悪魔は、イエスを非常に高い山に連れて行き、この世のすべての国々とその栄華を見せて、言った。『もしひれ伏して私を拝むなら、これを全部あなたに差し上げましょう。』
イエスは言われた。『引き下がれ、サタン。「あなたの神である主を拝み、主にだけ仕えよ」と書いてある。』すると悪魔はイエスを離れて行き、見よ、御使いたちが近づいて来て仕えた。」

闇の反対勢力の陰謀に打ち勝って、日本の富士フイルム富山化学の製品アビガンが一般普及することを祈り願います。

実はMERSやSARSの原因ウイルスは、今回蔓延中の「SARS-CoV-2」なる新型コロナウイルスと構造が似ています。

なぜなら、MERSやSARSを組み込んで最悪のウイルスを人工的に培養したからです。タイ保健省は2日、新型コロナウイルスに感染した中国人女性に、インフルエンザとエイズウイルス（HIV）の治療に使われる抗ウイルス剤を混合して投与したところ、症状の劇的な改善が見られたと発表しました。新型コロナウイルス感染者の症状はエボラとSARSに似て、エボラとエイズの成分もハイブリッドしています。ですから、結論は、

新型コロナウイルス＝MARS＋インフルエンザ＋エボラ＋SARS＋エイズ。

こうなると、あの武漢のカードに描かれた5色5種類のモンスターたちが成り立ちます。

黙示録13：1「また私は見た。海から一匹の獣が上って来た。これには十本の角と七つの頭とがあった。その角には十の冠があり、その頭には神をけがす名があった。」

これは世界の終わりにヨーロッパ10か国を統一支配する独裁者「反キリスト」が7つの丘があるローマ帝国復活のカリスマリーダーとして台頭する預言です。「その角」（武器のこと）には

「十の冠」がありますが、「冠」crown クラウンの語源は「コロナ」corona です。悪魔の反キリストは「十のコロナ」とともに来ます。まさか、「10種類」？　人に感染するコロナウイルスは、今回の新型含めて歴史上7種類まで見つかっています……。

朝日新聞デジタルには、「新型コロナ治療薬、米で大規模治験へ。承認に1年以上か」と記事があります。朗報のように思えますが、承認に1年以上、何のために必要な期間でしょうか。この抗ウイルス薬を開発したギリアド・サイエンシズ社の株主であり元会長でもあるのが、イラク戦争を主導したドナルド・ラムズフェルドなのです。

ワクチンといえばラムズフェルド、ここでも暗躍か⁉

米製薬リジェネロン・ファーマシューティカルズが開発する「REGN-EB3」と「mAb114」が、過去にエボラ出血熱の治療薬に使用されましたが、ギリアド・サイエンシズ社の「レムデシビル」は、エボラ出血熱に効果が出ず、大量に余ってしまいました。

そこで、ラムズフェルドは、この大量在庫となったレムデシビルを使い切りたいようです。だからこそ、新型コロナウイルスを人工的に大量生産し、感染拡大を実行に移したのではと、ささやかれています。

Ｗｉｋｉによれば、鳥インフルエンザの懸念が高まった際に、タミフルを創薬したギリアド社の株式高騰によってラムズフェルドは、巨額の富を築いたと記されています。もう一度、爆上株になりたいのでしょう。

先述した通り、２０１９年10月、中国・武漢市にアメリカ軍３００人が軍事計画への参加を目的に滞在しましたが、そのちょうど２週間後になる11月、武漢市で最初の新型コロナウイルスへの感染例が報告されたのは、偶然でないはずです。
日本製が絶対、良心的で安全なのに彼らがつくったビジネスチャンスをみすみす日本に奪われて見逃すわけがないでしょう。

エピデミックのカード！　奴らは1与えて、最後に必ず10持っていく！

「Epidemic」伝染病というカードもあります。

Epidemic
QUARANTINE
Disaster! This is an Attack to Destroy any Place. It does not require an action. Its Power is 14.
This is not an Instant attack; other groups can interfere normally.
If the attack succeeds, the target is Devastated. This attack cannot actually destroy the target.
Disaster!

ここには薬品に混じってゴム手袋とマスクが手前に描かれています。今やマスク不足は世界的問題です。これを受けてマスクと医療関連の株価は軒並み高騰中です。
画像はテレビのニュースにもなった中国・湖北省でマスク不足からマスク代わりに警察から強制的にブラジャーをつけられる男性。2019年4月販売のそれほど人気があるとは思えない漫画に『ブラジャーはガスマスクになるんですか？』というのがあった。この

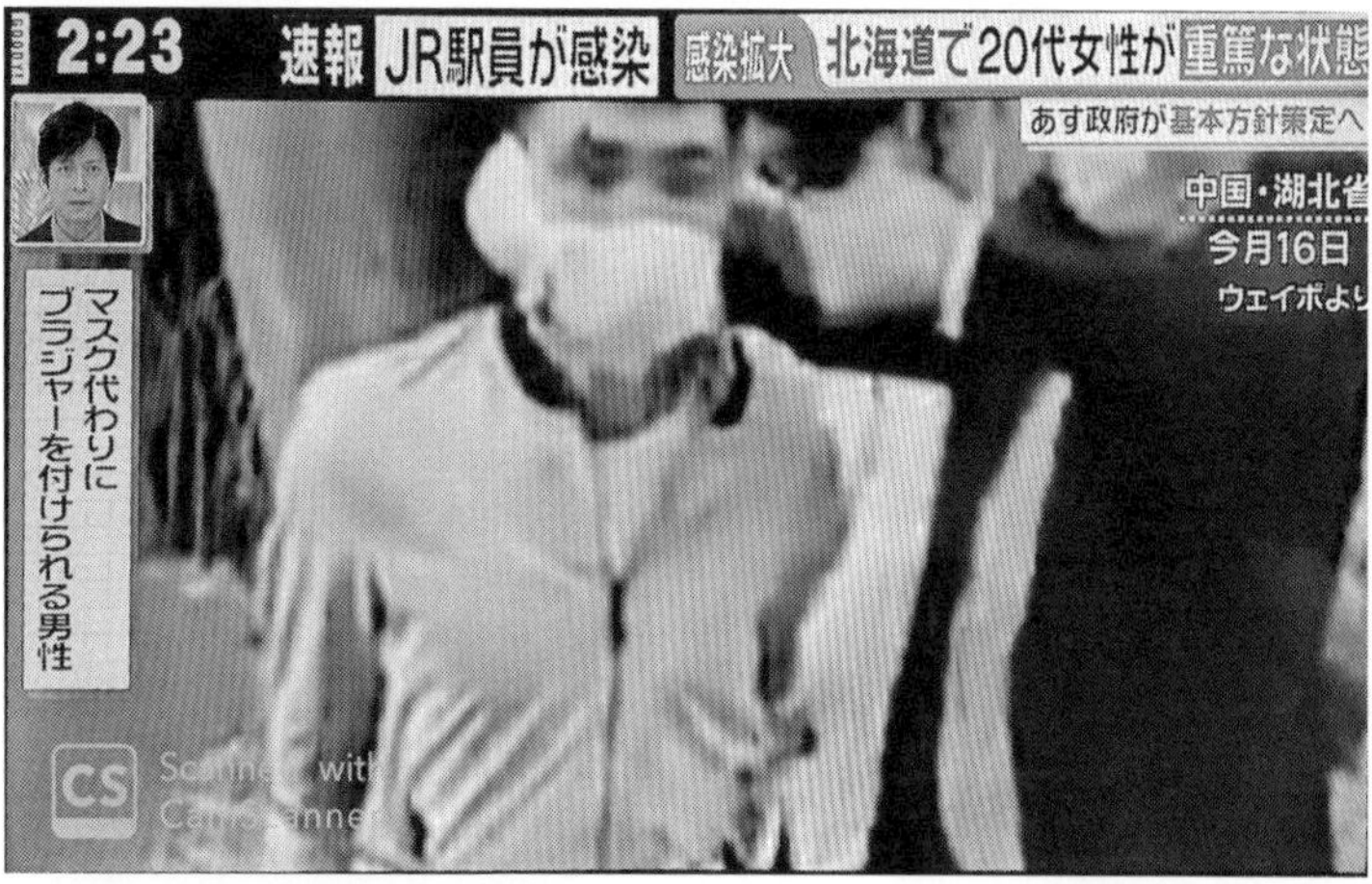
2:23
速報 JR駅員が感染
感染拡大 北海道で20代女性が重篤な状
あす政府が基本方針策定へ
中国・湖北省
今月16日
ウェイボより
マスク代わりにブラジャーを付けられる男性

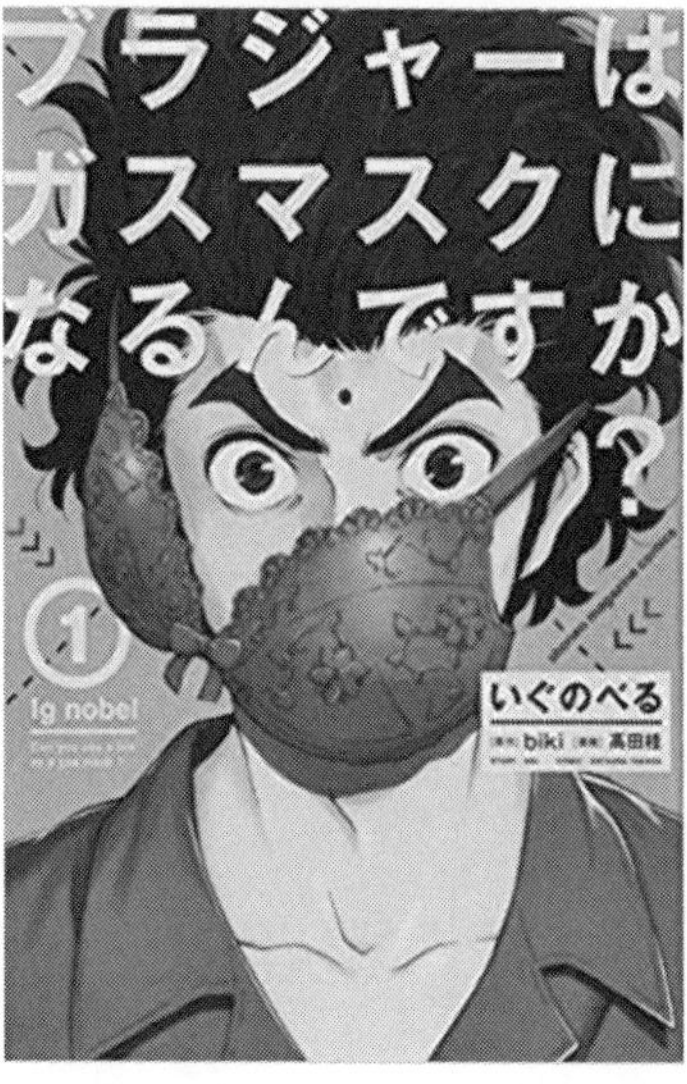
ブラジャーはガスマスクになるんですか?
1
Ig nobel
いぐのべる
biki
高田桂

感染

漫画の作者も闇組織の関係者なのだろうか？　ブラジャーのつけ方まで、中国人男性の顔から右側に向けて巻き付けて同じです。この本の表紙と、中国内でマスクをしない男が逮捕、ブラジャーをつけられる映像が、そっくりすぎてあきれるほどでした。さらなる驚きは、テレビ報道された画像をよく見ると、中国人男性の眉毛の先端が吊り上っていて漫画の男とそっくりの眉毛になっています。画像のブレの関係でそうなったかのようにですが、偶然じゃないです。私が画像に手を加えて加工したのではありません。連中です。たぶん、私がこの本でこうして書かなかったら、きっと彼らの細かな努力も工作も、誰にも気づかれないままになっていたでしょう。この漫画も注目されなかったでしょう。しかし、これから私のこの本を読んで話題となり読者が増えるかもしれません。

聖書は作者に警告します。絶対闇組織に加担して、その力で有名な漫画家になって儲《もう》けることはやめたほうがいい、と。確かにトキワ荘にいたすべての若く貧しかった漫画家たちをはじめ、有名になった漫画家たちの大半は闇組織の力を借りて持ち上げられ成功しています。

藤子不二雄はそのときの記憶を元に『笑ゥせぇるすまん』という漫画にしています。ユダヤ人風の太った金持ち紳士がトキワ荘に突然訪問して、「あなたたちの夢、有名漫画家をかなえてあげます。条件は一つ。秘密で私の言う通りの内容を描いてください。ドーン」。

しかし、悪魔は1与えて最後は10持っていきます。いやそれ以上に永遠の命まで失い、最後は

地獄に落ちます。漫画家に限らず、どんな実業家や作家、映像、音楽関連、政治家であれ、悪魔の力を絶対借りてはいけない。死の契約を彼らと結んではいけない。「イエス・キリストの十字架の血で悪魔との契約を断ち切る！」と宣言して、もはや彼らと関わらないほうが得策です。

箴言1：10－19「わが子よ。罪人たちがあなたを惑わしても、彼らに従ってはならない。

もしも、彼らがこう言っても。『いっしょに来い。われわれは人の血を流すために待ち伏せし、罪のない者を、理由もなく、こっそりねらい、よみのように、彼らを生きたままで、のみこみ、墓に下る者のように、彼らをそのまま丸のみにしよう。あらゆる宝物を見つけ出し、分捕り物で、われわれの家を満たそう。

おまえも、われわれの間でくじを引き、われわれみなで一つの財布を持とう。』

わが子よ。彼らといっしょに道を歩いてはならない。あなたの足を彼らの通り道に踏み入れてはならない。彼らの足は悪に走り、血を流そうと急いでいるからだ。鳥がみな見ているところで、

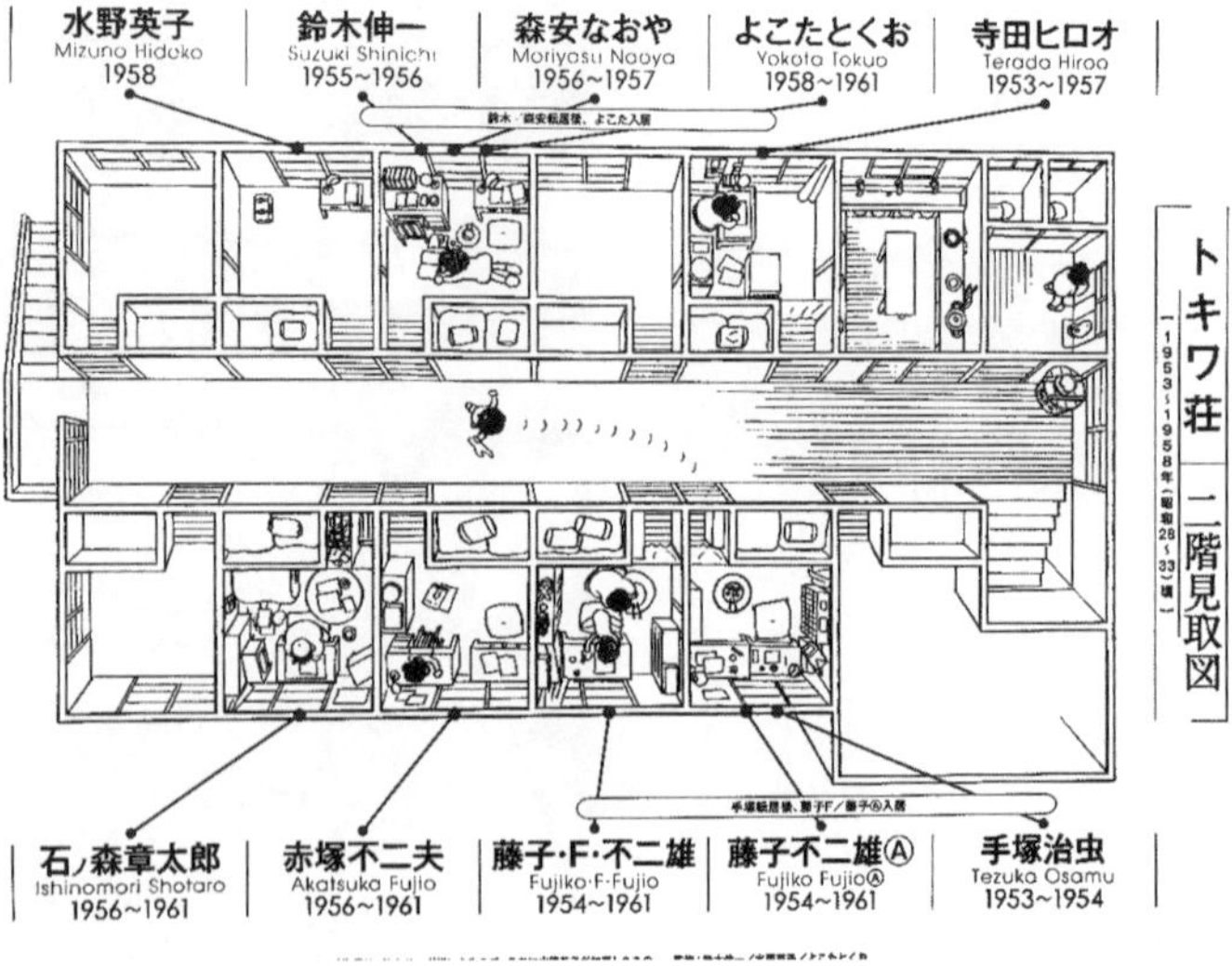

網を張っても、むだなことだ。彼らは待ち伏せして自分の血を流し、自分のいのちを、こっそり、ねらっているのにすぎない。利得をむさぼる者の道はすべてこのようだ。こうして、持ち主のいのちを取り去ってしまう。」

Part 4
奴らは予告して実行する！
その習性を知って備える叡知を持とう！

石油ストーブのコロナ、風評被害で株価暴落！

アメリカの株価暴落を受けて、日経平均225も1000円以上値下がりしましたが、それ以前からひたすら降下に耐えている上場一流企業があります。
株式会社コロナ。株式会社コロナは、新潟県三条市に本社を置く、暖房機器や住宅設備機器などの製造販売を行うメーカーで、東京証券取引所第一部上場しています。たまたま名前が同じコロナだから？　暖房機器が重宝される寒い冬場の稼ぎ時に風評被害で、株価が黙々と下がり続けているのではないでしょうか。

新型コロナウイルスが猛威を振るう中「コロナビール」のネット上での検索数が急増。コロナビールはウイルスとは無関係だが、「コロナ」という名称から何らかの連想をした検索が増えて

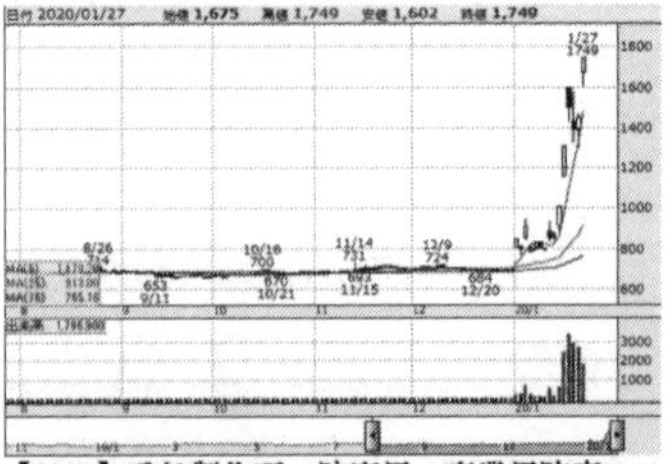

【7980】重松製作所　防塵用、産業用防毒マスクのシェアを大きく持ち、3MへOEM供給もある同社。当日はストップ高に。

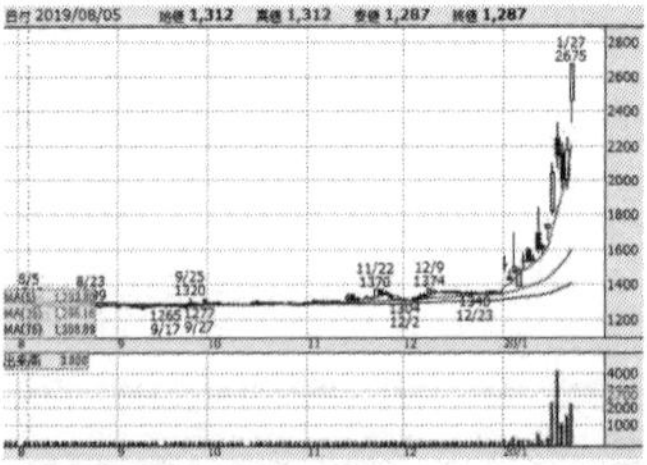

【7963】興研　防塵、防毒マスク大手で防衛相への市場を握っている企業です。

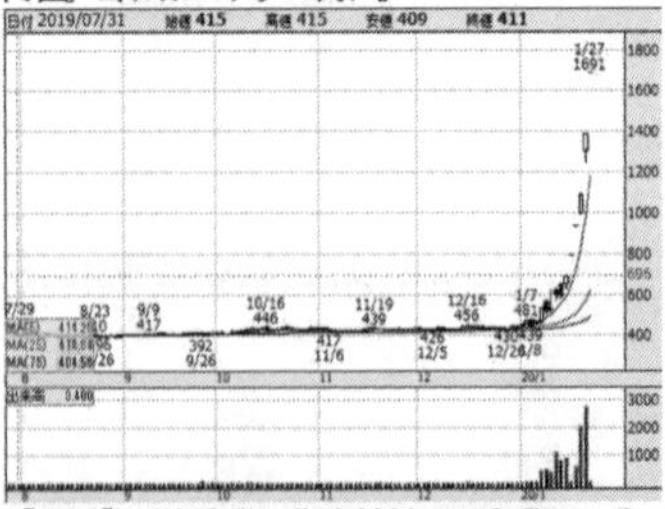

【3604】川本産業　衛生材料王手企業で、サージカルマスク、ガーゼ、消毒薬、脱脂綿、防護服など多くの商品を製作、販売する企業です。

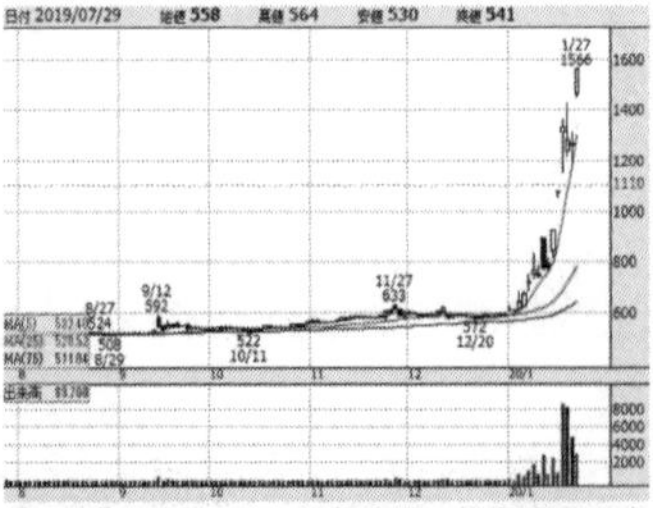

【3161】アゼアス　化学物質、化学薬品対応防護服、衛生用品に至る多くの防護服を開発販売する企業です。

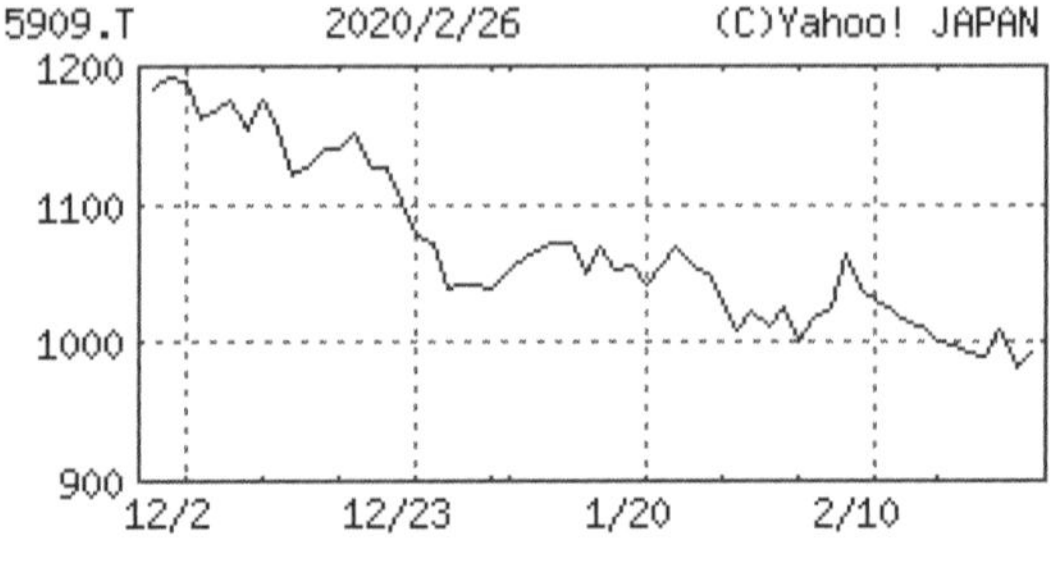

Live with the earth
CORONA
株式会社コロナ

いると考えられ、ネット検索の傾向を示す「グーグル・トレンド」によると、２０２０年１月18～26日にかけて「corona beer virus（コロナ、ビール、ウイルス）」の検索数が世界で２３００％上昇。一方で風評被害も見られ、同年1月～2月だけで約2億２１００万ポンド（約３１０億円）の売上が失われたとされています。ビールを飲むアメリカ人のうち「現在はいかなる状況下でもコロナビールを買わない」と回答した人が38％にも上っています。

ウルトラマンコスモスの「コロナモードのひみつ」と書いていますが、ウルトラマンコスモスはストレスが貯まると怒りのモードであるコロナモードに強制チェンジするらしい。以下は、笑えないコロナモードの握手会レポ。「こんにちはー!!　先日川口の映画館に行き前回同様、コスモス、コロナモードに会ってきましたー!!　上映前に来てくれたコスモス!!　カッコいい～☆中々会う事のできないコロナモードのコスモス！　コロナは力強く握手してくれましたぁ～!!　子供とハグしたりで観てるだけで癒されます～☆」

「コロナモードのひみつ」。その秘密兵器が「握手とハグ」による接触感染ならドン引きですね。

「5G非電離放射線」のことを「コロナ」と呼びます。5G非電離放射線は秘密裏に滅ぼす殺傷兵器にもなる「十分に発達した科学技術」の秘密があります。秘密兵器の詳細は後述します。日本での5Gのサービスは、2020年3月に都市部から始まりました。

『エコノミスト』表紙のメッセージが怖すぎる！

ロスチャイルドが株主のイギリスのメディア企業エコノミスト・グループ（The Economist Group）が発行した『ワールド・イン2019』の表紙は飛行機がケムトレイルで何かを世界中にばら撒く模様に見えます。「2019年は新型コロナに向けて大量にばら撒くぞ！」と言っています。

2019年12月5日発行『ワールド・イン2020』の表紙では、2020年を視力2・0と2・0のように片目の好きな組織が完全開眼したい年で、視力検査表です。片目を隠して視力検査しますが、彼らはプロビデンスの全てを見通す一つ目が好きです。そこに現われた暗号は、順番に普通に英語式に左から右に読んでいくと、意味がわかります。

Trump（米ドナルド・トランプ大統領）、Brexit（ブレグジット）、AI（人工知能）、Tokyo（2020東京オリンピック）、MARS（NASA火星探査機「マーズ2020」）、Climate（気候変動）、Xi（習近平）、Recession（2020年アメリカの景気後退予想）、Modi（印ナレンド

ラ・モディ首相)、Expo（2020年ドバイ国際博覧会)、SDGs（持続可能な開発目標)、Bond（『007／ノー・タイム・トゥ・ダイ』2020年公開)、Beethoven（ベートーヴェン生誕250周年)、Visions（失明予防キャンペーン「VISION 2020」)、Biodiversity（2020年「国連生物多様性会議」)、Rat（ねずみ年)、NPT（2020年核兵器不拡散条約)、Warren（2020年大統領選挙候補者エリザベス・ウォーレン)、Raphael（ラファエロ没後500周年)、Nightingale（ナイチンゲール生誕200年、国際看護師・助産師年)、Russia（ロシア）となります。

しかし、もっと恐ろしい隠された暗号もあります。これはイランの指導者ソレイマニ司令官の空爆による暗殺計画です。

TRUMP「トランプ」、IR「イラン」、AIR「空爆」、MISSION「工作」、DIE「殺害」。この経済誌の発行された翌年1月3日にこのミッションは実行されました。

他の暗号には、TRUMP「トランプ大統領」の名前を横切って上から下に丸で囲んだ文字WARRENが暗号化されています。恐らく次期大統領はElizabeth Warren エリザベス・ウォーレン上院議員という意味ではないでしょうか。民主党内ではバイデン元副大統領に続いて2番目の人気です。トランプが大統領になることを5年前から予告していたアニメ、「ザ・シンプソンズ」でもトランプ大統領失脚後、「リサ」と呼ばれる女性が大統領になるストーリーとなっています。リサはエリザベスの愛称です。アニメの11シーズン第17話「Bart to the Future」では、30年後の未来に、リサ・シンプソンが女性初の大統領に就任する場面が描かれ、前任のトランプ大統領のさんざんな政策によってリサは苦労を強いられる。トランプはセリフのみの登場で、映像では現われない。リサは「知っての通り、私たちはトランプ前大統領の時代より、かなりの予算削減を強いられている」と言い、ミルハウスも「我々は破産している」と話し財政右肩下がりのグラフを示します。しかし、エリザベス・ウォーレンは3月5日に候補者指命争いから撤退を表

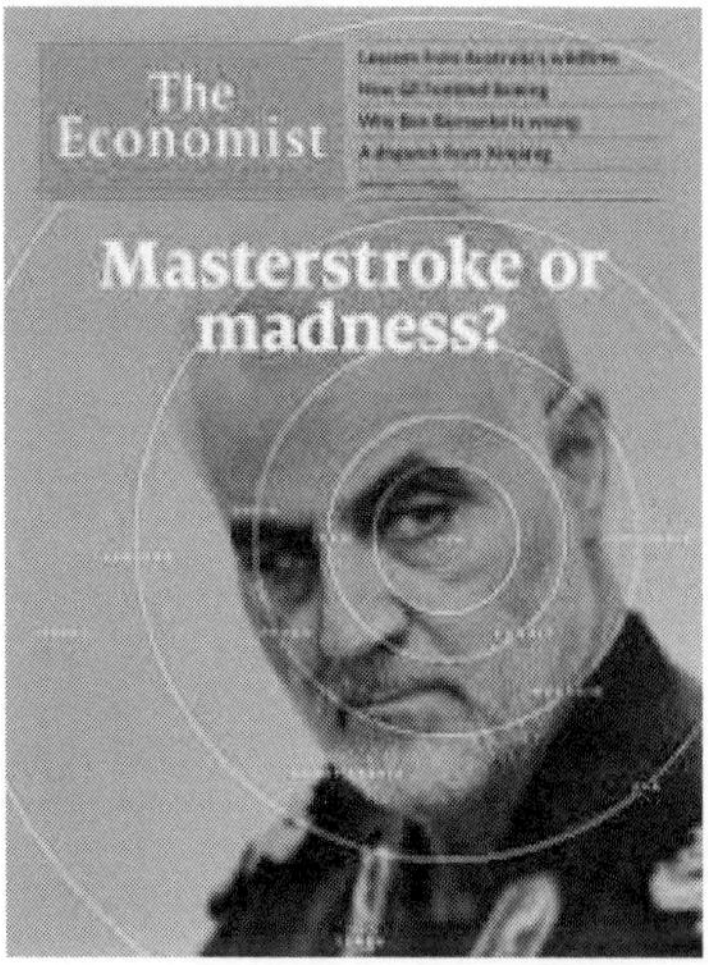
The Economist
Masterstroke or madness?

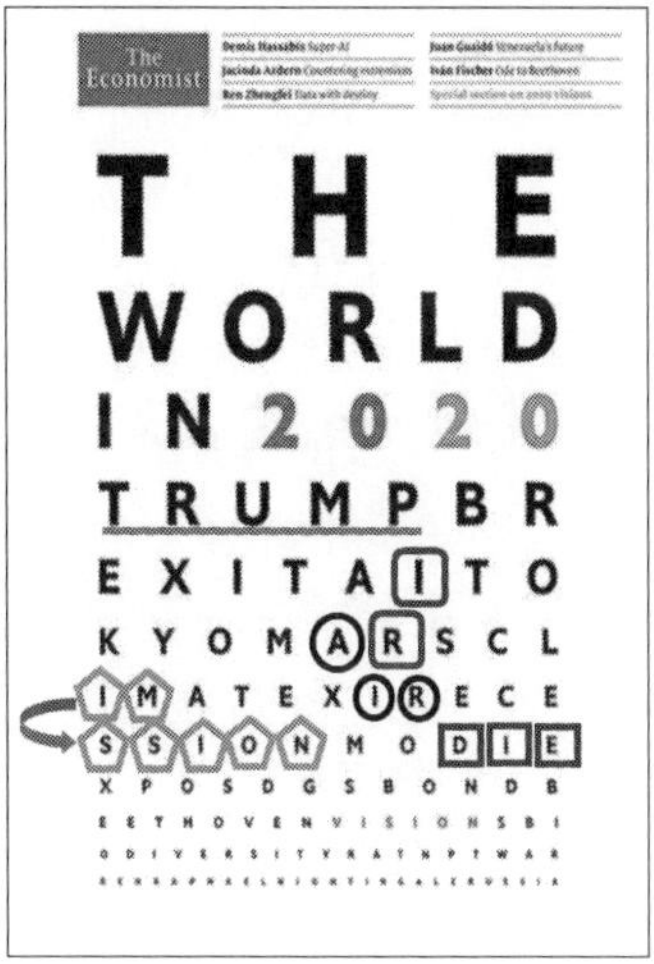
The Economist
Demis Hassabis Super-AI
Jacinda Ardern Countering extremism
Ren Zhengfei Data with destiny
Juan Guaidó Venezuela's future
Iván Fischer Ode to Beethoven
Special section on 2020 visions
THE
WORLD
IN 2020
TRUMPBR
EXITAITO
KYOMARSCL
IMATEXIRECE
SSIONMODIE
XPOSDGSBONDB
EETHOVENVISIONSBI
ODIVERSITYRATNPTWAR

The Economist
Demis Hassabis Super-AI
Jacinda Ardern Countering extremism
Ren Zhengfei Data with destiny
Juan Guaidó Venezuela's future
Iván Fischer Ode to Beethoven
Special section on 2020 visions
THE
WORLD
IN 2020
TRUMPBR
EXITAITO
KYOMARSCL
IMATEXIRECE
SSIONMODIE
XPOSDGSBONDB
EETHOVENVISIONSBI
ODIVERSITYRATNPTWAR

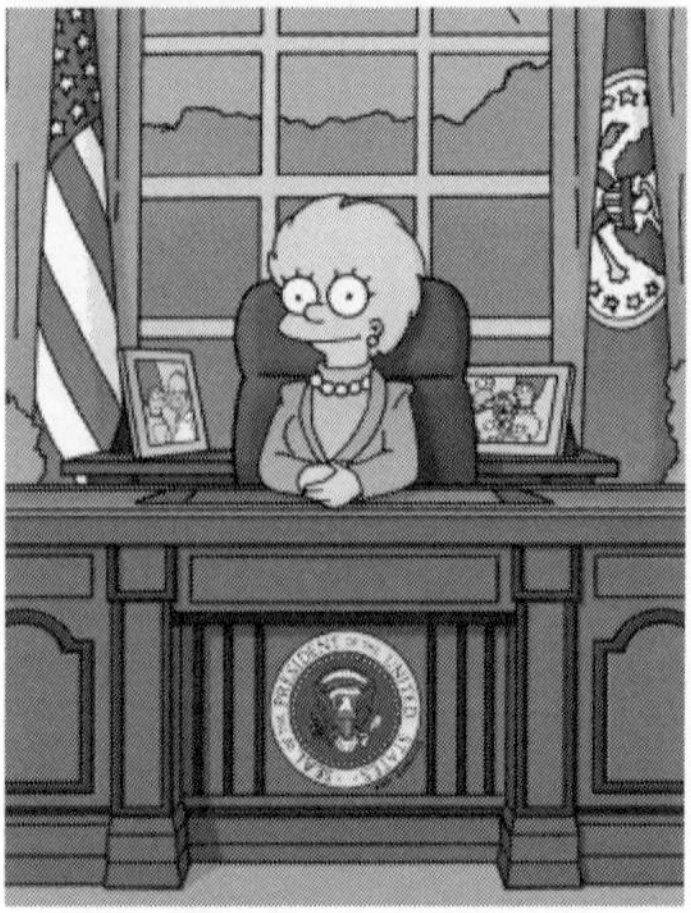

明しました。闇組織はここでも思い通りにいかないで計画が失敗しています。

さて、次はかなり無理ある解釈ですが、ご紹介します。まず、ＭＡＲＳがウイルス性の感染症（ＭＡＲＳ）。ＸＩが中国（習近平）。次にＭＡＲＣＨは3月。2つのＩは、数字の11日。つまり3月11日。アンダーラインのＴＯＫＹＯ東京。ＲＥＣＥＳＳＩＯＮ不況。これらを統合すると「３・11クラスの中国感染症が東京を襲い、不況になる」。つまり「新型コロナウイルス騒動」の暗示ではないでしょうか。

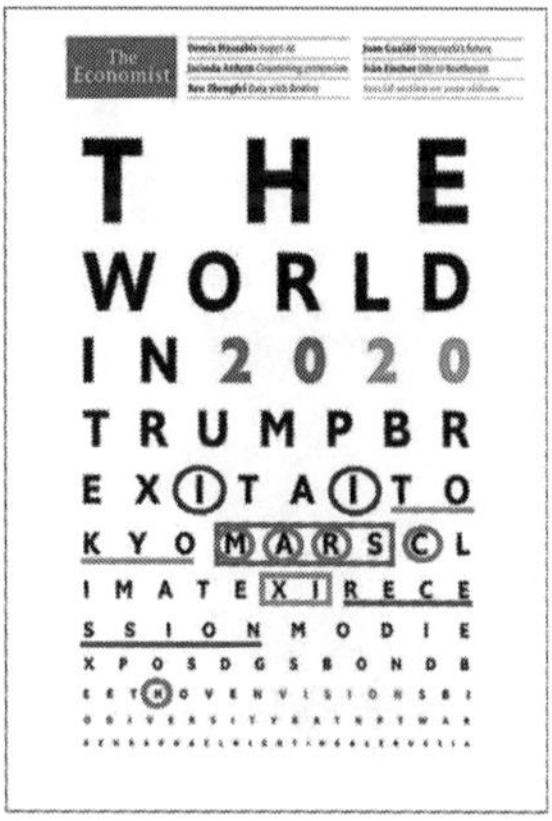

隠された暗号、もう1つは四角に囲んだ文字です。最下部の4段目以降の小さい字は拡大しました。

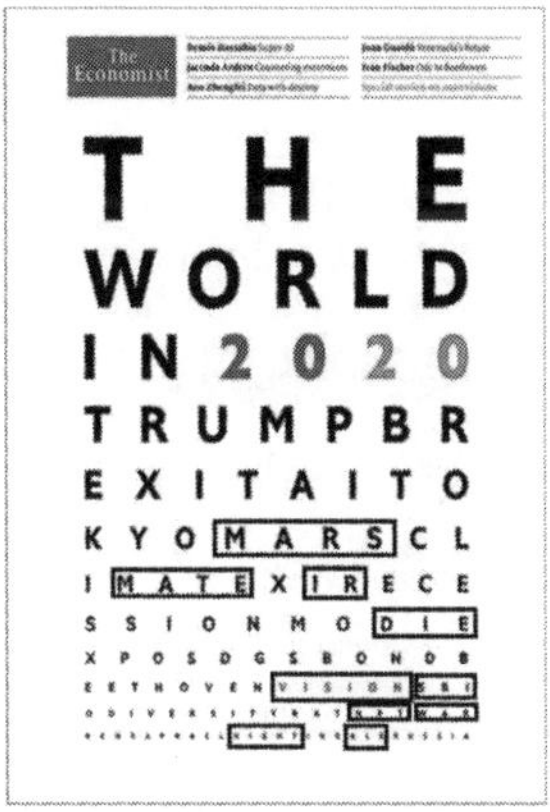

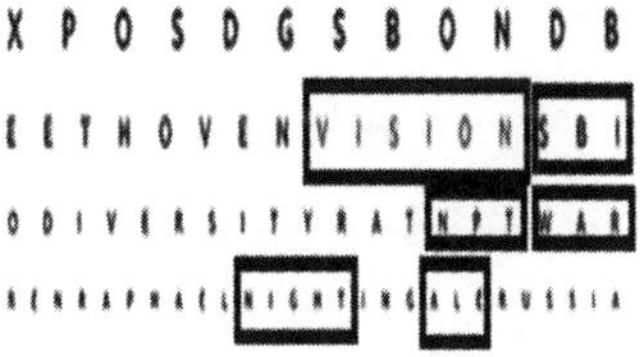

中国に次ぐ感染者が多いイタリア、イランもここに犯行予告されていた！

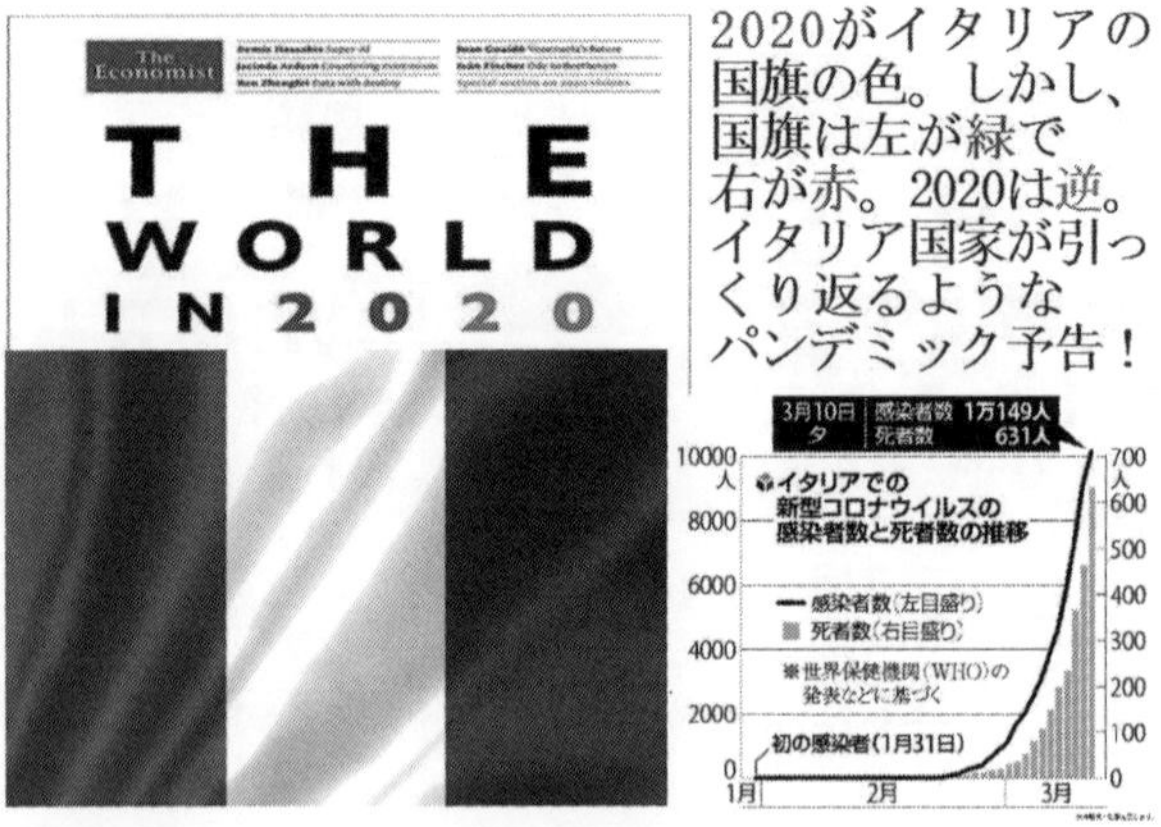

これは漫画『AKIRA』の一コマです。スペイン1万人感染はこの『AKIRA』の予告を

実現させたかったため撒いたと思われます。

イタリアのような中国と一体一路で結び付きの強い国ばかり感染者が多いです。イタリアは、国内で中国移民たちが高級ブランドをつくってます。イランは、原油取引、兵器供与、軍事演習まで中国とともに。スペイン、ドイツ、フランス、イギリスも中国マネーが影響強く、闇組織のメッセージは、中国から離れよ！ですね。

今はもう下向きですよ……国民の潜在的生産意欲って言うか そのポテンシャルね……竹村健一に言わせれば
スペイン以下ですから

まず、MARS（2012年に初めて確認されたウイルス性の感染症MARS）。

次にMATE（仲間、友達、連れ合い）。

次にIR。カジノ法案（統合型リゾート〈IR〉整備推進法案）成立で日本でのカジノは解禁されていく予告。

DIE（死）。

VISION（視力、視覚、未来像）が赤字で書かれています。

その隣がSBIです。

ＮＰＴ（核兵器の不拡散に関する条約）の隣がＷＡＲ（戦争）です。

ＮＩＧＨＴ（夜）。

ＡＬＥ（ビール）となります。


要約すれば、ロスチャイルドは、こんなメッセージが言いたいのでしょう。

「２０２０年は『ＭＡＲＳ』の象徴『ウイルス性の感染症が流行』する。それは『ＩＲカジノ法案ともからんだ連れ合い』である。すなわち、『カジノ船、ダイヤモンド・プリンセス号で大感染』させる『死』の予告。『ＶＩＳＩＯＮ』（ビジョン）は『日本のＳＢＩグループを赤字』にさせて、『核拡散防止条約の破棄である戦争』を起こしたい。そうすれば『夜』の闇勢力は『ＡＬＥ（発酵醸造のビール）』で乾杯だ」

彼らの祝宴で飲みたいビール、それは、当然、「コロナビール」でしょう。

「アンパンマン」ではマスクをすると風邪をひく⁉

話が怖くなってきたので、ここでアンパンマン登場！

あらすじは、学校に変装したばいきんまんたちが来て、注射の代わりにマスクを配る。ちゅうしゃきせんせいは山の中に降ろされていた。アンパンマンとメロンパンナちゃんがカバおに声をかけてニセの先生からもらったマスクを譲ってもらう。これを使うと翌朝、みんな風邪をひく。ちゅうしゃきせんせいが来て皆に注射を打つが、熱が下がらない。どうやら感染症の原因はウイルスを含ませた汚染マスクにあったようだ。アンパンマンが捕まるが、マスクを外させてメロンパンナちゃんが顔を持ってきて復活し、アンパンチでばいきんまんを退治。

アンパンマンの作者、やなせ氏は２０１３年に天国に行ったクリスチャンだったため、正義と人のために自らの顔を削って弱者に食べさせるアンパンマンの犠牲愛を通じて、命のパンと聖書

に書かれた、十字架で人の罪を背負って身代わりに死なれ、3日目に復活された、命を配給するイエス様の犠牲愛、聖書の福音を漫画で伝えたかったようです。彼は生前、こう言っています。

「本当の正義というものは、けっして、かっこいいものではないし、そして、そのために必ず自分も深く傷つくものです。そういう捨て身、献身の心なくして正義は行えません。正義の超人は本当に私たちが困っている飢えや公害などと戦わなくてはならないのです。アンパンマンは焼け焦げだらけのボロボロのこげ茶のマントを着て、恥ずかしそうに登場します。自分を食べさせることによって飢えている人を救います。それでも顔は気楽そうに笑っているのです。

子どもたちはこんなアンパンマンを好きになってくれるでしょうか？

それともテレビの人気者のほうがいいですか？——やなせたかし——」

アンパンマン開始当時、「自分の顔を食べさせるなんて残酷」と評論家や視聴していた親御さんに酷評され、その設定はやめたほうがいいのではないかと注文を受けたそうです。それに対しやなせ氏は、正義とは必ず「自己犠牲」がともなうもので、アンパンマンが飢えている人に自分の顔を食べさせるのには、

そういう意味がこめられている、と決して譲らなかったそうです。

ヨハネ6：35「イエスは言われた。『わたしがいのちのパンです。わたしに来る者は決して飢えることがなく、わたしを信じる者はどんなときにも、決して渇くことがありません。』」

ヨハネ6：47－51「まことに、まことに、あなたがたに告げます。信じる者は永遠のいのちを持ちます。わたしはいのちのパンです。あなたがたの父祖たちは荒野でマナを食べたが、死にました。しかし、これは天から下って来たパンで、それを食べると死ぬことがないのです。わたしは、天から下って来た生けるパンです。だれでもこのパンを食べるなら、永遠に生きます。またわたしが与えようとするパンは、世のいのちのための、わたしの肉です。」

ヨハネ6：57－58「生ける父がわたしを遣わし、わたしが父によって生きているように、わたしを食べる者も、わたしによって生きるのです。これは天から下って来たパンです。あなたがたの父祖たちが食べて死んだようなものではありません。このパンを食べる者は永遠に生きます。」

アンパンマンが新しい顔を入れ替えて復活するシーンはイエス・キリストの復活を表現しています。

ヨハネ11：25－26「イエスは言われた。『わたしは、よみがえりです。いのちです。わたしを信じる者は、死んでも生きるのです。また、生きていてわたしを信じる者は、決して死ぬことがありません。このことを信じますか。』」

まさか!?　マスクに新型コロナを吹きかけて配布する拡散の偽善!?

ところでこのＢと書かれたマスクをつけて風邪に悩むアンパンマンたちの姿は象徴的です。「Epidemic」伝染病というイルミナティカードにマスクが描かれていますが、各国でマスクを求めて行列ができるこの世相に、善意から無償配布する人たちもいます。

写真の人たちはクリスチャンの勇士たちですが、中国内の各地で黄色い防護服を着て無償でマスクを配りながら伝道もしています。警察当局も彼らの働きを認めて協力的と報道されています。しかし、神

様に敵対する反対勢力の悪魔、善に対する反対勢力の悪を考えるとき、思うところがあります。

ここからは私の独り言です。このような善意のクリスチャンたちの正反対、まさかとは思いますが、漫画同様に、変装した実写版ばいきんまんたちが学校に来て、注射の代わりにマスクを配るような殺人者は考えられないでしょうか？　あるいは完成品のマスクの山と積まれた段ボールに、工場や倉庫、宅配業者のレーンの流れ作業の最中に、あるいは中国から輸出の際に使うコンテナ内で出荷前にシュッとひと吹き新型コロナ。

マスクに新型コロナを吸い込ませておけば、拡散は一番容易です。マスクを入手した人々は接触感染の疑いも全くなく、見た目、真っ白い新品使い捨てマスクなら防御効果を信じてすぐに着用します。

わざわざ、人々に接触感染しやすい全世界の公共施設のドアノブや手すり、ボタンなどに新型コロナウイルスを塗って歩いたり、巨大な駅ビルや公共施設のエアコン噴き出し口に工事のメンテナンスおじさんのふりをして侵入、空気感染を期待してウイルスを塗る、そんなリスクある面倒なことをしなくても、マスクなら最も口元に近く、簡単に完璧接触感染させられます。

新型コロナの感染拡大により、マスクの品薄状態が続く中、安倍首相は非常事態宣言が出された北海道に、国が買い取ったマスクを配布すると表明しましたが、マスク自体をよくよく検査してくださいね。

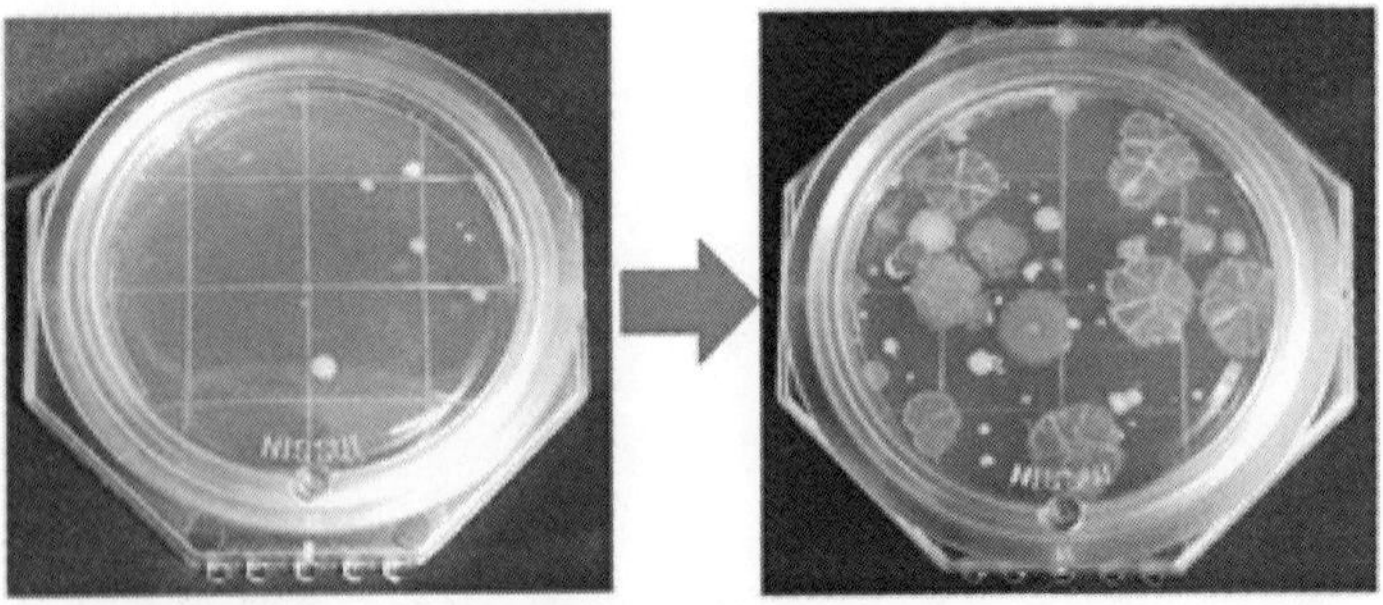

約8時間使用後、マスク表面の付着菌を培養

（マスク表面イメージ）

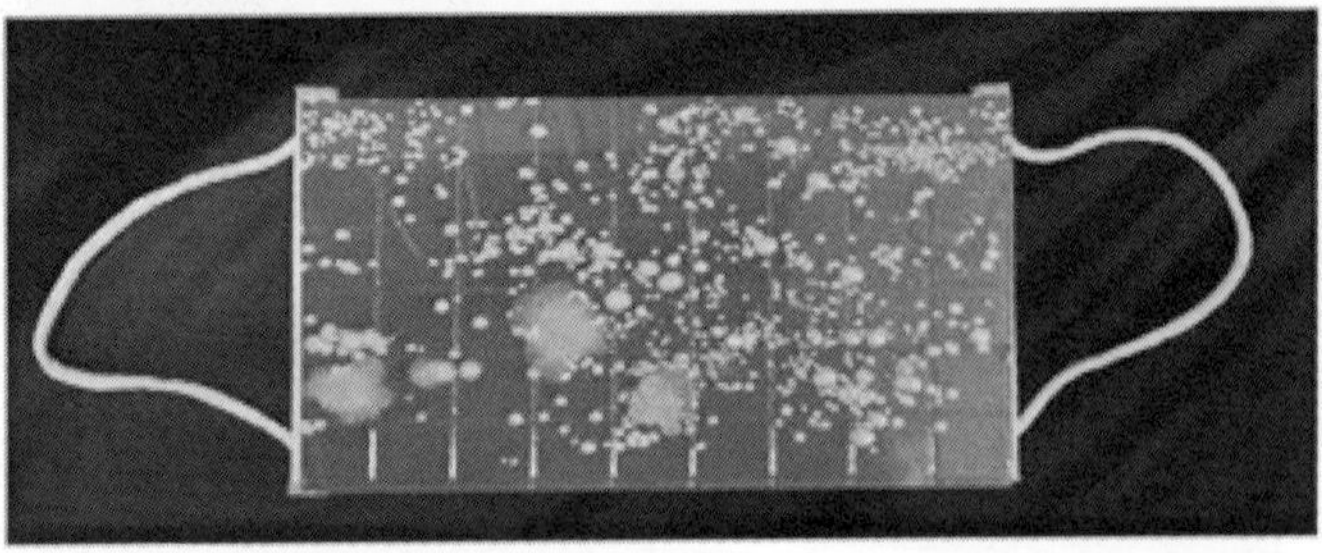

不可思議にもアリババ創業者が中国経由で日本に韓国製、韓国に日本製マスクを寄贈しています。なんで？

世界一清潔な日本人相手ならシュッとひと吹き除菌スプレーに混入もあり。

「器にかかっても安心！【アルコール・ウイルス　細菌除去スプレー】抗菌×消臭効果。100%天然由来の成分でできています。キレイがつづく、グレープフルーツ種子エキス（抗菌成分）配合。二度拭き、洗い流し不要。食器にかかっても安心です」恐ろしい！　私だけの独り言でした。

背筋も凍る⁉「ザ・シンプソンズ」（米最長寿アニメ）の犯行予告！

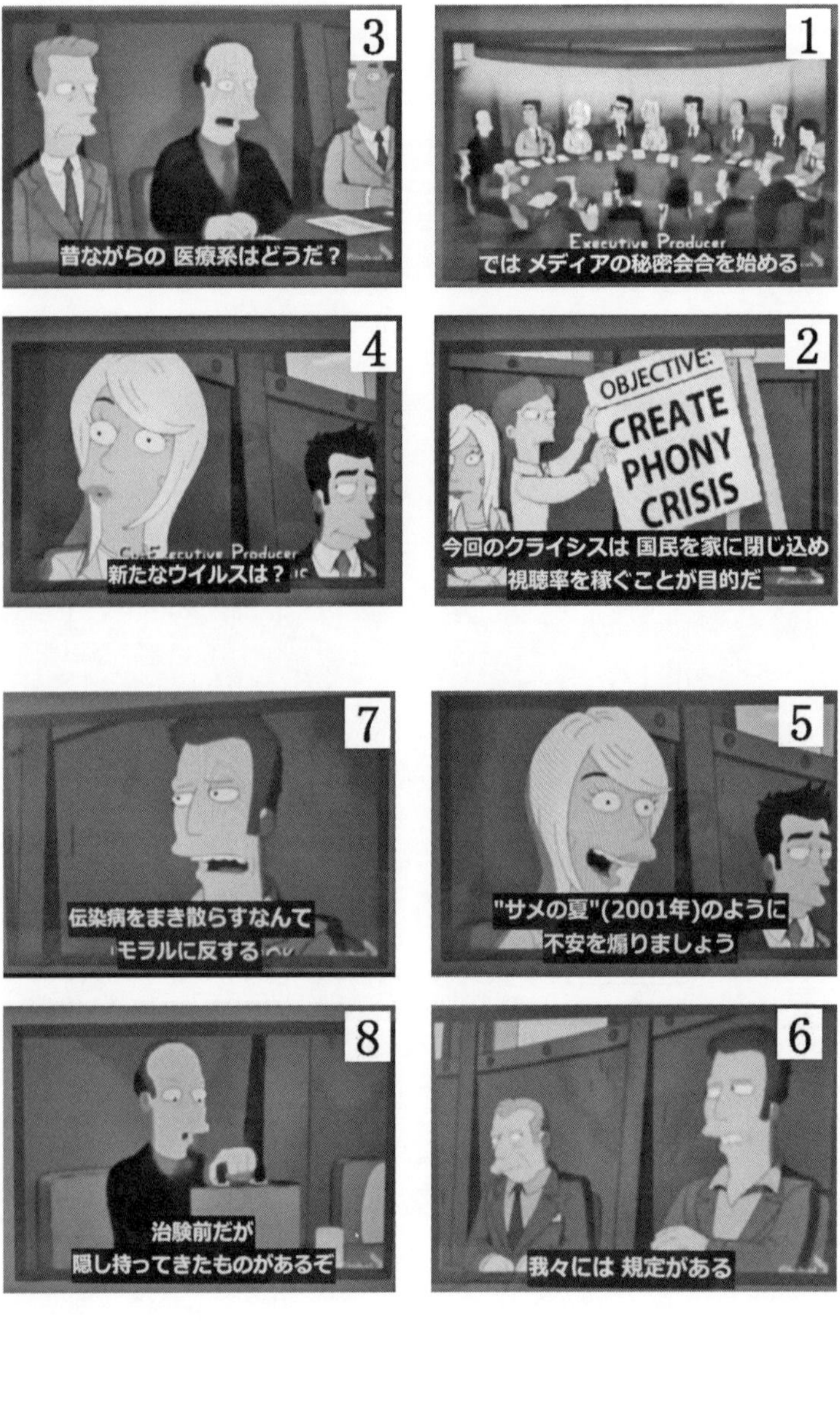
1
Executive Producer
では メディアの秘密会合を始める
2
OBJECTIVE:
CREATE PHONY CRISIS
今回のクライシスは 国民を家に閉じ込め
視聴率を稼ぐことが目的だ
3
昔ながらの 医療系はどうだ？
4
新たなウイルスは？
5
"サメの夏"(2001年)のように
不安を煽りましょう
6
我々には 規定がある
7
伝染病をまき散らすなんて
モラルに反する
8
治験前だが
隠し持ってきたものがあるぞ

9
治験は必要ですよね

10

11
wow wow

12
ウイルスの誕生だ

13
次は 何かに
責任を擦り付けよう

14
既に 少し怖いものに

15
"ハウス・キャット病" がやって来ます

16
"ハウス・キャット病" は 次の様に
拡散していくと予想されます

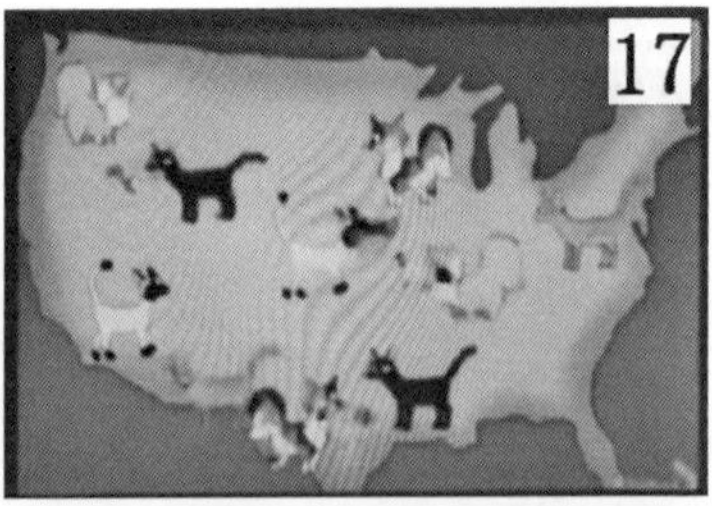
17

18
ネコを飼う方は 十分 お気を付けください

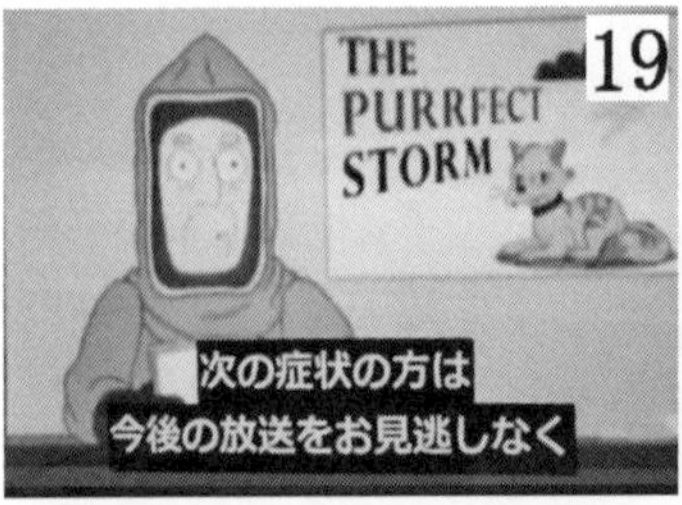
19
THE PURRFECT STORM
次の症状の方は
今後の放送をお見逃しなく

20
Osaka, Japan

21
感染してることは 内緒で

22
オレも 3週間この状態だ

23

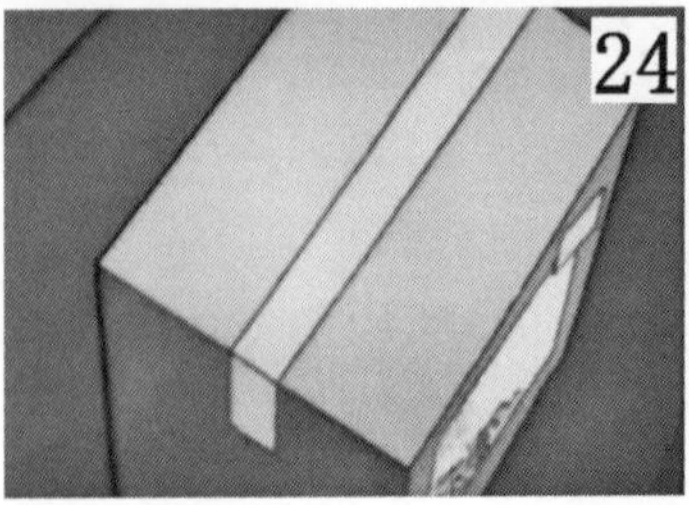
24

25

26
父ちゃん 送られてきたよ

27

28

29

30

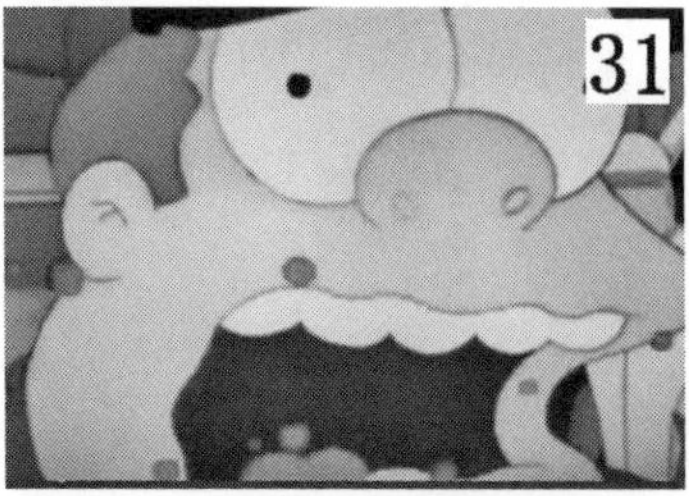
31

32
OSAKA FL
"オーサカ病" の件数が
300を超えました

「アンパンマン」同様の犯行予告があります。それは、2015年のトランプの大統領当選を事前に15年前から犯行予告していたアニメ「ザ・シンプソンズ」。アメリカ・FOXテレビで、1989年に放送開始した、アメリカアニメ史上最長寿番組。現在は60か国以上で20か国語に翻訳され、全世界で毎週6000万人以上が視聴している。エミー賞、ピーボディ賞受賞作品のアニメです。

なんと、「ザ・シンプソンズ」1993年5月6日放送の画像1番と同じ円形テーブルが、三百人委員会・サンヘドリンのもの。

サンヘドリンは、もともと、ローマ帝国時代にユダヤを治めていた宗教的・政治的自治組織。ユダヤ議会。モーセが神の命令によって召集した71人の長老が起源。

民数11：16「主はモーセに仰せられた。『イスラエルの長老たちのうちから、あなたがよく知っている民の長老で、そのつかさである者七十人をわたしのために集め、彼らを会見の天幕に連れて来て、そこであなたのそばに立たせよ。』」

議員は、サドカイ派、パリサイ派、一般人から「祭司長、律法学者、

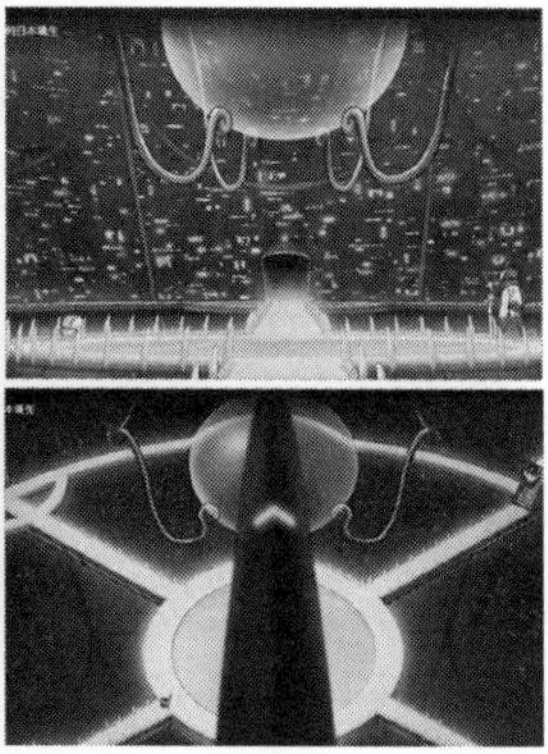

長老」と3つのグループで構成。新約聖書のニコデモはパリサイ派のグループに、アリマタヤのヨセフは一般人のグループに所属。サンヘドリンは裁判権を行使し、直属の警察を持ち、刑の執行を行うことができた。ただし、イエス様が裁判にかけられた頃には、死刑宣告をする権限はローマに剥奪《はくだつ》されていました。神殿祭儀の指導監督を行い、祭司や裁判官の任職権も持ち、全世界のユダヤ人祝祭日を決定する権限も有し、最高律法教育機関の権能を果たしていました。

現在の三百人委員会・サンヘドリンはこれと全く異なる変質した悪魔崇拝者たちの集いとなり、悪事において一致団結して会議を開くようです。アニメの内容が新型コロナ騒動そのままです。

ザ・シンプソンズ画像1番は、映画ドラえもんにも「誰もはいれない神聖な場所だ」と言いながら登場します。

画像19番以降は、割愛した画像にペットのネコを捨てる虐待シーンがあります。テレビでニュースを観た女性が驚いて膝の上で可愛がっていたネコを突然取り上げ、夫がチャック付きビニール袋にネコをすぐに入れてジッパーで密封処分する残酷シーンです。実はこれと同じことがすでに中国で犬に対して行われています。きっかけはこのニュース。「香港政府は4日、新型コロナウイルスの感染者が飼っていたペットの犬から低レベルの感染を確認したと発表。ヒトから伝染した可能性があるとしている。ロイター通信は同日、ヒトから動物に感染した初のケースの可能性があると伝えた。政府の発表によると、2月下旬、この犬の鼻と口から採取した検体から、ウイルスの弱陽性反応が検出された」

これを受けて、新型コロナウイルスの拡散防止を理由に、中国で村中の犬が撲殺されました。報道では「中国国内の一部の地域ではペットによって新型コロナウイルスが拡散されると信じられているため、犬や猫を捨てたりする飼い主、または地域自治体が住民にペットを処分するよう求めるところもある。これは先月末頃に、一部中国メディアが『動物がウイルスを拡散する』といった虚偽報道が原因となっている」とのこと。

中国の動物保護団体が公開した動画でも、動物が犠牲となる様子が捉えられて、今は残虐性ゆえ削除処分ですが、全ての責任と発端は、あの忌々しいアニメと同じ筋の連中です。

アニメの画像21番以降は、宅配業者の感染職員が意図的に小包の中にウイルスを咳き込んで入れるシーンですが、同様の事件も起きています。愛知県蒲郡市で新型コロナに感染した50代男性が自宅を出る前に、「ウイルスをばらまいてやる」と家族に話し、タクシーで移動。市内の飲食店とフィリピンパブでカラオケに興じ、ホステスと肩を組むなど、濃厚接触を強いました。また、韓国のカルト集団「新天地」の感染信者も逃げたり、逆切れでわざと周囲にばら撒くと公言したニュースもあります。この悪態アニメのネコ虐待、感染者の意図的拡散の現実化を考えると、今後、流通業界からの感染拡大も懸念されます。と書いてるうちに、起きました。佐川急便は名古屋市港区勤務の宅配協力会社社員60代男性が3月8日、新型コロナに感染したと発表。今後、接触感染の脅威から荷物の開封が気になります。

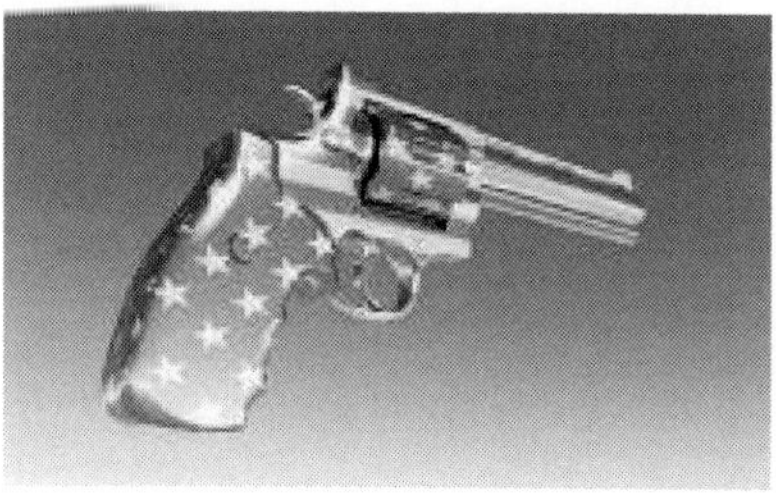

画像30番はウイルスを恐れた警察官が銃を乱射するシーンですが、アメリカで銃の販売数が急増中です。ロサンゼルス・タイムズ紙は、「ロサンゼルス市に近いカルバー・シティーの銃ショップに長蛇の列ができていると」と伝え、ニューズウィーク電子版も「カリフォルニア州サンガブリエル・バレーの銃ショップが3月に入ってから、アジア系の顧客が増えた。卸売り業者にも在庫がないことから、多くの人が購入していると推測される」と報じています。アニメそのまま！

ICT CORONAVIRUS AND DIAMOND PRINCESS QUARANTINE
3

1
Royalty Cruises

ICT CORONAVIRUS AND DIAMOND PRINCESS QUARANTINE
4

NAVIRUS AND DIAMOND PRINCESS QUARANTINE
2

7

ICT CORONAVIRUS AND DIAMOND PRINCESS QUARANTINE
5

8

PANDORA STRAIN
6

彼らは2つのパターンのアニメで今回の新型コロナ騒動をおちょくっています。
もう1つはこれです。ロイヤル・クルーズ船、そこはすべての遊興施設完備の優れた海上のパラダイス。2番は、家族とともに来た子供が「あれが僕たちの船だと喜ぶ」。6番はこの子が船の室内でＤＶＤを手に取ってみる。1枚目は日本の象徴、空手のＤＶＤ。この災害が日本で起きるという犯行予告です。2枚目はＤＶＤのタイトルが「PANDORA STRAIN」。意味は、「パンドラ緊迫、あらゆる災いの詰まった緊張」という感じで、表紙の絵には船長と医療関連の白衣を着た女、防御服に身を包んだ人物。メディア報道の象徴、上空はヘリコプターも飛んでいる。カードの下に半分見えるマークにも意味があります。これは、細菌やウイルスなどが、実験室や病院から外部へ漏れ出すとバイオハザ

ード（生物災害）を引き起こす、有害物質の存在について警告するためのマークです！

「パンデミック・ドラゴン」と書かれた子供のカードゲーム。竜の形がバイオハザードマークと同じ。「パンデミック」は、「感染爆発」の意味で、語源はギリシャ語のパンデミア、パンは「全て」、デミアは「人々」の意味。過去のパンデミックは、14世紀ヨーロッパで流行のペスト、19世紀から20世紀に地域を変え7回も大流行のコレラ、第一次世界大戦中の１９１８年から１９１９年に猛威を振るい世界人口の約27%が感染し死者が５０００万人にのぼったスペイン風邪、１９６８年に発生した香港風邪などです。

7番、歌手のディナーショーもたけなわ。

8番、しかし、突然船内放送。船長が船内テレビに現われて「外で新型ウイルスが急速に大発生しているから絶対に船外に出ないでください」と呼びかける。船内は騒然となる。まるで今回の新型コロナ騒動の正反対。こうして豪華クルーズ船は廃墟と化して荒廃していく。しかし、実は全てバートのいたずらでした。

部屋で見つけた未公開映画「PANDORA STRAIN」をスイートと船内の全てのテレビ画面で再生して乗客全てに観せてを騙していたのです。映画はまだ公開されていなかったため、船上の誰もが外で新型ウイルスが急速に大発生しているとの発表が本物だと思っていました。悪ふざけが発見されるのを防ぐために、バートは船の無線機全体に工作して、乗組員が誰も外界と連絡できないようにし、人々が家に電話してウイルスが本当はないことを知ることも邪魔します。12番、いたずらだった映画放送のために、船内に狂気が長く続いたため、すっかり船は荒廃します。甲板の側面に「VIRUS FREE-KEEP AWAY」「無ウイルス地帯－接近禁止」と書かれていますが、4番同様に緑の液体が流れ出ています。ホラーゲーム「バイオハザード リベレーションズ」では、船内で青い煙を吸ったらモンスター化するというストーリーですが、ここでは緑です。

全体的に船が汚染されているので、名ばかりのグリーンゾーン、もしくは、ゾーニングのずさんさを小馬鹿にしたアニメですね。

「青い煙」について、南アフリカのモイーズ・ルシク牧師の証によると、青い煙を口から出して人に吹き付ける悪魔がいるそうです。例えば、教会の礼拝の時間前にこの悪魔がクリスチャンに

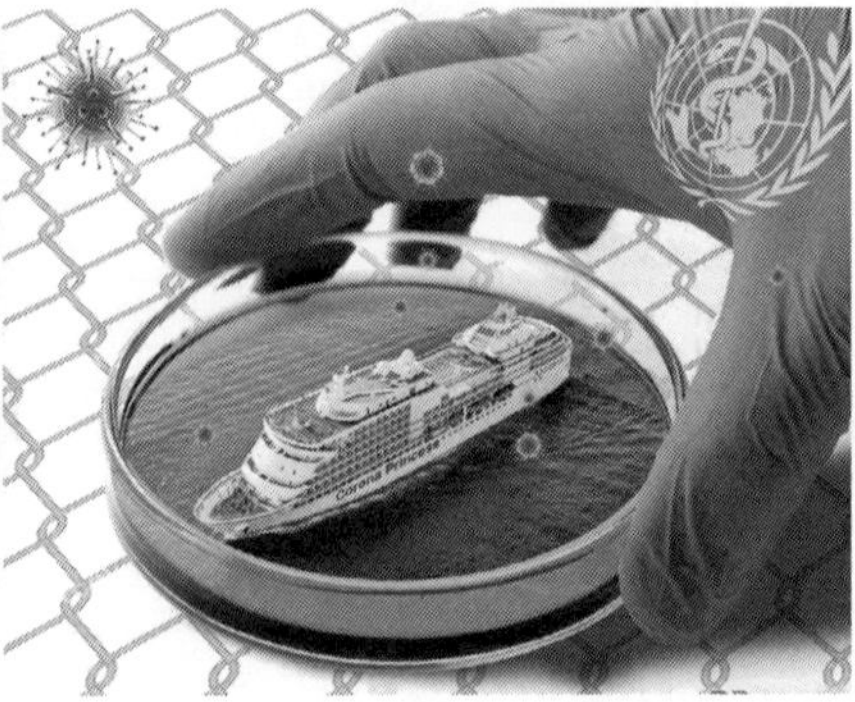

青い煙を吹きかけて、行かせまいとするそうです！

四コマ漫画100日後に死ぬワニがヒットして死にましたが、この時期、コロナ死を犯行予告してたのでしょうか？

闇組織は、ちょうどアニメのように、情報操作で騙して民衆をあざけっているのです！　クルーズ船、横浜長期停泊、および隔離措置は絶対、このような数々の状況証拠から判断して計画的犯行であり、日本政府は骨抜きになって、アメリカの命じるまま、総合的判断さえできずに、彼らの言いなりになっているのです。

『首都感染』この小説では20××年、中国でサッカー・ワールドカップが開催。しかし、熱狂するスタジアムから遠く離れた雲南省で、致死率60％の強毒性新型インフルエンザが出現。中国当局による必死の封じ込めも破綻し、恐怖のウイルスが世界、そして日本へ。強毒性新型インフルエンザの世界的大流行阻止のため、政府対策本部のアドバイザー・元WHOの優司は空港での検疫を徹底させるが、ついに都内にも患者が発生。総理は東京封鎖作戦を決断という内容ですが、現状、オリンピックを控えた東京に流れ着いた新型コロナ、疫病と国際スポーツ競技を重ねた内容が偶然でなくオリンピックへの陰謀を感じます。小説と現状の類似です。小説「事態の公表を遅らせたため大拡散。中国からの帰国者を隔離で封じ込めに失敗したのは、検疫をすり抜けた特権階級の存在。高致死率にもかかわらず中国はW杯を継続成功させるために隠蔽する。W杯帰国者を中心に全世界に拡散。日本は空港で中国帰国者の隔離。空港閉鎖。全小中校を休校。首都封鎖へと動く」という内容がなんだか偶然の一致を超えて現実によく似ています。

大友克洋監督「AKIRA」でも東京オリンピック延期の予告！

アニメ映画「AKIRA」には、オリンピックが東京で2020年に開催されることだけでなく、伝染病が蔓延することや、日本がWHOから問題視されることなど、今の日本の状況が描かれています。最近になってメディアが再度持ち上げ、NHKまでネオ東京と「AKIRA」に描かれている都市になぞらえながら現在の東京についての特番シリーズNHKスペシャル「東京リボーン」を放送していました。

番組では、前回の東京オリンピック当時世界最先端の空中都市とも言わんばかりに造られた首都高速道路が今、経年劣化で崩壊の危機にあるという内容で、補修、点検、新規に入れ替え中とのことで、インフラ整備に「破壊と再創造」が必要と説いているようでした。新たに再建するには古いものをまず取り除くこと、壊すのが当然だと、今後の破壊が必然だと説明しているかのような印象を受けました。

大友克洋監督の映画版「ＡＫＩＲＡ」が今話題になっているのは、４Ｋリマスター版の劇場公開が控えているから。しかし、このタイミングで注目される本当の理由は他にあります。東京での２０２０年のオリンピック開催予定を原作漫画が描かれた38年前から描いていたことが予言のようで不思議と注目されています。しかも、漫画でもオリンピックが中止になる機運です。予言ではない、ただの時間をかけた犯行予告です。

映画版では「開催迄あと１４７日」と書いていますが、その下に落書きで「粉砕　中止だ　中止」と書いています。

落書きと散乱したごみ、この時期の東京の新型コロナ等による荒廃を象徴しています。「ＡＫＩＲＡ」では「東京オリンピック　30　ＴＯＫＹＯ」と書いています。現実では30回目でなくて32回目。犯行予告の外れです。

オリンピック開催まで１４７日にあたる２０２０年2月28日は、出版社主催で新宿区のヒカル

AKIRA
アキラ

東京オリンピック
30
TOKYO
開催迄あと
147日
中止だ中止

1988. 7. 16 TOKYO

1.5
東京リボーン
Canon
CITIZEN
SHOEI
東京地下迷宮

ランドパークで新型コロナと聖書についての講演会を開催するその日でもありました。集団感染への懸念から集会キャンセルの世相に「不要不急の外出を控えましょう」とメディアが呼び掛ける中、少々やりづらさを覚える集会でしたが、たくさん集まり、核爆発もなかったです。その講演会の日に社長に依頼されて急遽、この本の出版が決まりました。

ただ、内心「2020年2月28日は、何が起きるだろう?」と注視していると、その日、ダイヤモンド・プリンセス号で「陽性」と確認された人々が700人を突破し、WHOが世界的に大流行する危険度を最高レベルの「非常に高い」に引き上げました。これを受けてオリンピック「粉砕　中止だ　中止」という機運が国内外で盛り上がりました。3月11日には、ロックフェラー傘下のWHOが新型コロナの世界的なパンデミックをようやく宣言しました。2020年の3月11日は、カナダ、ロシア、南米、アフリカなど感染者数ゼロだった国々にも少数の感染者が突然現れて、世界中が感染地域になりました。以前は先述のG5基地局設置地域と新型コロナ拡散地域が一致していましたが、もはや感染地域のほうが一挙に拡大し5G地図とは比較できなくなり、5Gとの関連性を示す証拠がまた1つ消えました。

幻の東京オリンピックと、今回の酷似!

今から80年前の1940年に東京オリンピック開催が予定されていましたが、中止となって幻に終わったことがあります。幻の東京オリンピックとなった理由は、日本では関東大震災から復興した姿を海外にアピールすることがテーマでしたが、関東大震災2年後に治安維持法制定で軍国化され、日中戦争が勃発したためでした。

今、これと同じ歴史が繰り返されようとしています。つまり、２０２０年に東京オリンピックを開催することが正式決定したとき、日本では東日本大震災から復興した姿を海外にアピールすることがテーマでした。東日本大震災2年後に現代の治安維持法制定なる特定秘密保護法制定で軍国化され、現在の懸念は、新型コロナが長期化するウイルス戦争、アメリカへのイラン報復戦争、北朝鮮の暴発による中止などです。

オリンピックは、40年ごとに問題が起きました。１９４０年冬の札幌五輪と同年夏の東京五輪は日中戦争で中止。１９８０年のモスクワ五輪では日本を含め西側諸国が旧ソ連のアフガニスタン侵攻に抗議してボイコット。２０２０年コロナ騒動。定まった年数ごとの異変は何だか聖書に似てます。

マタイ1：17「それで、アブラハムからダビデまでの代が全部で十四代、ダビデからバビロン移住までが十四代、バビロン移住からキリストまでが十四代になる。」

建国の父、ジョージ・ワシントン大統領から州名をとったワシントン州は、アメリカ国内でいつも最初に新種感染症に冒されます。O157食中毒はワシントン州から。BSE感染牛初確認もワシントン州から。新型コロナ最初の感染者も最初の死者もワシントン州から。まるで、いけにえか宗教儀式のようです。米国のウィルソン大統領がパリ講和会議中にスペインかぜ感染で倒れたため、彼が反対していたドイツへの賠償金請求が決まり、この賠償金で経済危機になったドイツにヒトラーが台頭しました。今思えばウィルソンの感染も意図的攻撃だったのか？　同じパターンで新型コロナで、米国大統領が倒れたら、独裁者、反キリストの台頭。そんなことは絶対ないですが、歴史は操作されて繰り返されています。

私は以前、BSのあるバラエティ番組でこの『AKIRA』のことを話すよう呼ばれ、台本を渡されました。しかし、オリンピック中止の可能性はあるけれども、彼ら闇組織の計画は必ずしも現実とはならないことだからこのことは話さないと言って、他の話題を話しました。

それは『AKIRA』と同じく38年も前に東日本大震災の日時を時刻まで正確に犯行予告していた小松左京の小説『日本沈没』についてでした。

今でもオリンピック前の大惨事は実現できないよう祈っていますし、彼らは失敗します。

東京・豊島区にある東京オリンピックの関連施設に、スプレーで落書きをした疑いで、22歳の男が逮捕されました。容疑者は、2019年12月27日の深夜、東京オリンピックのパブリックビューイングが行われる予定の豊島区立池袋西口公園の柱など、9か所にスプレーで、自分のSNSのアカウントなどを書いた疑いが持たれています。

“公園”に落書き 自称 芸術家逮捕
猪野容疑者（去年12月）
池袋西口公園内の野外劇場「グローバルリング」で
柱や床など9か所にスプレーで落書きした疑い

調べに対し、容疑者は「自分のアートをみんなに知ってもらいたかった」と容疑を認めているという。オリンピック関連施設での自称芸術家の落書きのニュースには一瞬驚きました。まさか「粉砕　中止だ　中止」と書いていないかと調べたら、陰謀とは無関係なお粗末なぐちゃぐちゃ模様でした。

頻発していたチャイナ・ボカン！
武漢での謎の爆発音は研究所爆破か⁉

新型コロナは東日本大震災の人工地震で何万人も殺したアメリカの闇組織が、今回は経済・軍事ライバル中国を撃つために、30億人大移動の最大イベント春節に合わせて武漢でウイルスを意図的にばら撒きました。

包括的な中国メディアレポートによると2020年2月13日頃、武漢の白沙洲地域で突然大きな音がしました。近くの住民は、明らかに窓が揺れているのを感じたと述べました。当時異常は発見されておらず、江夏に住んでいる市民は、「何が起こったのか、そのような大きな爆発は怖

すぎる。江夏の人々全員がそれを聞いたように感じている」と言います。この武漢での謎の爆発音について、ネットではＰ４生物兵器研究所を爆破して証拠隠滅を図ったのではとの噂も出ています。この時点で、イルミナティカードの「Lab Explosion」研究所爆発という犯行予告が中国政府の証拠隠滅という観点から現実化したことも考えられます。

イルミナティカードは忌まわしい不正を事前に暴露し、そこに真理こそありませんが、汚れた事実はあります。私はこのカードの通り本当に武漢の研究所で大爆発が起きたと考えます。その根拠は一つにコロナ騒動以前から「チャイナ・ボカン」と呼ばれる化学工場の原因不明の大爆発が頻発していたことです。判明した大規模爆発だけで以下のように多数です。

２０１５年８月22日　山東省化学工場爆発
２０１９年３月21日　江蘇省塩城市の江蘇天嘉宜化工の工場爆発事故
２０１９年７月19日　河南省三門峡市の化学工場で爆発事故
２０１９年10月15日　広西区玉林市の化学工場で爆発事故
２０２０年１月14日　広州珠海にある石油化学工場爆発

２０２０年1月17日　貴州省福泉市の溶剤メーカー、貴州興発化工の工場爆発
２０２０年2月11日　遼寧省葫蘆島市にある遼寧先達農業科学工場で爆発

もう1つの武漢の研究所に爆発があったという根拠はイルミナティカードの英語で研究所爆破と書いている絵がある通りそれが爆破シーンだからです。赤毛サルまで爆風で飛んでるそのカードです。過去にもNYツインタワー爆破を事前に予告した9・11の関連カードが実現しました。今さらの9・11ですが、そこにリンクしたヒントがあります。それは彼ら闇組織はカードを忠実に現実に合わせて描いているということです。

9・11同時多発テロの予告カード分析！

自作自演のNYツインタワー崩壊事件で、２００1年に起きる6年前の１９９5年からカードは犯行予告。このカードには煙は出ているけれどNYツインタワーに報道されたような2機の飛行機の姿はないです。

それはハイジャックされた飛行機が突入したという報道はフェイクで、実際には飛行機など激突してなく、ビル内部の空きテナント各所に事前設置されていた純粋水爆でツインタワーを内部爆破で崩壊させたからです。

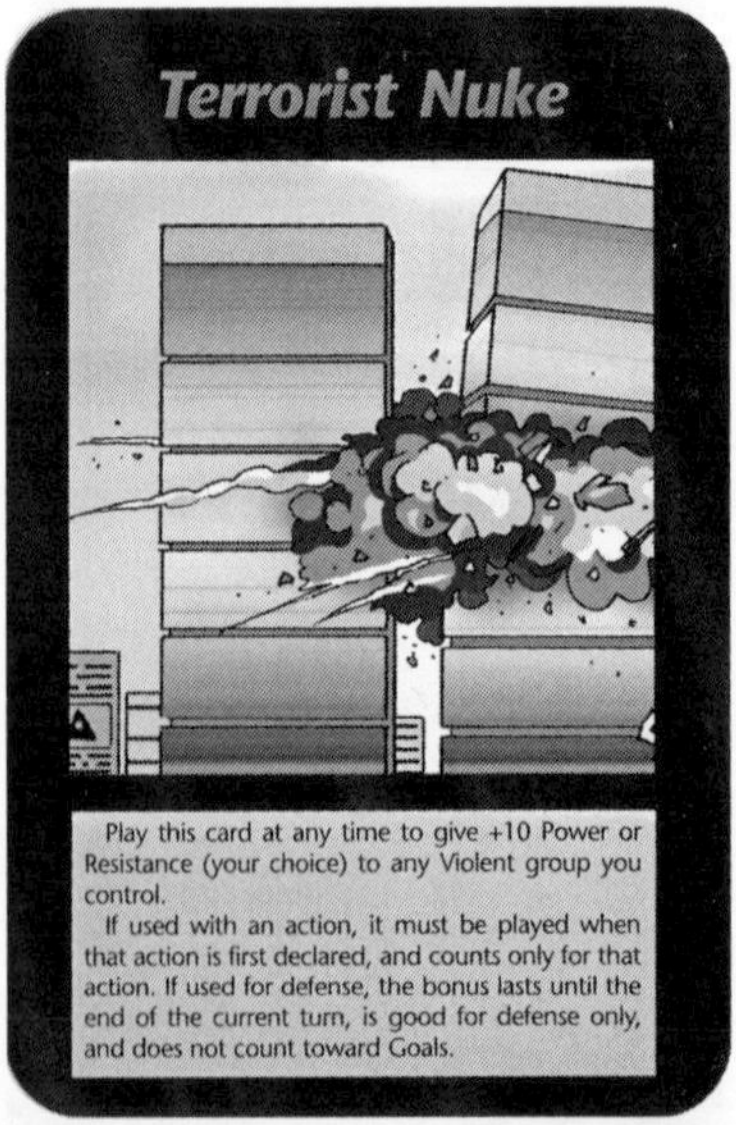
Terrorist Nuke
Play this card at any time to give +10 Power or Resistance (your choice) to any Violent group you control.
If used with an action, it must be played when that action is first declared, and counts only for that action. If used for defense, the bonus lasts until the end of the current turn, is good for defense only, and does not count toward Goals.

Place
Pentagon
Each Corporate group directly controlled by the Pentagon lets you draw one extra Plot card each turn.
6
6
Straight, Violent, Government

CTV

私たちが報道で観た動画映像は映画と同じねつ造のＣＧ制作による合成動画だったのです。証拠は以下（この画像は貴重で９・11当時は多数ネット上にありましたが、現在では削除されて皆無）ですが、現場に偶然いて飛行機衝突の際に悲鳴を上げたり、騒いでいた通行人たちも皆、最初から雇われた嘘つきの俳優たちです。イルミナティは悪魔崇拝者たちで嘘つきですが、カードに関しては正直に描いている変にこだわった異常さがあります。

少しわかりづらいですが、上下あるうちの上の写真の右の建物はツインタワーではないです。

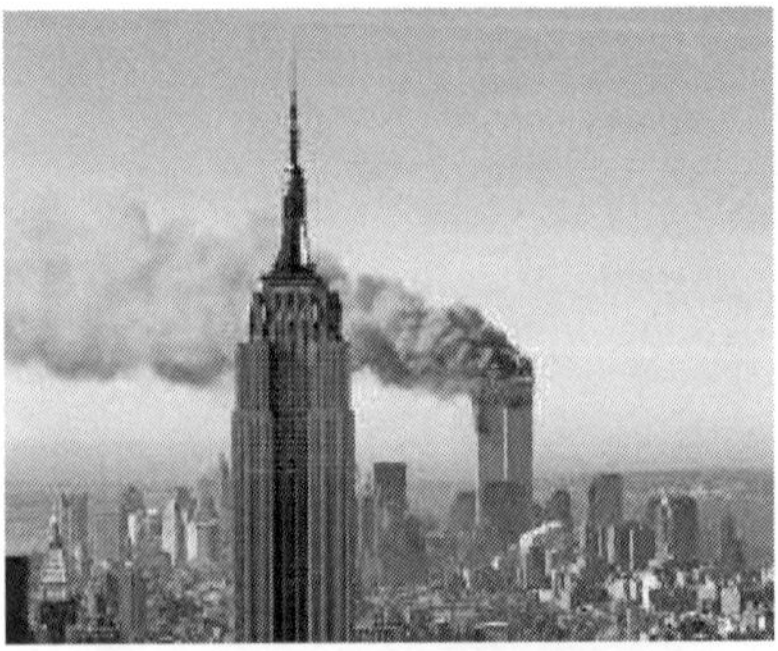

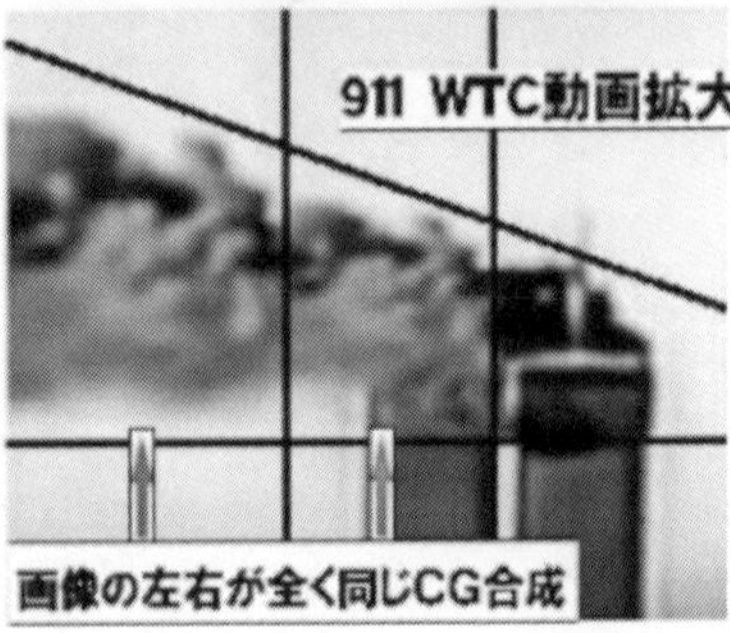
911 WTC動画拡大
画像の左右が全く同じCG合成

煙が出ているそれが、ツインタワーです。問題は上下ある写真のうちの下の写真が屋上部のみ拡大していますが、動画映像の一コマです。線で区切られた部分を左右見比べると同じ煙が繰り返し出ています。わかりますか？　２００１年当時の技術では、ＣＧ加工もこの程度で右の区画の煙のほうが、左の区画の煙より縮小されていますが、形は全く同じです。動画でも当時よく見ると同じ形の煙が繰り返されていました。

事件当時は、飛行機が突っ込んだ上の階よりずっと下の階でも何かが爆発してマグマの火が下の階から噴き出す動画もありました。

ペンタゴン炎上も同様に自作自演でハイジャックされた飛行機など激突せず、代わりにミサイルがペンタゴンに撃ち込まれたのです。カードは事実に対して正直で飛行機を描いていません。ＣＧ加工の嘘の煙も描いていません。

こういうわけですから、彼ら闇組織に真理は微塵《みじん》もないけれど、汚れた事実だけはカードに描かれているので、武漢の研究所爆発はカード通り実際にあったと私は考えます。当然、そのためには爆破原因の爆弾を設置した産業スパイの犯人も、９・11、３・11同様、闇勢力によって武漢の研究所に送り込まれていたのでしょう。

９・11、３・11の犯行グループに犯罪者たちが多数加担していたように、新型コロナも利害関

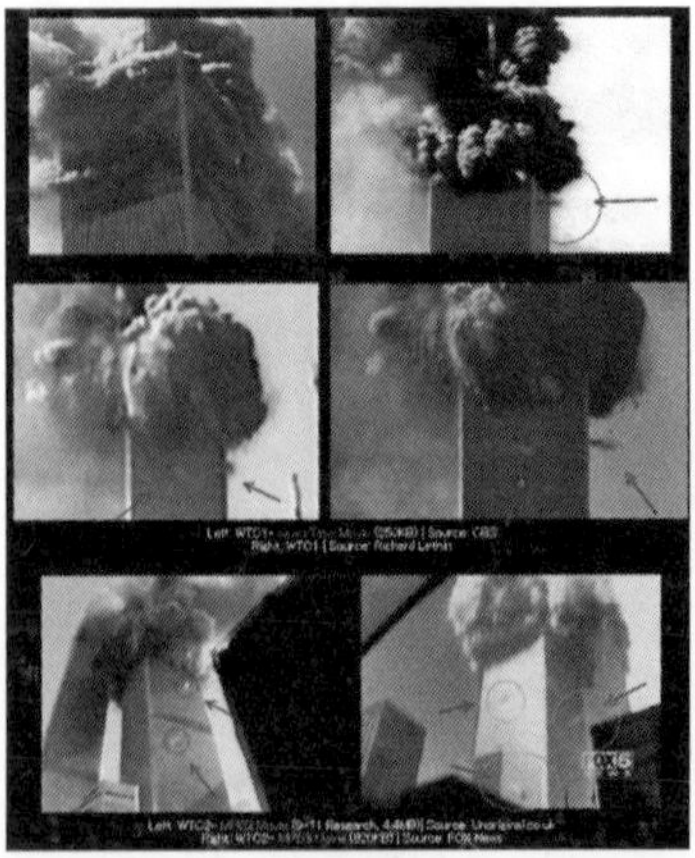

主翼が激突したら、ビルの両側の部分が無事である訳がない。
それでは一体なにが起きたのか？
はじめから航空機は、突入などしていなかったのだ。

係によって動いた、犯罪者たちが他にも多数います。

Part 5

実はカジノ王のトランプとコロナウイルス！

ダイヤモンド・プリンセス号、裏はカジノ利権の奪い合いも兼ねていた!?

さて、横浜港沖に停泊を余儀なくされたクルーズ船ダイヤモンド・プリンセス号とは、実はカジノギャンブルが日本国外であれば自由にできる法外の場所です。

日本船籍では日本国内と同じで豪華海外旅行のクルーズ船内でも現金を賭ければ賭博罪になる。刑法185条「賭博罪」50万円以下の罰金または科料に処され、常習的に賭博をすれば3年以下の懲役、賭博場の開帳や博徒の結合により利益を図る行為をすれば3月以上5年以下の懲役に処されます。

しかし、裏ワザとしてダイヤモンド・プリンセス号では、日本（横浜）から発着するがイギリス船籍、アメリカ運用船で、日本の領海を出れば「外国と同じ」という理由で、金を賭けた本格的なカジノで遊ぶことができます。12カイリの領海外なら日本国刑法違反の賭博も禁止薬物も売春も合法的に遊べる仕組みだそうです。

カーニバルコーポレーションは１００隻を超える大型クルーズ客船を保有する世界最大のクルーズ客船運航会社です。

ダイヤモンド・プリンセス号も乗客の半分近い１１００人もいる多すぎる乗組員数には驚きです。普通の旅行業者なら採算割れで確実に倒産です。しかし、横浜大黒埠頭を母港にして香港やベトナムなどを1週間程度の短期旅行を企画して船内カジノ経営で日本人客を集める戦略で、ぼくち胴元カーニバルコーポレーションの濡れ手に粟のぼろもうけです。

海上ギャンブルVS陸上ギャンブル（トランプ）の構図

しかし、これが国を挙げてカジノ（ＩＲ法）施行後は、日本国内でカジノ経営を始めたいトランプのライバル業者となるのではないでしょうか。

先日、トランプ大統領が、ラスベガスを代表するカジノ「ラスベガス・サンズ（Las Vegas Sands、NYSE: LVS）」を日本に参入させるべく安倍首相に口利きをした、という報道が出ました。ラスベガス・サンズはアメリカ合衆国ネバダ州ラスベガスに本社がある統合型リゾート運営会社で、地上でホテル中心にカジノを運営する世界一のカジノホテル運営会社です。

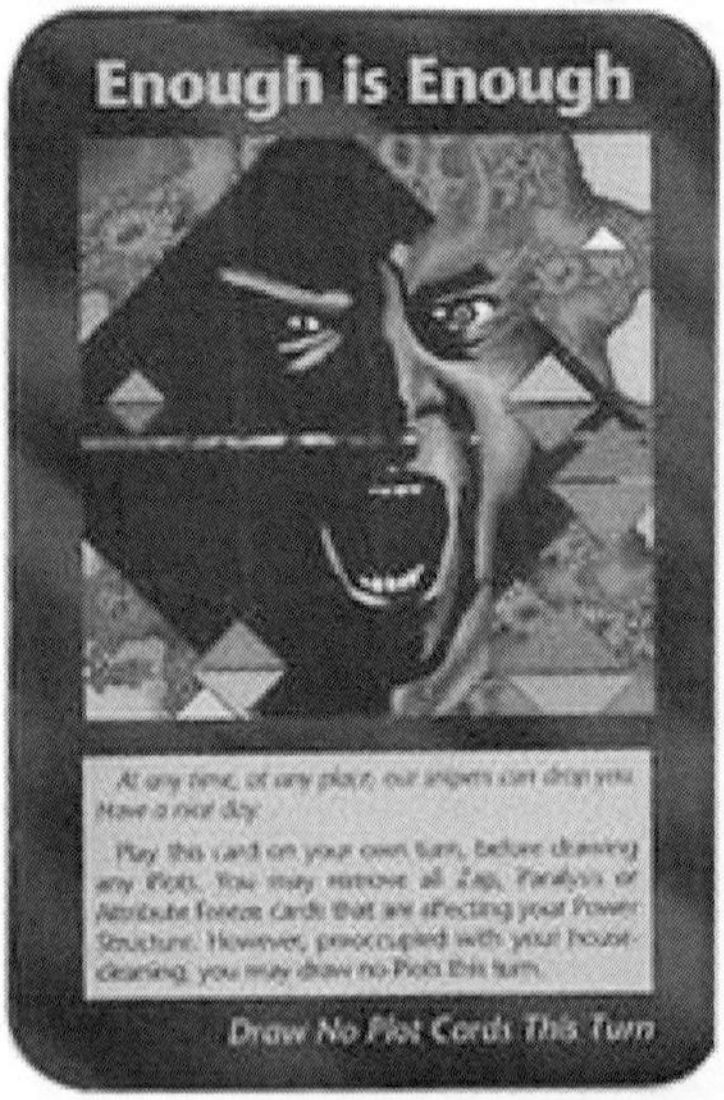

イルミナティカードとアニメ「ザ・シンプソンズ」のワンシーン

ラズベガス・サンズのシンガポールのマリーナベイ・サンズ

トランプタワー

一方、カーニバルコーポレーションは海上のクルーズ船を中心にしたカジノ経営です。やはり、陸のホテル型カジノ経営「ラスベガス・サンズ」を日本に参入させようとするトランプにとって海のクルーズ船型カジノ経営「カーニバルコーポレーション」は邪魔なライバルのはずです。

２０１６年11月、アメリカ大統領就任を控えていた当時のドナルド・トランプ氏と安倍晋三総理は初会談を行った。その直後、政府はカジノ実現に向けた動きを一気に加速させ、翌12月には「カジノ解禁法」を成立・施行しました。

先にパチンコ業界を規制でギャンブル性をなくしてダウンさせ、今回クルーズ船に対しては、わざと空気循環の悪い環境で監禁して、７００人以上も感染者を出すことで、風評被害で海上ギャンブル船業界を撃ったのではないでしょうか。

海上ギャンブル船業界はこの事件以前は大盛況でしたが、今ではキャンセル続出です。カジノ船だったクルーズ船ダイヤモンド・プリンセス号は、カジノのギャンブルが合法的にできる船です。ルーレット、ポーカー、バカラ、スロット、ブラックジャック等があり、通称「ギャンブルクイーン」とも呼ばれ、実は感染者が出た後もしばらく、ブッフェ、カジノ、ショーが催されていたと言われています。しかし、それはギャンブル王トランプのライバル会社ゆえ安倍総理に命じて計画通り、ゲーム「バイオハザード リベレーションズ」の世界実現に向けて長期停泊させたのではないでしょうか。

そんな動きは２０１９年６月頃からありました。トランプは政敵オバマの功績をことごとく砕き、反対のことばかりしますが、キューバへのクルーズ船での渡航を禁止しました。

クルーズ船運航会社の業界団体は６月５日、約80万件の予約が影響を受けることを明らかにしました。米クルーズ船運航大手のカーニバルも同日、キューバへの運航を取りやめた。米国からキューバへはクルーズ船を使っての訪問が多く、キューバ経済は大きな打撃を受けそうだ。

業界団体のクルーズライン国際協会（ＣＬＩＡ）がスペイン通信社ＥＦＥの取材に答えたところによると、クルーズ船でのキューバ行きはオバマ前政権が許可し、米国からは空路よりもクルーズ船を使った訪問のほうが多かった。カーニバル社だけでなく、他のクルーズ船運航会社に関しても、すでに出発済みの便に関してはキューバには寄港しなかったという。結局、米政府の政策変更により、米クルーズ船運航大手のカーニバル社は大損したというわけです。

今回の新型コロナにあたって、陸のカジノ王に負けた海のカジノ王は「2か月間、クルーズ船18隻の運航を世界全体で自主的に中止する」と発表しました。

2016年公開のアニメ映画「ワンピース フィルム ゴールド」は、世界政府公認の中立地帯、画像のカジノ船「グラン・テゾーロ」が舞台で、クルーズ船は日本の治外法権である中立地帯で合法的にカジノができ、表向き華やかで豪華でも、内部のギャンブルは不正で潰し合いの駆け引きに満ちていることを暴露しています。

日本をターゲット、米国カジノ業界の魔の手！

クルーズ船は空気の還流が悪く疫病の温床になりやすいのです。横浜へのカジノを含むIR（統合型リゾート）誘致に反対する市民団体「カジノを考える市民フォーラム」が、米国でカジノルームの設計や内装などを手掛ける建築デザイナーの村尾武洋さんを招き、講演会を開きました。

この中で村尾さんは「カジノがなくても横浜に人は来る」と語りました。村尾さんはニューヨーク在住。米国で2004年から約25カ所のカジノルームの内装などを手掛けてきました。

村尾さんは「最初の仕事で4億円の内装を依頼され、1年かけて作ったが、『6週間で元が取れた』と依頼主から言われた」という。「すぐ元が取れるのは、負ける人が多くいるということ」と述べました。

カジノルームのデザインは「時間が分かると賭ける熱が冷めてしまうので、時計は置かず、窓も作らない。照明は夕方5時から7時くらいの明るさにする」と明かしました。さらに、賭けに集中してもらえるように、休憩用の椅子は置かず、出口を見えづらくするなどの設計方針があるという。

米国のＩＲはカジノのそばを通って劇場やホテルに行く動線にしており、「(カジノに入れない）21歳未満の人にも目に触れさせるようにし、カジノに行く次の世代を育成している」という。加えて、カジノとホテルがセットになっていることが、売買春の温床になっているとも語りました。

米国ではカジノ産業が衰退傾向で、事業者が新たなマーケットとして日本に目を向け始めているという。

ダイヤモンド・プリンセス号の船内待機は、トランプの命令か⁉

ダイヤモンド・プリンセス号は設備に優れた豪華客船であることは間違いないけれど、空調の新鮮空気量（外気の量）が、新型コロナウイルスのように感染力の強いウイルスの感染予防には、不十分となった可能性があるのではないでしょうか。

通常の風邪のウイルスでは問題にならない換気も、新型コロナのような強い感染力があるウイルスには、新鮮空気量１００％の外気換気を行う必要があります。平常時のダイヤモンド・プリンセス号の換気は、通常はキャビン30％、公室・階段室50％、病院・ギャレ１００％。

なお、今回の新型コロナウイルスの感染が問題となって以後は、外気換気が十分に行われているとのことですが、平常時に外気１００％では、室内は快適な温度が保てない可能性があるので、普段の豪華客船なら乗客から不平が出るかもしれない。平常時には新鮮空気量１００％を行うことは難しいかもしれない。

ゲーム「バイオハザード リベレーションズ」でクルーズ船が青い感染源の空気が蔓延した戦場であったように、このようなクルーズ船の構造的な弱点を見事についた意図的なウイルス拡散のホットスポットに選ばれたとは、考えられないであろうか。

クルーズ船の感染者数は、700人を超えました。政府が「検疫」を理由に2月5日から約2週間、乗員乗客約3700人を船に待機させるという判断からです。

しかし、安倍総理は自分で判断できません。一説では、トランプがそう命じるから、そうしました。結果として、船内で感染が広がり、4人に1人の感染者を出すほどのウイルス・ホットスポットになったのです。

クルーズ船には56の国・地域の人が乗船。不自由な生活を余儀なくされた人たちは会員制交流サイト（SNS）を通して、船内での窮状や感染への恐怖を発信しました。

海外メディアは「乗船者を取り囲む環境は感染の恐れの巣窟のようなもの」「ウイルスに汚染された巨大な入れ物に人を閉じ込めている」などと批判。米ニューヨーク・タイムズ紙は「過去に例を見ない失敗」と糾弾した。

国内の専門家から「今から思えば、症状のない人は検査せずに全員下船させ、2週間の自宅待機を頼むのが一番良かった」という指摘もありました。

韓国では、即日、新型コロナの陰性陽性を判別できるのに、当時の日本は、検査に1週間もかかりました。孫正義氏が100万人分検査キットを提供するとツイートしましたが、批判多く中止です。なぜ？　政府が検査体制を整えない理由はオリンピックを控えて感染者数を最小限に抑え、早期に終息宣言したいからだったのでしょうか。韓国のコロナ対策が酷評で、全国がセウォル号状態になり、他の急患を受け入れられない医療現場崩壊・沈没状態ですが、巨大な日本列島というダイヤモンド・プリンセス号も、いつまでも検査体制を整えなければ、ホットスポットが増え、ウイルスの温床となります。

こうした流れを受けて、集団感染とオリンピック開催危うしの状況下で安倍総理の心境は次のカードとよく似ています。

切腹を迫られる安倍総理のカードも存在した！

カードには不安・苦悩と書かれていますが、人物は安倍総理に似ています。日本刀は切腹を悩んでいる状況のようで腹に手をかけている様です。日本政府による船内隔離策が非人道的で集団感染につながったとの国際的な批判が聞こえてきます。

横浜港に長期停泊したダイヤモンド・プリンセス号で、臨時検疫官として1日乗船した感染症の専門家、神戸大学医学部の岩田健太郎教授が、日本政府の間違った対策で船内が「グチャグチャな状態」になっていると動画サイト「YouTube」で告発。動画では、具体例を示しながら船内が患者数増加の温床になっていることを指摘。また、感染症の専門家の知見が感染防止策に生かされていないため、船内では、アフリカや中国での感染症対策ですら経験したことのない「心の底からの恐怖」を感じたという。結果、切腹を迫られたかのような不安と苦悩に悩める安倍総理のカードの様子が実現してしまったのです。

アメリカでダイヤモンド・プリンセスと同じ会社が運行するクルーズ船「グランド・プリンセス」でも感染者100人以上。新型ウイルス感染阻止の最高責任者に指名されたペンス副大統領はCDC（米疾病対策センター）など政府機関の専門家の意見を踏まえ「グランド・プリンセス」をサンフランシスコ湾内の商用でない港（軍港）に寄港させ、そこで乗客、乗員全員の検査を実施すると発表しました。ところがトランプ大統領は直ちにこれに異議を唱え、「一定期間、乗客らを船内にとどまらせろ、船を『基地』として使え。外に出せば、感染者数は増えるだろう。全員船内に隔離すべきだ」とのこと。

その後、同船は翌日の3月9日、サンフランシスコ湾内のオークランド港に接岸、下船させずに船内で検査・隔離する方針が決定されました。その後は下船が許可されましたが、やはり当初は日本と同じ流れ、私がダイヤモンド・プリンセス号の横浜湾内、長期停泊はトランプの命令だと主張する新たな根拠です。

ギャンブル王柏木昭男の死の裏にトランプの影⁉

大統領当選前はディープステートをやっつけるようなことを言って票を集めていたトランプに期待する人が今も多いと思います。

トランプの過去の出来事ですが、２０１６年の秋に行われる大統領選挙の予備選や党員集会がスタートしたばかりという時期に、共和党から立候補していた「不動産王」ことドナルド・トランプ氏と、「世界で五指に入るギャンブラー」と称されながら、日本刀らしき凶器で惨殺された柏木昭男氏の関係を報じる記事が、２０１６年2月14日に米メディアから発表されました。

発表したのは政治専門メディアのポリティコ。ワシントン・ポストの記者たちが２００７年に独立して立ち上げた硬派のメディアで、アメリカではそれなりの評価を得ている独立系のジャーナリズム。

記事の内容は、１９９０年、トランプ氏がアトランティック・シティーで経営していたカジノホテル「トランプ・プラザ」における柏木氏との壮絶なバトルについてです。

カジノ対ギャンブラーの真剣勝負で、トランプ氏が日本まで行って柏木氏を自身のホテルに招待する経緯から、柏木氏の滞在中の様子、バカラで一張り25万ドル（当時のレートで約３７００万円）という超高額の賭け金で１時間に約70回のペースで勝負する柏木氏のプレーぶり、その現場に立ち会うトランプ氏、そしてトランプ・プラザ側が最終的に６００万ドル（同、約９億円）負けるまでのトランプ氏の心の動きや、そこからカジノ経営理論を学んだことなど、トランプ氏にとって人生の大きな転換点となる出来事として、その一連の流れがこと細かく克明につづられています。

THE GAMBLER WHO TOOK TRUMP FOR £9m

'I don't really know where the hell he comes from'

DONALD TRUMP

ちなみに大勝ちした柏木氏はその後あらためてトランプ・プラザを訪問し、今度は大敗を喫することに。また、ラスベガスやオーストラリアにあるトランプ氏以外が経営するカジノにおいても大勝ち、大負けを繰り返し、世界中のカジノ業界からホエールとして名を馳せることになった（クジラを意味する「ホエール」は、超高額でプレーするギャンブラーを意味する業界用語）。ニューヨーク・タイムズの記事としてポリティコが今回の記事内で報じたところによると、柏木氏が謎の死を遂げた１９９２年１月の時点における、アトランティック・シティーやラスベガスの各カジノに対する未払いの負け金の総額は約900万ドルで（各カジノは常連客に対して、現金を所持していなくても、いわゆるツケでのプレーも許可している）、そのうちの約400万ドル（同、約6億円）がトランプ・プラザに対するものとされる。殺害犯のヤクザたちはいったんは逮捕されながらも証拠不十分で釈放、迷宮入りとなった事件です。殺害はトランプの差し金とは言いませんが、柏木氏とバトルするほど、かなり挑発的な性格であると言えるでしょう。

トランプに100万ドル寄付のコルテバがゲノム解禁に暗躍

また、米メディアによると、コルテバは前身のダウ・デュポン時代、トランプ大統領の就任式に100万ドル（現在のレートで約1・06億円）を寄付。その見返りかどうかは不明だが、環境保護庁のプルイット長官（当時）は、就任早々、同庁の科学者が安全性に問題があるとの報告をまとめていた農薬「クロルピリホス」の使用禁止を見送ることを発表しました。

クロルピリホスは、ダウ・ケミカルが開発し米国で最も使用されている殺虫剤の1つ。さらに、トランプは、大統領令を出してゲノム編集食品の開発と輸出に力を入れる方針を掲げました。これもコルテバなどバイオ企業にとって強烈な追い風となっています。

こうして見ると、あくまで報道ベースではあるものの、コルテバがゲノム解禁を受けて真っ先に手を挙げたのは、全くの偶然ではないようです。ゲノム解禁で世界が健康被害を受けても、自らの政治献金が潤えばそれでいいのでしょうか。ゲノム遺伝子組み換え食品の継続的摂取は、ガンをはじめ各種の病を引き寄せ、心臓を委縮させて弱らせる短命化、脳を小さくしIQを低下させる弊害ありと科学者たちが以前は警鐘を鳴らしていたのに、最近では全米で普通に普及してしまい、偽りを語る御用学者たちの意見がマスゴミを通じて報道されています。誰であれ、メイソン・イルミナティメンバーでないからと言って、必ずしも正義の味方とは言えません。

米国メイソンを乗っ取ったイルミナティが今回のコロナ騒動に関与!?

イスラエル軍所属のユダ族系のスファラディのユダヤ人でもあるアミール・ツファルファティ牧師の情報発信が元ネタですが、2020年2月16日の配信中に、以下の内容について語られていました。要約しますと、米国メイソンをいつの間にか乗っ取ったイルミナティが今回の新型コロナ騒動にも関わっているかもしれないといった内容のものでした。

1994年に建てられたジョージア・ガイドストーンはメイソンの一団が建てたもので、いくつかの言語でいくつかの碑文がある。

そこには、「自然と永続的にバランスをとるために人口を5億人以下に維持する」と記されている。デンバーに1994年に建てられた碑にも同様。彼らは人々を殺すために、技術を使用している。

電磁波兵器と同レベルの５Ｇ！　知能低下とあらゆる病気誘発は立証済み！

衛星システムの一部にもなる5G化も彼らの戦略の1つ。５Ｇの電波の強度は４Ｇの何千倍。ある人は１５００倍と言う。５Ｇの利用者はＨＤ映画を今まで４Ｇで10分間かかったのに、１秒以下でダウンロードできるようになります。第一世代のワイヤレス１Ｇは音声。第二世代の２Ｇは会話とメールを可能にしました。第三世代の３Ｇはインターネットを可能にした。

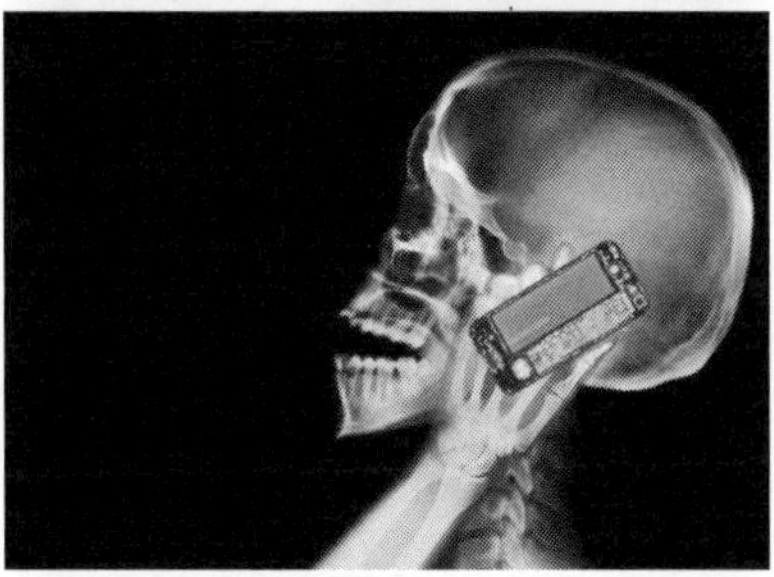

現在、第四世代の４Ｇはデジタルへの移行が完了しました。第五世代の５Ｇが普及すると放射電気の高速環境の中での暮らしとなります。電磁波や電磁気が充満して人々の知能はますます低下します。何千もの論文で立証済みです。

５Ｇは、特殊な通信規格で高密度の情報交信を可能としますが、なんと！　電磁波兵器と同じレベルの周波数帯域なのです！　マイクロ波、レー

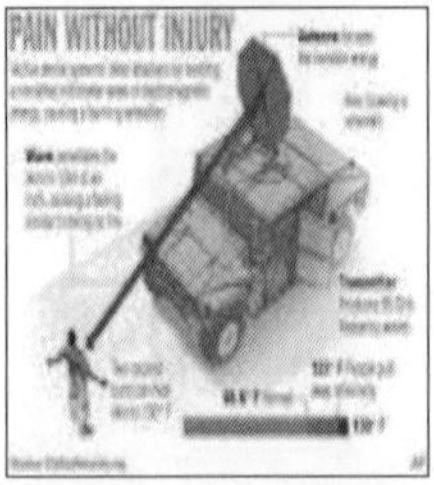
PAIN WITHOUT INJURY

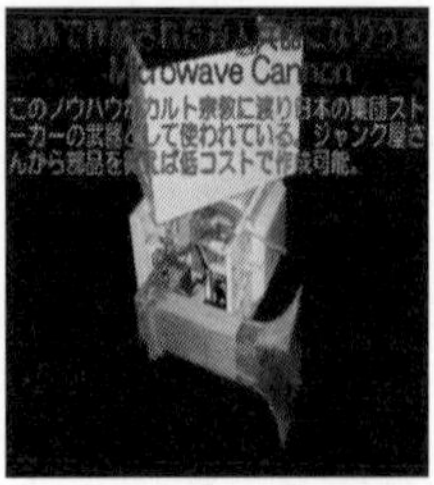
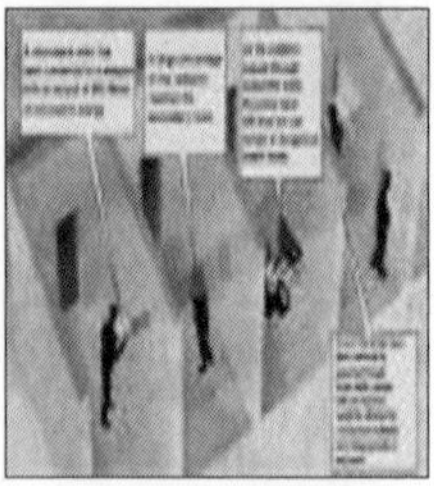
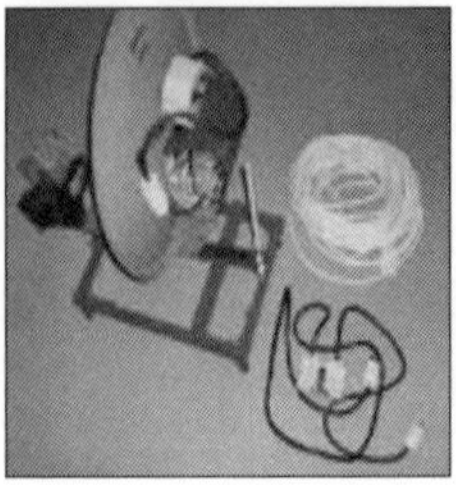

ダー兵器は不可視なステルス兵器でデモ鎮圧に世界中で使用されていますが、放射量は微細のため被害者はほとんど気付かないまま、非常に危険な被曝です。低濃度のマイクロ波で神経障害やガンを発生できるからです。それが、今から始まる5Gなのです。

ワイヤレスの強烈な電磁波は生物学的な悪影響があります。ガン、酸化損傷、DNA損傷、認知記憶力障害、めまいや緊張、物忘れ、頭痛、鼻血、心筋症、心不全、記憶喪失、集中力の低下、遅延反応、筋肉の劣化、免疫障害、不妊症、精子のDNA障害、脳腫瘍、神経伝達系の病気、小児白内障、免疫力の低下により全ての深刻な病気につながります。

日本人で5Gの危険性を知っている者はまずいないです。スマホ会社がスポンサーとしてテレビ局の大のお得意様であるため、テレビ出演者たちは誰もその危険性を語れません。今年の3月にはプレスタートしました。そして原因不明の不調、病気に悩まされる日本人が急増します。

中国は、5G計画でファーウェイのスマホが世界市場を支配するように高性能なものを安価に普及させて、戦争の備えをしていました。5Gは各家庭や会社レベルで受信アンテナにあたる端末の小さな機械を設置することで使用可能です。実験では、5Gの送信側が調整して強力電波を送信すれば、バック機能付き端末を置いた環境では、ムクドリの群れが地に落ちたり、周囲の人々がはいたり、具合が悪くなって倒れます。自由に人々の健康状態を中国内からデジタルコントロールできる電磁波兵器にもなります。しかし、この情報がニュースとなり、各国が中国製の端末設置による5G計画に反対する新たな流れが起きています。

奴らは胎児殺傷をなんとプロ・チョイスと呼んでいる⁉

彼らは、目標である世界人口5億人を達成するために70億人を抹殺したく、なんとか病気や戦争を起こしたいと望んでいます。

これらの一族が、中国と米国の両方を煽り、戦争をしかけさせようと目論んでいます。毎年何百万人もの胎児を殺すとき、彼らはそれをプロ・チョイスと呼ぶのです。

さらにこれを「女性の権利」と叫ばせ正当化します。彼らは命を選ばず、命を奪い、死を選ぶ者たちといった内容を語ります。

大富豪やカバラに深く関わる人々は、ビタミンCの摂取がほとんどの病いを遠避けることを知っています。グローバル・エリートらにとっては誤算だったトランプの大統領当選以降、彼らの計画はいろいろと番狂わせが起きており、CIAや米軍の中でも勢力が二分されており、クーデターを起こした側のトランプ大統領らが米国内でしようとしていることの1つは、「医薬品を無駄に高額にしている策略を暴くこと」だと言います。

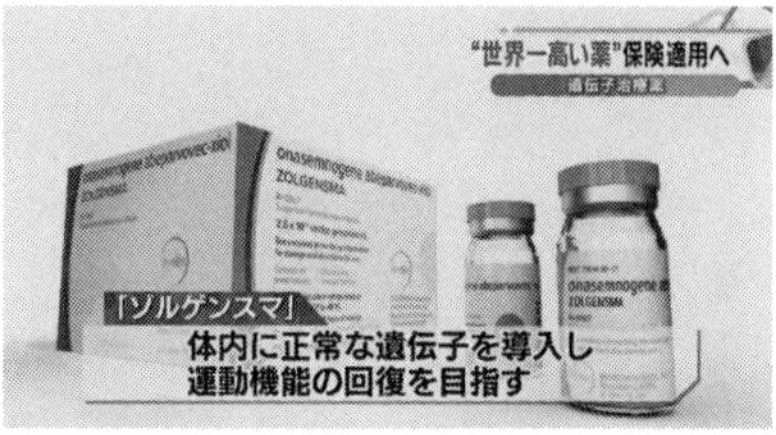
"世界一高い薬"保険適用へ
「ゾルゲンスマ」
体内に正常な遺伝子を導入し
運動機能の回復を目指す

確かに高額医薬品は人の命を引き換えに身代金のように値上がりして問題です。２０２０年２月24日にスイス医薬品大手ノバルティスの米子会社による脊髄性筋萎縮症の遺伝子治療薬「ゾルゲンスマ」の販売を承認しましたが、米国での価格は、２１２万５０００ドル（約２億３２００万円）と発表され、投与は１回で済むが、米メディアは「世界一高い薬」と報じました。

医薬品の高額化は日本でも２月に白血病などの新薬「キムリア」の価格が３３４９万円に決まり、話題となりました。

今後、本当にトランプが製薬会社の陰謀を暴いてくれれば、拍手喝采です。医療支配の策略を暴く働きはこれからのようです。

コロナ5Gスマートダスト生物兵器の存在暴露

昨年秋に中国人民は強制的に5Gでデジタル化したワクチンを注射されました。ダイヤモンド・プリンセス号は5Gに配慮した設計です。闇組織は人体をデジタル化しています。

先述したイルミナティカードのＣＯＣＯＡＲ２スキャンのメッセージ「人間を機械の身体に変

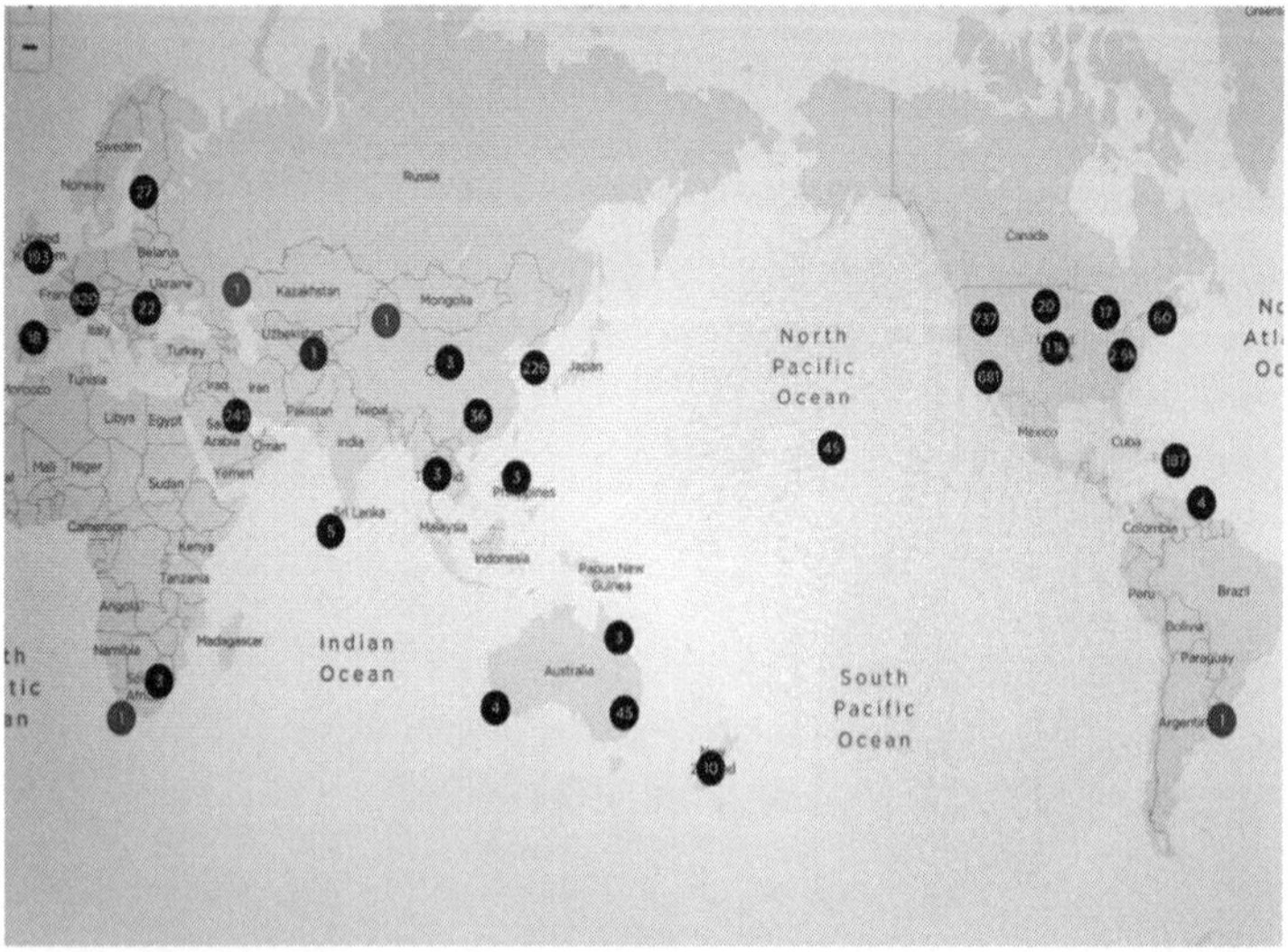

5Gの基地局のマップ

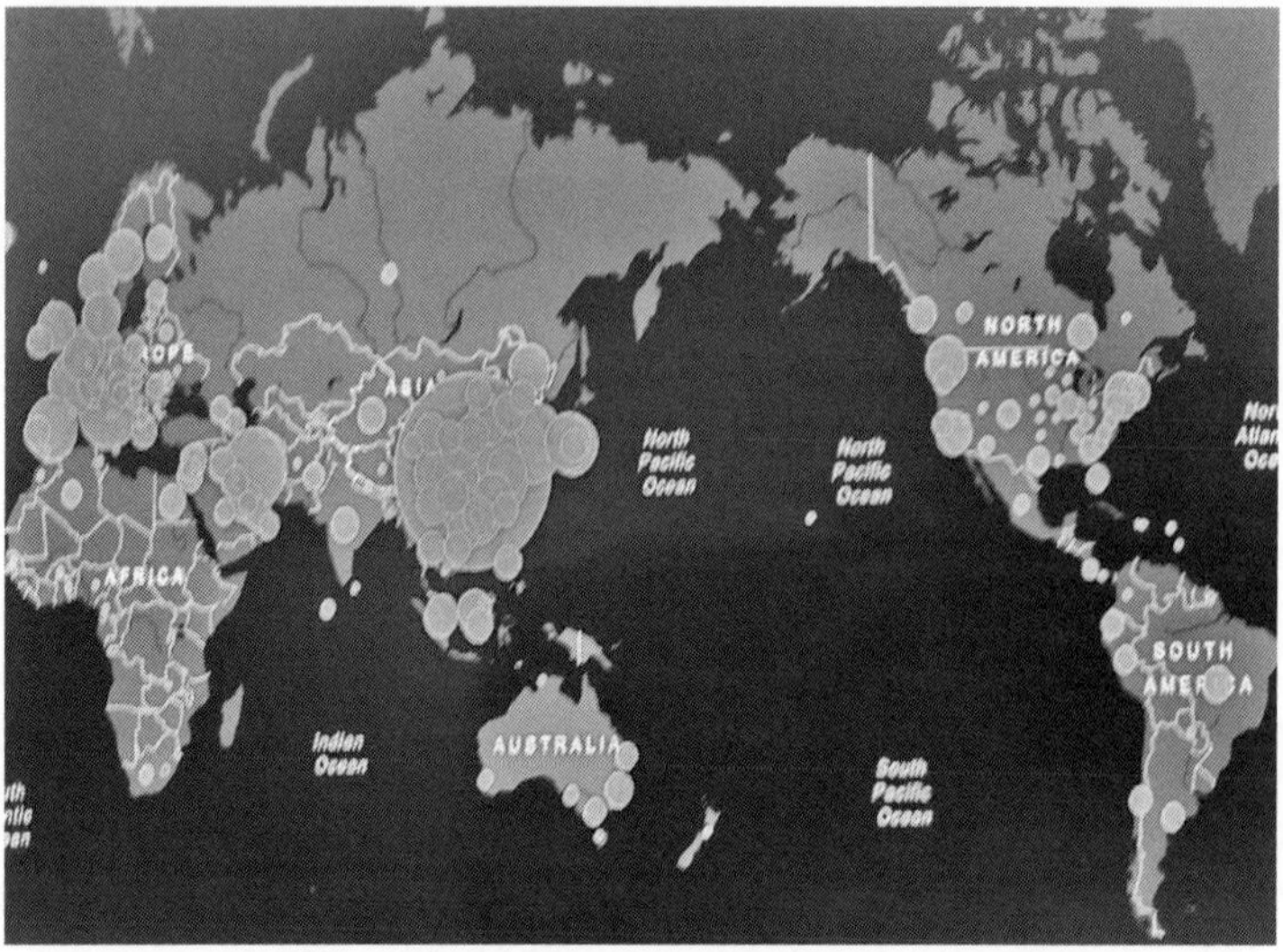

新型コロナの感染者のマップ

えていく」「人間をコントロール」「意識をデータ化して時空感上に送り込む」などの意味がこれでしょう。

武漢は生物兵器のウイルス実験場として使われました。彼らが注射されたワクチンには遺伝子複製デジタル化、制御可能なＲＮＡが含まれており、これは60ＧHz㎜５Ｇ波動を作動させることで活性化されますが、武漢および60ＧHz㎜５Ｇが導入されている全ての国々でスマートダストを介して作動しました。スマートダストはケムトレイルによって世界中の人々が吸い込んでいます。そのため、新型コロナ患者がいったん完治しても、このウイルスはいつでもデジタル処理で再活性化させることができます。その結果、完治しても突然倒れます。これは電波障害による死者です。５Ｇを導入した地域で感染者が急増しています。５Ｇ導入国である中国や韓国、ヨーロッパで感染者が急増し、アメリカでインフルエンザが蔓延したのも５Ｇが免疫力を低下させ、電波攻撃で死に至らしめたと理屈に合います。逆に５Ｇをまだ導入していないロシア、カナダ、南アメリカ、インド、アフリカ大陸で感染者が少ないのも同様の理屈で納得できます。５Ｇの基地局のマップと新型コロナの感染者のマップ（いずれも２０２０年3月11日現在）を比較すると見事に一致します！

さらに、ＮＴＴ無線局免許・基地局・設置場所を見れば、５Ｇの強い場所、地場周辺は住民の免疫力が弱くなり、今後、新型コロナ感染者が多くなるのではないだろうか。

〈無線局免許（基地局）設置場所〉

地　域	無線局の主な設置場所
北海道	北海道札幌市豊平区
東北	宮城県仙台市青葉区
関東	東京都調布市、千葉県浦安市、神奈川県横浜市港北区
東海	愛知県豊田市、静岡県袋井市
北陸	石川県金沢市
関西	大阪府東大阪市、兵庫県神戸市兵庫区
中国	広島県広島市中区
四国	香川県高松市
九州	大分県大分市、沖縄県那覇市

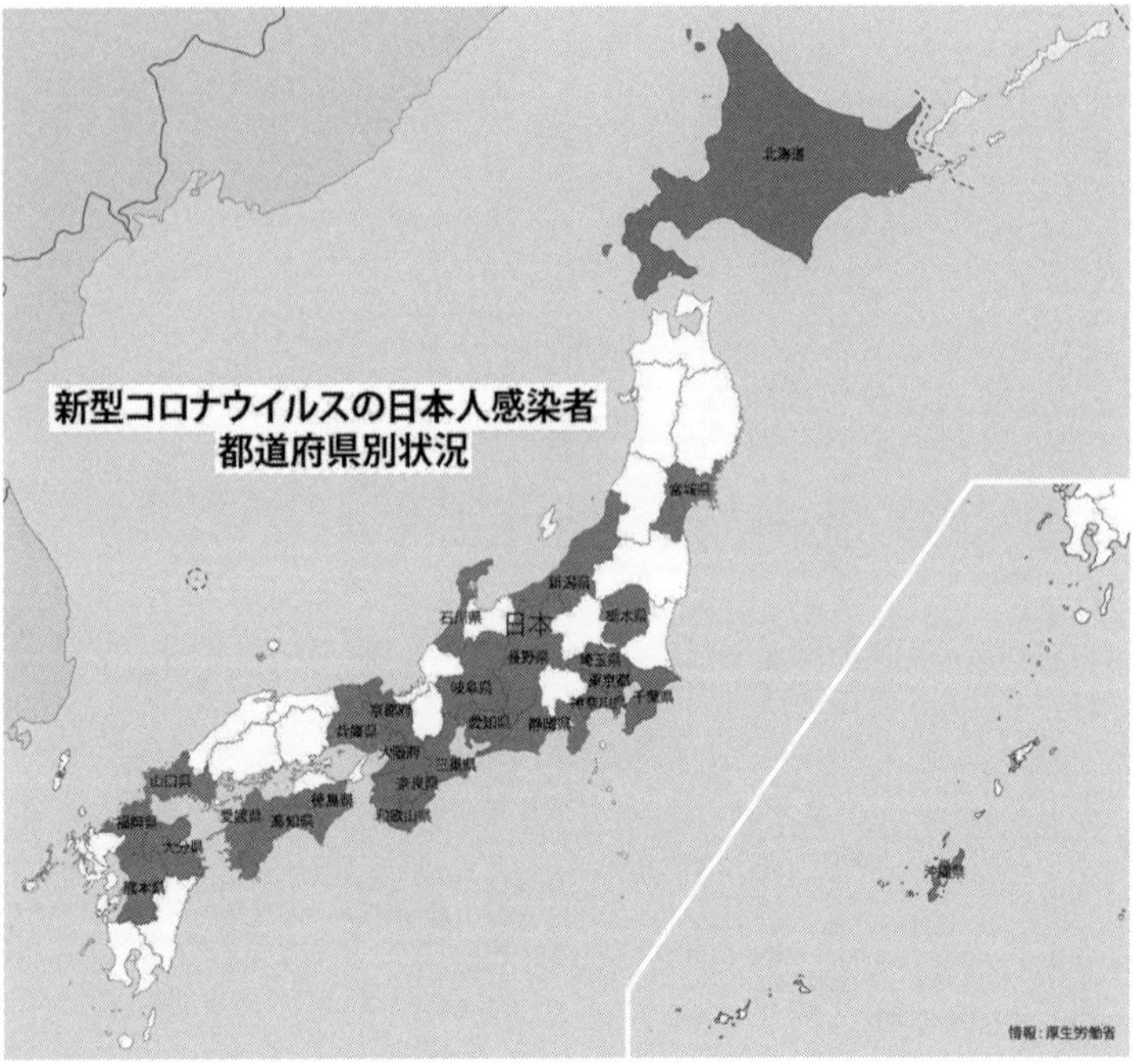

なるほど一致している！　例えば、東北は宮城県仙台市だけにある5G基地局。地図でも新型コロナ感染地は東北でポツンと宮城県だけです。他の地域も大分県、沖縄に至るまで基地局あるところに感染地ありと一致します！

【5Gの危険性】
・2019年の末には、5G基地局が10000台になると予測されていた武漢でコロナウイルスが発生している。5G基地局は中国全体で13万基展開されている。
・5Gによる人体への悪影響（5Gシンドローム）が確認された後に、新型コロナウイルスが発生している。
・モルモットを使った実験でも、5Gのスイッチが入れられた途端にモルモットが死亡している。
・5Gの研究者たちは、5Gシンドロームを、同じような症状を発症する人造ウイルスのせいにしたのではないか。

【5G基地局とコロナウイルスの関係性】
・5Gシンドロームの発生地はコロナウイルスの発生地と一致している。
・コロナウイルスの感染率や死亡率の高い場所は、5Gが発展している国である。↓その証拠に、衛生状態が良くないアフリカで、この感染力の高いウイルスによる症例は少ない。

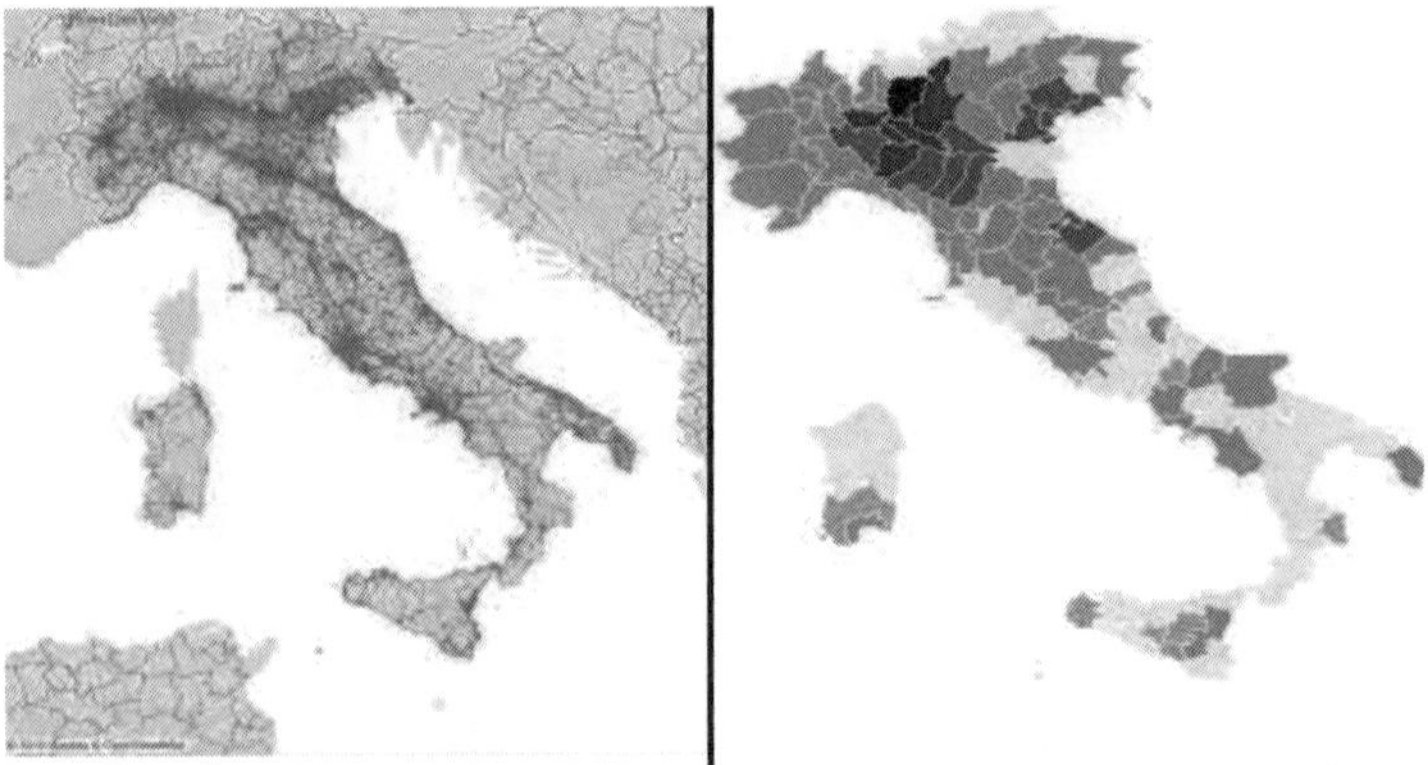

イタリアの５Ｇ基地局　　イタリアの新型コロナ感染地

イタリアも５Ｇ基地局とコロナ拡散地が一致！
専門家の警告より１万倍高い基準値の殺戮兵器の噂もある。

国内外から約200万人の観光客が訪れた「さっぽろ雪まつり」
閉幕後の13日から発症者が急増していたことが、
29日に分かって正式発表された。

【クルーズ船の件について】
・多くのクルーズ船では最新の5Gテクノロジーが導入されていることが謳われている。
・今回ウイルスの温床になったクルーズ船では、様々な理由で乗客がウイルスに感染しやすい状態だったと言える。
・5Gの空間にいたことで、コロナを含むウイルスに対する免疫が弱まっていたのではないか。

【コロナウイルスはテレフォン・ウイルス？】
・5Gネットワークが発達している国でコロナウイルスが大流行。
・「5G　COVID－19」という名をつけるべきではないか？　という意見も。
・「テレフォン・ウイルス」という見方をすれば、不自然な感染の広がり方にも説明がつく。

Deprogrammers
Gives a +4 to any attempt to destroy a Weird or Fanatic group, or +8 if the target is both Weird and Fanatic. Discordia's immunity to Straight groups does not extend to the Deprogrammers.
1
4
Straight

空中に吊るされた写真はレディ・ガガなる闇組織の歌手が2017年スーパーボウルのハーフタイムショーで熱演したシーンですが、2012年放映済みの「ザ・シンプソンズ」のワンシーンと合致し、このアニメではスマートダストや新型コロナっぽい何かの霧を胸からケムトレイル式にばら撒いています。こう考えると彼らのウイルス拡散方法はこっそりと飛行機の使用もあっただろう。

ケムトレイルとは、もともと、神様が罪悔い改めない古代エジプトの民を懲らしめるためにモーセを通じて起こした災害の一種です。疫病の元凶、すすを空中散布することで、これが病気の蔓延を招くものです。

出エジプト9：8－9「主はモーセとアロンに仰せられた。『あなたがたは、かまどのすすを両手いっぱいに取れ。モーセはパロの前で、それを天に向けてまき散らせ。それがエジプト全土にわたって、細かいほこりとなると、エジプト全土の人と獣につき、うみの出る腫物となる。』」

彼ら闇組織は執拗に聖書を真似た正反対の行動をとります。東京都心の新宿・渋谷繁華街上空を2分に1回低空飛行で通過後、着陸に高度な技術を要する羽田空港新ルートの試験運行がされましたが、いったい何のためだろう。大井町で地上30階、約100メートルある最上階の部屋は、飛行機との距離わずか235メートル。人口過密地域でビルをかすめるように飛行機が飛ぶこと

東京・渋谷
「半端ない轟音」か航空需要か
南風でも着陸容易 都心を低空

International Weather Organization
All Places you control get a +6 to defend against any *Disaster* . . . but any *Disaster* you visit upon a rival, except in *Space*, has +4 Power.
POWER 1
RESISTANCE 2
Straight, Liberal
Computer, Science

になります。年間6500億円を期待する経済効果は誰のためだろう。経路不明な新型コロナ感染者の増加はなぜだろう。

現在、米国民はケムトレイルを介してスマートダストを吸い込んでいます。つまり、「ワクチン＋スマートダスト＋5G」のコンビネーションで身体の中がデジタル化し遠隔で操作されてしまいます。

その結果、闇組織に従わない人は遠隔で内臓機能を停止させることができます。武漢はその実験場（ID2020）になっています。闇組織はこの60GHz㎜5G波動をV波動と呼んでいます。VはVirus（ウイルス）。ですから兵器テクノロジーから身を守るためにワクチン義務化は猛反対です。

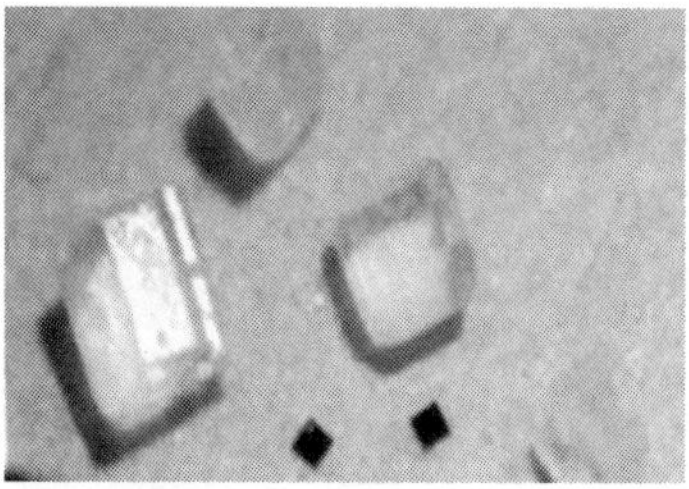

自然史博物館で講演した元ロンドンの自治区評議員サイモン・パークスは、「世界人口を削る悪の陰謀が、アメリカのイルミナティの指導者たちによって首謀されている」と主張。プロジェクターで砂糖粒の横にある砂糖粒より小さいチップの写真を示し、国民の予防接種プログラムを通じてワクチン注射を開始する計画に警鐘を鳴らしました。ご覧ください。最新型はこんなに小さいチップです。これがワクチン注射で知ら

Air Magic
Play this card to help protect a Place against any *Disaster*, except Earthquake or Volcano. The Power of the Place is *tripled* for this one defense.
Playing this card is an action for a *Magic* group. Alternatively, you may "sacrifice" the top Plot card from your deck, to power this card. Discard it without looking at it.
Requires Magic Action or Discard

ないうちに体内に入れられるのです。

すると、「ワクチン（チップ）＋空中散布のスマートダスト（水銀やアルミニウム）＋５Ｇ（放射線コロナ）＝体内がチップと水銀とアルミニウムでデジタル化＝遠隔で５Ｇ照射＝体内金属塊の爆破＝突然死！」となるのです。

このことをイルミナティカードのＣＯＣＯＡＲ２スキャンのメッセージで「人間を機械の身体に変えていく……進化したテクノロジーはまるで魔法のようだ」と自画自賛していたのです。つまりここでは、「新型コロナとは無関係に、あたかもウイルス感染被害かのように、大量殺害できる」ということです！

５Ｇの普及により、ワクチンで体内に蓄積した水銀とアルミニウムが、５Ｇビームを照射することで振動して、電子レンジにアルミを入れたときと同じように体内爆発する現象が起こります。５Ｇは免疫系を弱めウイルスを変異させるため、人々は普通の風邪でも死に至りやすくなります。

水銀《すいぎん》の短剣《たんけん》
エンチャント ― オーラ
エンチャント（クリーチャー）
エンチャントされているクリーチャーは「：プレイヤー1人を対象とする。このクリーチャーはそのプレイヤーに1点のダメージを与える。あなたはカードを1枚引く。」の能力を持つ。
Alex Horley-Orlandelli

Dentists
"You're not doing anything this week, Senator. Those wisdom teeth have to come out right now."
By using their own action, the Dentists can cancel the Action(s) of any Personality.
POWER 1
RESISTANCE 2
Straight

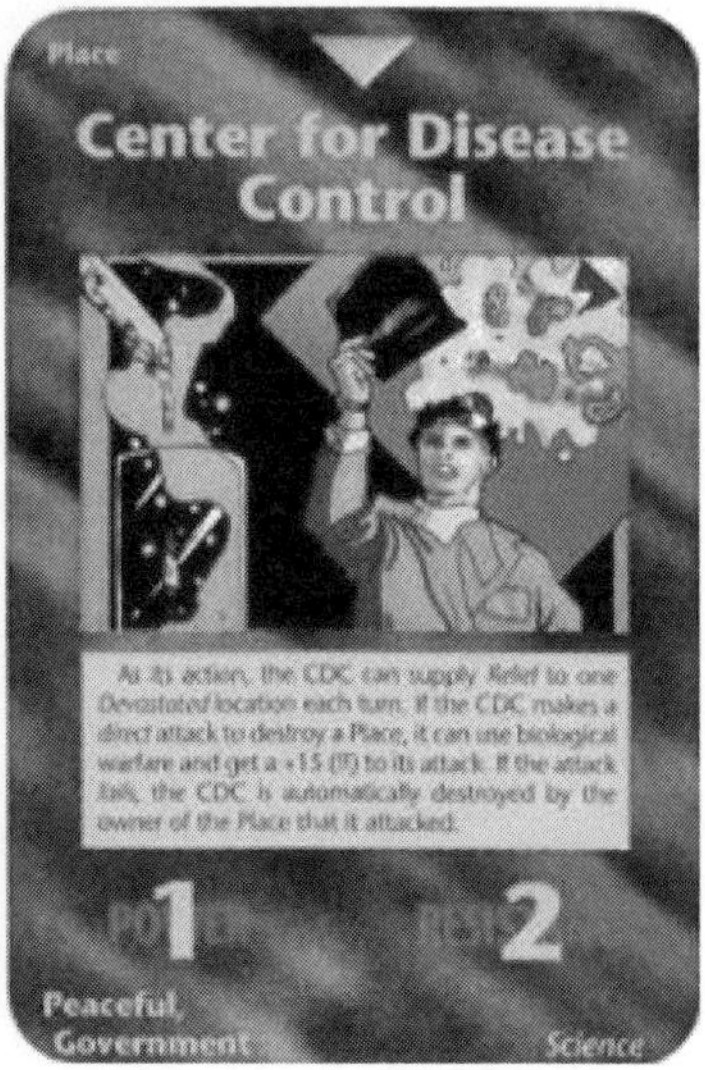
Place
Center for Disease Control
As its action, the CDC can supply Relief to one Devastated location each turn. If the CDC makes a direct attack to destroy a Place, it can use biological warfare and get a +15 (!!) to its attack. If the attack fails, the CDC is automatically destroyed by the owner of the Place that it attacked.
1
2
Peaceful, Government
Science

5G放射線（コロナと呼ばれている）は、血流中の金属塊を介して突然死を引き起こせます。長年散布してきたケムトレイルや、歯の詰め物、そして何よりもワクチンという兵器によって私たちは、体に水銀やアルミニウムを日々溜め込んできました。

イルミナティカードではないけど水銀をばら撒く危険な武器暗示の「水銀の短剣」。

イルミナティカードの「DENTISTS　歯医者たち」と、「CENTER FOR DISEASE CONTROL　疾病管理センター」。疾病対策センターは2010年に特許番号 EP 2350270 A2と CA 2741523 A1でエボラウイルス株の特許を取得保有しています。特許説明に「われわれの発明」と記載されています。

研究者によると水銀とアルミニウムの2つの金属が接触すると、一部の人々に突然死を引き起こします。ワクチン接種により、水銀とアルミニウムは肺・心臓・脳を含む臓器の組織に蓄積されてきました。5Gの影響でそれらは結合して反応し、金属塊を形成します。新型コロナ感染者たちには、それが肺動脈・冠動脈・大脳動脈にあるかによって、それぞれ肺塞栓症・心臓発作・脳卒中と、血栓による塞栓の症状がみられました。犠牲者はまた、姿勢の変形と痙攣《けいれん》による外傷性脳損傷であったことが確認されています。塞栓症のそれぞれは、アリよりも小さい血栓によって引き起こされた可能性があります。では、金属塊が身体にどうやって影響を及ぼすか？　例えば、50歳まで毎年真面目にインフルエンザワクチンの予防接種を受けてきた場合、1回当たり0・25mcgの水銀が×50回で計12・5㎎蓄積。さらにケムトレイルから降り注いだアルミニウムも、大量に体内に蓄積しています。金属塊はどのくらいの大きさになるだろうか？　その金属塊は脳に突き刺さり、脳の損傷・姿勢の変形・痙攣、そして突然死を引き起こす可能性がありま す。それはまるで、頭蓋骨の内側から銃弾を受けるようなものです。多くの人は普通の風邪と変わりなく回復しましたが、免疫システムがマイクロ波と変異ウイルスに敏感な人の場合症状は長期化し死に至っています。新型コロナの犠牲者の突然死は、姿勢の変形と痙攣・肺・心臓・脳塞栓症の突然死と同じ特徴を持ちます。これは血管・肺・脳・心臓などの臓器の金属塊、場合によっては巨大な金属塊が原因です。これら全てにさらに5Gが加わると、脳と心臓の電気系統に混乱を引き起こし、突然死を引き起こす可能性が強まります。また、5Gにより空気中の磁性流体も体内に入りやすくなることが考えられています。磁性流体とは、流体でありながら磁性を帯び砂鉄のように磁石に吸い寄せられる性質を持つ、磁気と周波数によって制御可能な流体金属のこと。5Gが普及すれば、周波数60GHzで操作された磁性流体を酸素のように吸い込むことになります。5Gが導入されて人々が相次いで突然死しても、肺塞栓症・心臓発作・脳卒中などの病名で処理されて全て〝自然死〟にできます。あるいは新型コロナによる感染症と思われるでしょう。

それに加えて、事実、新型コロナは非常に強いウイルス兵器です！　中国の国家衛生健康委員会は、新型コロナウイルスの感染者では肺のほか脾臓《ひぞう》などのリンパ系器官、心臓や肝臓、腎臓、脳組織などにも異常がみられたとする病理診断の結果を公表しました。なんと！　感染者は脳細胞まで狂わされるとは。しかも新型コロナはコウモリ由来のSARS類似のコロナウイルスに近く、全体的な類似度は87％くらいで、SARS同様に重症化すると肺に後遺症が残り、治癒後も激しい運動が一生涯できなくなるそうです！

中国人の倒れ方は５G照射による重金属の磁性流体移動による突然死。中国人はアマルガム使用者もワクチンや添加物使用も多いので重金属が溜まり５Gに反応しやすい体質と言われています。

脳まで壊すケムトレイルのアルミニウム散布

夏に使う制汗剤の多くにはデオドラントという薬剤が配合されています。デオドラントは体臭や汗の臭いを防いだり、取り除いたりする薬剤成分ですが、これには汗の分泌を抑制する塩化アルミニウムが含まれています。アルミニウム化合物の薬害について、４年間制汗剤を使用している女性の多くに「高アルミニウム血症」が認められたのです。正常値０・１～０・３マイクロモーラーなら無害ですが、制汗剤使用女性の平均は４マイクロモーラーもあります。16マイクロモーラーまでいたと言いますが、制汗剤使用をやめると高アルミニウム血症はなくなったと言います。ただでもケムトレイルの吸引アルミニウムがある時代、制汗剤は使わないほうがいいです。なぜなら制汗剤多用による塩化アルミニウムの長期蓄積は乳ガンを発症するからです。乳ガン患者の437人が制汗剤多用者であったレポートもあります。乳房近くに吹きつけて残留した塩化アルミニウムは、脇の皮膚から経皮吸収されやすく、エストロゲン様の内分泌かく乱作用を引き起こし乳ガンになります。アルミニウム中毒症状は痙攣、食欲低下、胃痛、胃潰瘍、アルツハイマー、認知症などです。アルミニウムには神経毒性があり、見当識障害、記憶障害、認知症を起こします。脳まで壊すアルミニウム含有は制汗剤だけでなく、日焼け止め、ローション、たばこフィルター、大豆調合乳、アルミニウムの調理器具、アルミ缶詰、ベーキングパウダー、水道水、消臭剤、ワクチン、アスピリン、下痢止めなどです。もはや日常生活で防ぎようがないですが、これらの使用頻度を控えることはできます。アルミニウムは、記憶に関わる海馬のカルシウムシグナル経路を妨害し、特に脳からの排出は他の臓器より遅いです。胎児への影響も深刻です。アルミニウム除去は、マグネシウムとケイ素の積極的な摂取です。ケイ素濃度が高い飲料水がアルミの吸収を阻害、排出促進してアルツハイマー、認知症を改善します。

スギナにケイ素が多く、お茶やサプリメントで摂取できます。フランスではアルミニウムが多い土壌ゆえよく使うそうです。アルミニウム除去は他にセレン、クルクミン、ケルセチン、カルニチン、タウリン、低用量のＥＤＴＡだそうです。

もう1種類、ケムトレイルの水銀散布の問題。純粋な金属水銀は、他の重金属と同様に、蓄積によって毒性を発揮します。有名な事件が水俣病です。皮膚からゆっくり吸収されたり、蒸気吸入で肺から容易に取り込まれます。

水銀は中枢神経・内分泌器・腎臓の器官に障害をもたらし、口腔・歯茎・歯にも損傷を与え、長時間水銀の蒸気にさらされると、脳に障害を受け、最終的には死にます。特に胎児や幼児に対して有毒で、水銀中毒は自閉症的兆候の原因となります。排出するために代替医療ではビタミンC（アスコルビン酸）、エチレンジアミン四酢酸（ＥＤＴＡ）、「硫黄を多く含む食品」などの摂取をすすめます。

これら体内蓄積されたアルミニウムと水銀を定期的に除去しないと5G照射で結合、体内爆発で突然死という懸念があります。アルミニウムとチップが入ったワクチンは不要です。人間は神様がワクチン不要でも十分健康に暮らせるようにつくられていますから。

WHOの正体

製薬会社スポンサーのロックフェラー財団がワクチンをつくり、研究開発支援で１９０１年にロックフェラー医学研究センターを設立しました。さらに自社開発のワクチンを売るために、マラリア、黄熱病制圧事業の名の下で1909年に国際公衆衛生局を設立支援。この事業をそのまま引き継いだのがWHOです。ジャーナリストのパトリック・ジョーダン氏が1972年のWHO内部書類を発見暴露。そこには、3ステップのワクチン使用で人口削減するWHOの計画が書かれています。

1、生まれた赤ちゃんに予防接種をしておき、体内の免疫系をあらかじめ、弱めておく。
2、その後の各種ワクチン、毎年のインフルエンザワクチンなどで血中に様々なウイルスを植え付けておく。
3、今回の新型インフルエンザワクチンのようにスクアレンを含んだ免疫補助剤（アジュバンド）で接種後に免疫を暴走させる。

ロックフェラー財団は、日本でも私立栄養研究所（後の国立健康・栄養研究所）と国立感染症研究所を設立しました。

さらに、カリフォルニア開催のTED2010会議で、ビル・ゲイツは、「2050年までに世界全体のCO_2排出量をゼロに削減する」と提案し、「何よりも人口が先だ。現在、世界の人口は68億人である。これから90億まで増えようとしている。そんな今、我々が新しいワクチン、医療、生殖に関する衛生サービスに真剣に取り組めば、およそ10～15％は減らすことができるだろう」と、人口削減目的のワクチン活用を推奨しました。

同年、ダボス世界経済フォーラムでも、ビル・ゲイツ財団は今後10年間に100億ドルの提供で新型ワクチンを開発し、途上国の子供に予防接種すると発表。彼らが製造する安価な新型ワクチンは、蓄積で脳に損傷を与える水銀、合成物チメロサールを含有しています。

アメリカのいくつかの州では強制接種法案が論議され、マサチューセッツ州は法案を可決しました。ワクチンを拒否すると、1日1000ドルの罰金と30日間の拘置という罰が科せられます。フランスやギリシャも全国民に新型ワクチンを強制接種する動きです。日本も、一定数の感染者がいる企業は、全社員にワクチン接種要請が出ます。ワクチンを通じて治療を偽装した人口削減と言われています。

新型コロナ騒動で儲ける人々

連日のテレビ報道で過剰な恐怖心を煽るコロナ騒動の結果、世界的な株価暴落が始まっています。特に、米国の5大ＩＴ企業は被害甚大で、以下の2つのニュースに注目。

「（2月）24日のS&P総合500種は、取引終了までに3・4％下落。結果、米国の5大IT企業は（Apple、Facebook、Amazon、Microsoft、Google Alphabet）は合わせて2380億ドル（約26兆3530億円）以上を失った」

「（2月）24日の株式市場は、新型コロナウイルスが世界経済に打撃を与えるとの懸念から大幅に下落し、世界の富豪500人は合わせて1390億ドル（約15兆4100億円）を失った」

その背後で、このことをわかっていた連中により金価格は、年初から高騰しています。株価の下落と対照的に、金は2月24日、2％超値上がりし、過去7年来の最高値を一時更新。年初から10％超も値上がりを続けている金について、アナリストの多くは近くオンスあたり1700ドルの大台に乗るかもしれないと見ています。トランプの最側近のルドルフ・ジュリアーニは、コロナウイルス拡散によって、中国に取られていた製造業がアメリカに戻ってくる、アメリカ人の手に職が戻ってくると喜んでいるらしいです。そして、WHOがパンデミックとすぐに指定できなかった理由は、2017年に創設された、世界銀行のパンデミック緊急ファシリティ（PEF）で儲けていた金貸しが、パンデミックに指定されると保有債権をすべて失うからだそうです。

2018年6月にNHKでカミュの小説『ペスト』を題材にした番組が放送されました。舞台はフランス領の港町でペストが発生した市を、政府は閉鎖し、ペスト地区として隔離。疫病に見舞われ、追放状態に置かれた人間の群像劇。

彼らは1年半後に来る新型コロナ騒動を知って告知していたようです。災難のとき、どう振る舞うかが未来を決めますが、聖書でヨセフは7年間の世界的大豊作の後に、7年間の世界的大飢饉が起きる国難を事前に神様から夢で示されて、優れた備蓄対応で世界を飢餓から救いました。7年間の大豊作のときにひたすら貯蓄して、7年飢饉が来ると高値で世界に販売してエジプトを強大な富国にのし上げたのです。闇勢力はこのような視点からヒントを得て、人工的な災害、人工地震や疫病、異常気象、ハリケーン、戦争などを起こして、混乱に乗じたビジネスチャンスを摑もうとしています。

中国は日本や韓国からの電子部品関連の輸入が途切れた今、工場生産がストップです。ファーウェイの電子部品を一番多くつくっているのは日本です。

連動して新型コロナの流行が最も大きな武漢を含む、湖北省の大気汚染が急低下しています。黄砂や二酸化窒素やＰＭ２・５などの大気汚染物質の監視や予測を主に行っているウェザーニュース予報センターの解析によると、、湖北省周辺などのＣＩＩ（Clear aIr Index）は春節が終わった3月に入っても非常に低い水準です。九州や中国、四国に流入するＰＭ２・５のうち、6割ほどが中国由来です。大気汚染による例年の健康被害まで勘案すると、皮肉なことに疫病騒動に

大気汚染物質の少なさを表す指数(CII)

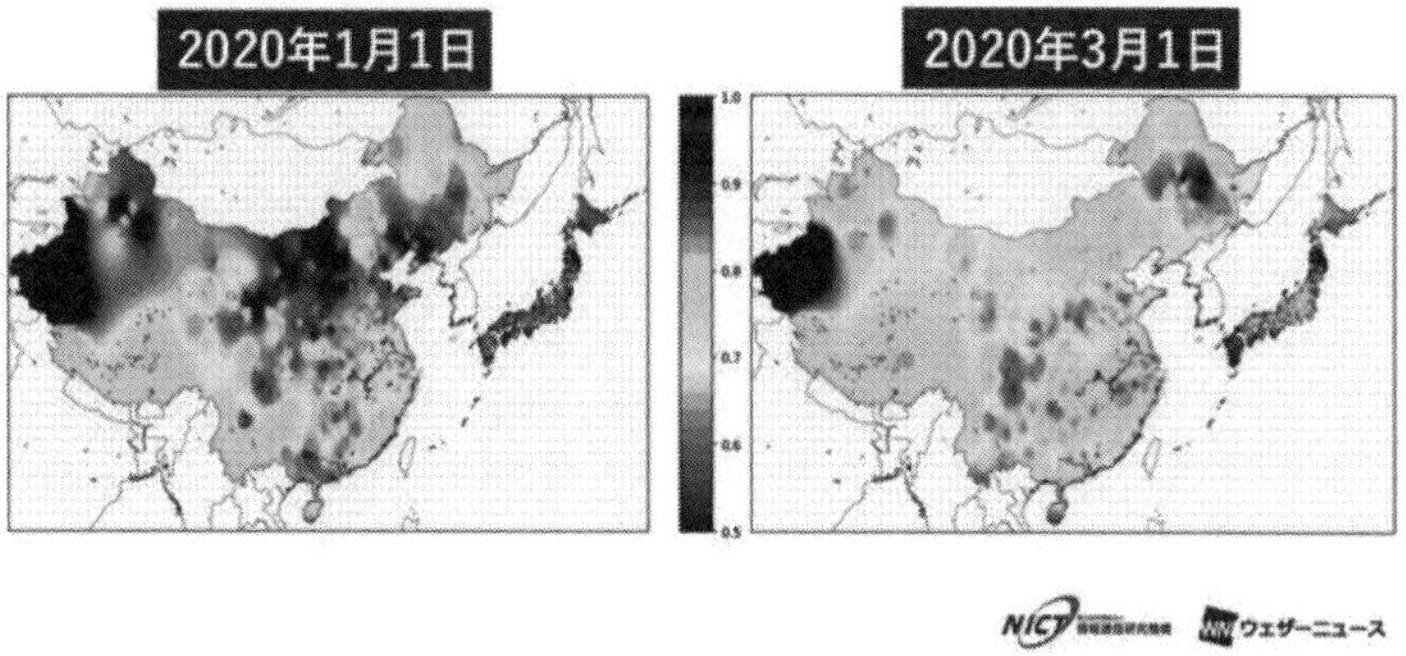

よる工場停止が、日中韓、もっと多くの人々の健康増進に役立ったかもしれません。

　スタンフォード大学教授マーシャル・バークは、中国４都市の大気中のＰＭ２・５濃度の推移を分析した結果、２か月間、工場停止で大気汚染レベルが低下したため、中国だけでも５歳以下の子供４０００人と、70歳以上の高齢者７万３０００人以上の命が救われたと結論。大気汚染軽減で救われた人命数は、新型コロナ感染死亡者の約20倍です！　闇組織はここでも人口削減計画に失敗しています。

　しかし、新型コロナ騒動で儲ける輩《やから》がいるのは確かです。本業のダフ屋は、マスク大量買い占めと転売で世間に迷惑をかけながら不正な利益を上げた半面、有名人のコンサート中止によるチケットの売れ残りで大損しています。今回も著名人の大きな災害支援募金がニュースになってます。高額な宣伝広告料よりも美しく安価にできる売名行為であっても財政を潤すならばと、各団体は受け入れますが、本当は純粋な愛によって隠れて匿名で行えば完璧で本物です。

ロマ書12：8－9「勧めをする人であれば勧め、分け与える人は惜しまずに分け与え、指導する人は熱心に指導し、慈善を行う人は喜んでそれをしなさい。愛には偽りがあってはなりません。悪を憎み、善に親しみなさい。」

マタイ6：1－4「人に見せるために人前で善行をしないように気をつけなさい。そうでないと、天におられるあなたがたの父から、報いが受けられません。だから、施しをするときには、人にほめられたくて会堂や通りで施しをする偽善者たちのように、自分の前でラッパを吹いてはいけません。まことに、あなたがたに告げます。彼らはすでに自分の報いを受け取っているのです。あなたは、施しをするとき、右の手のしていることを左の手に知られないようにしなさい。あなたの施しが隠れているためです。そうすれば、隠れた所で見ておられるあなたの父が、あなたに報いてくださいます。」

薬物療法とロスチャイルド、ロックフェラー

ロスチャイルドとロックフェラー両財閥は、地球上の富の大半を独占して現代医学を根底から

歪《ゆが》め、その利権を完全支配しています。

「中央銀行には、紙幣を印刷する権限が政府から与えられているため、ロックフェラー家は、このペーパーマネーを使って１９１４年までに、アメリカ全土の医者たちを完全に掌握しました。彼らはアメリカの医療を自然療法や、同種療法から無理やりに、薬物療法へと変更しました」

　近代医学を、根底から歪めたのは、石油由来の医薬品を推奨するロックフェラー財閥です。薬物療法は、治癒反応の「症状」を「病気」と間違えて、薬物（毒物）で攻撃します。それは、根底から誤った医療です。

「薬物療法とは、ロスチャイルド家が発達させたドイツの医療制度です」
「体にとって自然な治癒法のすべてを禁じ、その代わりに化学薬品や危険な外科手術、長期間の入院なども強制するからです」
　ちまたでは、「『アンナチュラル』第１話がやばい！　新型コロナを予言していた！」と、薬物療法を扱ったドラマが注目されています。そこに出てくる医療現場での戦いはＭＥＲＳコロナウイルスですが、今の新型コロナ騒動に状況がよく似ています。これもまた偶然の一致ではない2年前からの犯行予告でしょうか。『アンナチュラル』は２０１８年1月12日から3月16日までＴＢＳ系で放送され、主演は石原さとみ、脚本は野木亜紀子。第1話の「名前のない毒」は12・7%と2桁の高視聴率でしたが、これは犯行予告だったのかもしれません。

Part 6

まだまだ出てくる！　新型コロナ・パンデミックの犯行予告!!

漫画『カイジ』のギャンブル船エスポワール（希望の船）

１９９６年2月。上京後、定職にも就かず自堕落な日々を過ごしていた伊藤開司（カイジ）は、ある日、金融業者の遠藤により、かつて自分が保証人になっていた借金を押し付けられ、法外な利息により３８５万円にまで膨らんでいることを知らされる。

遠藤に誘われるままカイジは1か月後、負債者に借金一括免除のチャンスを与えるという、フランス語で「希望」の名を冠すギャンブル船「エスポワール」に乗り込む。そこで行われるのは、カード12枚を使った「限定ジャンケン」。大手金融業者の「帝愛グループ」が裏で取り仕切るそのギャンブルは、うまく勝てば帝愛からの借金は帳消しだが、負ければ命の保障はないというものだった。

カイジは幾度となく煮え湯を飲まされながらも、土壇場での閃《ひらめ》きと思考を駆使して、生き残り

第1章「希望の船」 ―1～5巻―

上京後、自堕落な日々を過ごしていた伊藤開司（カイジ）は、ある日、金融業者の遠藤により、かつて自分が保証人になっていた借金が法外な利息で385万円にまで膨らんでいることを知らされる。

カイジは、遠藤に言われるまま、負債者に借金一括返済のチャンスを与えるギャンブル船「エスポワール（希望）」に乗り込む。

そこで行われるギャンブルは、"帝愛グループ"が取り仕切る『限定ジャンケン』と呼ばれる、カードゲーム。勝てば借金帳消し、負ければ命の保障は無いというものだったー。

2010.10.15(金) 21:00 - 22:54 O.A.
テレビ初登場
カイジII
人生逆転ゲーム

FUJI MARU

KPC
賭博黙示録
カイジ
ギャンブル船「エスポワール号」に乗り込んだカイジ!!
権謀術数編アンコール刊行!!!!
残り時間1時間！
負けられない
か続く!!
「限定ジャンケン」！
まさに喰うか喰われるか！
福本伸行
690円

を賭けた勝負に身を投じる。漫画『カイジ』は人気シリーズとして映画にもなった。

映画の撮影でエスポワール号として使用された船の名称は「ふじ丸」で、主演の藤原竜也さんによるトークショーイベントが行われました。

この映画のカジノ船エスポワール号も、漫画の表紙のカジノ船も、現実のダイヤモンド・プリンセス号にそっくりです。

この漫画のメッセージはズバリこれです！「ダイヤモンド・プリンセス号！このカイジのギャンブル船に乗ったら、生きるか死ぬかの命懸け！大半は生きて帰れない！」です。

ダイヤモンド・プリンセス号の被災者と関係者の皆様、どうか私に怒らないでくださいね。私ではなく、彼ら闇組織が本当にそうメッセージしているのです。

犯行予告するさらに6つの映画

さて、新型コロナ攻撃に対する犯行予告はイルミナティカードだけでなく、治外法権のカジノ船ダイヤモンド・プリンセス号を模した賭博漫画『カイジ』、ゲーム「バイオハザード リベレーションズ」、そして以下の6つの映画にも表れていて、実はこれらすべての映画をミックスした複合災害だったのです。

ちょうどかつての日本が東日本大震災のとき、地震以外に津波や放射能、爆発火災、風評被害、訪日客減少、汚染水、停電、食料難、株暴落、会社倒産などなど複合的に災害が襲ったようにです。

今、中国は新型コロナだけでなく、貿易関税や経済不況や後述の人工的に大発生させたイナゴによる食糧難なども押し寄せています。まずは映画「カサンドラ・クロス」。

「カサンドラ・クロス」

あらすじは、細菌を浴びた過激派がヨーロッパ大陸縦断列車へ逃れた。車内には伝染病が広まり、機密の漏洩を恐れた軍は秘密裏に列車をポーランドへ運び隔離しようとした。

マスク不足が叫ばれていますが、この白い防護服着た人は大きなガスマスクをしています。映画では細菌を浴びた過激派がヨーロッパ大陸縦断列車で車内感染を引き起こしますが、現実にはダイヤモンド・プリンセス号でウイルスの船内感染です。

「カサンドラ・クロス」

「ザ・クレイジーズ」

「ザ・クレイジーズ」

あらすじは、街に防護服に身を包んだ兵士たちが現れ、伝染病の発生を理由に住人たちを強制的に連行し始めた、包囲された街の話。告知画像には「狂気が感染する——ここは細菌兵器に襲われた街。」と書いています。

中国の武漢をはじめとした街封鎖の現状をよく表しています。映画では防護服に身を包んだ兵士たちが強制的に連行するようですが、中国の動画映像を見ると、特に地方では同様な、かなり手荒な強行手段で人々を連行したり強制収容したりしているようです。

武漢市当局がバイオテロ攻撃を受けたときに街全体を封鎖したのは、マニュアル通りの行動でしたが、非常事態とはいえ、無防備な庶民に対して暴力はいけません。恐ろしい扱いです。

「復活の日」

あらすじは、猛毒の新型ウイルス「ＭＭ－88」が東ドイツの科学者によって持ち出されマフィ

「復活の日」

アの手に渡る。マフィアの乗った小型飛行機は吹雪に遭ってアルプス山中に墜落し、ウイルス保管容器は砕け散る。やがてＭＭ－88は大気中で増殖を始め、全世界に広まった。当初は家畜の疫病や新型インフルエンザと思われたが、心臓発作による謎の突然死が相次ぎ、おびただしい犠牲者を出してなお病原体や対抗策は見つからず、人間社会は壊滅状態に陥る。半年後、夏の終わりには35億人の人類を含む地球上の爬虫類・両生類・魚類・円口類を除く脊椎動物が、ほとんど絶滅してしまう。

原作は『日本沈没』を書いた小松左京の同名小説。ＤＶＤのジャケットには「全世界死滅！」と書いています。

この映画で言いたい犯行予告は、細菌研究所で試験中だった猛毒の新型ウイルス「ＭＭ－88」が持ち出されたということ。中国の場合も細菌戦研究所で試験中だった猛毒の新型ウイルスのコロナを職業スパイによって持ち出されたという共通点があります。その後、中国の武漢から感染拡大となりました。

もともと中国がカナダから盗んだコロナウイルス。武漢市は人口１１０８万人で、市街区からわずか15キロほどの地に中国科学院の「武漢国家生物安全実験室」があります。危険なウイルスを扱う研究施設を人口1000万人超の大都市近郊に建設するということは通常では考えられないことだが、日本でも最強ウイルスを扱えるバイオセーフティーレベル（BSL）4の研究施設である国立感染症研究所（東京都武蔵村山市）、理化学研究所筑波研究所（茨城県つくば市）があります。

武漢華南海鮮卸売市場で水産物と並んで販売されているタケネズミ、アナグマや蛇などが新型コロナウイルスを媒介して人に感染させた？　それは嘘です。野味料理は中国で古くから伝統的に食べられてきたもので、彼らが武漢肺炎を引き起こしたコロナウイルスの元凶とは思えない。しかし、その汚さはやはり病気になるレベルです。この機に市場の解体再建は必要でしょう。

米国に亡命した中国の実業家・投資家である郭文貴氏は2月3日、中国共産党が武漢肺炎ウイルスは人工合成の産物であると事実上認めたことを明らかにしました。その根拠は、中国共産党の公式軍事ポータルサイト「西陸網」が、武漢の肺炎を引き起こす新型コロナウイルスが人工的に合成されたものであることを認めており、コウモリウイルスによる自然突然変異は不可能だと主張しています。「西陸網」は1月26日に「武漢ウイルスの4つの主要蛋白質が交換され、中国人を正確に狙い撃ちできる」という文章を発表しました。

以下掲載の写真は武漢華南海鮮卸売市場の干しているネズミたち、その他のものです。

干しているネズミ

食用犬たち

蛇たち

バイ菌だらけの汚い市場の屋根

何かわからない汚いゆでもの

汚い台所とおじさん

汚い厨房の壁

何かのごった煮込み

鶏肉みたいな食材を足で踏んでいる

もうたくさん。御馳走様。この汚れた華南海鮮市場は上述した武漢NBLの所在地から直線距離で25キロメートル未満の場所にあり、武漢NBL内において、イルミナティ爆弾の爆破で新型コロナウイルスを思いっきりかぶって感染した職員が、無症状期間になんともないよと言いながら華南海鮮市場を訪れたことも考えられる。確かに前例もあります。

２００２年11月に中国で発生したSARSは、約9か月間にわたって、有効なワクチンも治療法もない感染症として世界中を恐怖に陥れました。２００４年4月にも、北京市や安徽省でSARSに類似した症状の患者が複数回発生したことがありました。

中国政府「衛生部」は２００４年7月に「学生の規則違反によりSARSウイルスが実験室から流出したことが原因だった」との調査結果を発表。

２０１７年2月23日付の英科学誌『ネイチャー（Nature）』はこれら2回のSARSウイルスの流出事故や、中国の隠蔽体質を理由として、ウイルス感染が蔓延し、大規模な混乱が引き起こされる可能性を懸念していました。そしてこの3年前の予測は今回、見事に的中しました。

コロナウイルスは最初に２０１２年6月にサウジアラビアの男性に発症して、この未知のウイルスをオランダの医療センターに提供。それをカナダに回して分析していたのです。

ところが、昨年２０１９年7月14日、カナダのメディアは発表。「7月5日に中国出身の著名なウイルス学者である邱香果とその夫で研究者の成克定（次ページ上写真）および中国人留学生

1名がカナダの国家警察によって、規約違反で連行」。この中国人スパイがたびたび武漢NBLを訪問していたことは間違いなく、彼ら3人によって中国へ密輸されました。まさに日本映画「復活の日」の中国版といえます。

アメリカは、この件でハーバード大学の化学生物学科長を逮捕し、中国にウイルスを輸出したカナダの生物兵器研究所職員も殺されたと言われています。

しかし、中国政府の顔色をうかがい、新型コロナウイルス感染拡大に対する「緊急事態」宣言を1月30日まで先送りしたWHOの元エチオピア保健相のテドロス・アダノム・ゲブレイエスス事務局長は罪深い。出身国のエチオピアに対する中国の巨額援助がWHO事務局長としての判断を狂わせ、武漢肺炎の蔓延を助長したのであろう。

「ドゥームズデイ」

あらすじは、死のウイルスが数百万人の命を奪った２００８年から27年後に、再び同じウイルスが蔓延。その直後、政府は27年前にウイルスを封じ込めるべく隔離した街に、いまだ生存者が

「ドゥームズデイ」

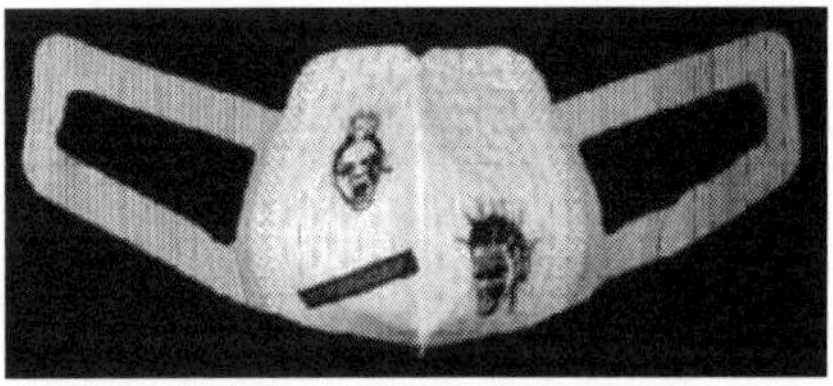

いる事実を知る。治療薬の存在を確信した政府は、リーダー率いる一流のスペシャリスト・チームを隔離した街に送り込む。

この映画は現実に2009年に新型インフルエンザが世界的に猛威を振った時期に、現在と同じくマスク不足が起きたので、映画の前売り券を購入すると〝カスタムマスク〟と銘打った映画の宣伝用ロゴ入りマスクをプレゼントする戦略に出ました。

マスク大量買い占めや、人の弱みに付け込む商法の輩はいつもいます。マスクには下品にも不滅のモンスターであるドゥームズデイの顔が描かれていましたが、11年が経ったこのたび、中国内で新品マスクに無臭・無色のウイルスを染み込ませて、民衆心理の不安を煽っては買わせ、人によっては警察官が強制的につけさせる手段でウイルス感染を早める、信じられないような策略を、当時から暗示していたのです。

どうか、ここまで読んでこれは単なる都市伝説だと、思わないでください。

やがて、以前読んだこの本の内容が本当であったと悟るときが来ますから。

この映画の特徴的メッセージは、1度目のパンデミック2008年から27年後の2030年に2度目のパンデミック、死のウイルスが再燃するという設定です。2030年と現在は時期が合いませんが、現在の新型コロナの特徴、治ったはずなのに「再感染・再燃焼」する症状が一致します。というのも、本当は闇組織は2030年頃に新型コロナウイルス拡散の犯行計画を本格的に実行したかったのですが、中国の台頭が予想以上に早く急遽、これを潰さなければならない諸事情のゆえに、2019年、まだ未完成ですが、予行演習も兼ねて行いました。ですから、今回の新型コロナウイルスは非常に強いですが、2030年頃に撒かれる予定の完成品とは比較にならないほど低い致死率と弱い毒性のコロナです。

中国の新型コロナウイルスを治療したドクター、多摩境内科クリニックの福富充院長によると、「新型コロナウイルスに感染して、もう治ったと思っていて、また再感染することがあって。2回目に感染した時は死亡してしまう」と説明。さらに、「新型コロナウイルスの再感染は抗体依存性感染増強現象にて致死的」「インフルエンザなんてレベルじゃない」「すごい凶悪な、80年に1回、人々が忘れたころに社会に大混乱を起こすウイルス」「再感染を起こすとコロナウイルスを免疫がやっつけることができなくて、心不全を起こして突然死する。風邪なんてもんじゃないです。本当に風邪のようなフリをしてるだけですので。『ほかのウイルスと同じようなものですよ』って、それ騙しですので。みなさん絶対に、このウイルスには騙されないでください」と語ります。

また、別の医師は新型コロナの特徴である抗体依存性感染増強について、「2度目の感染で重症化するデング熱のような感染症があります。デングのウイルスは4種類あって、1回感染するとその1つのウイルスタイプにはもう感染しないだろうと言われているのですが、別の3種類のものに感染すると、免疫増強が起きて重症化することがよく知られています」とのこと。

マスク不足が2009年と2020年に繰り返されている現実や、新型コロナが再感染・再燃焼する性質など、映画「ドゥームズデイ」で27年越しに再び同じウイルスが蔓延するあらすじに似ています。

しかし！　これだけではなかった。

それはスーパーマンとの関係です！

この腐れ映画のタイトル「ドゥームズデイ」Doomsday は、「スーパーマン」シリーズに登場する汚い顔をしたモンスターの名と同じなのです。「スーパーマン」のドゥームズデイのキャラクター紹介はこのようになっています。

「ある暗い日、世界最強のスーパーヒーローが倒れ、地球が泣いた。スーパーマンが死んだ日を忘れる者は誰もいないだろう。そして、スーパーマンを殺した怪物――ドゥームズデイの名も忘れられることはないだろう。暴れ回り、破壊と暴力の限りを尽くした生物は、鋼鉄の男の究極の自己犠牲によってしか止めることはできなかった。ドゥームズデイは、元はクリプトンにおいて、完璧な狩猟者を作ろうという狂った科学者の研究の一環として作られた。この生物は残酷で恐ろしい実験を経て作られた――何千回と殺され、複製され、さらにまた何千回と殺され、複製されたのである――この過程でこの生物は、過去に負けた者に対する生来的な防御力を得た。こうした急速な進化を通して、ドゥームズデイは、憎しみだけを知り、その行く先のすべてのものを殺そうとする、止めることができず、ほとんど破壊不可能な、暴力と死をもたらす生物となった。ドゥームズデイはスーパーマンを超えるほどの、計り知れないほどの筋力と耐久力を持っている。生命をないがしろにし、果てしなく怒り続けるドゥームズデイは予測できない危険な力であり、それ自体が世界の破滅である」

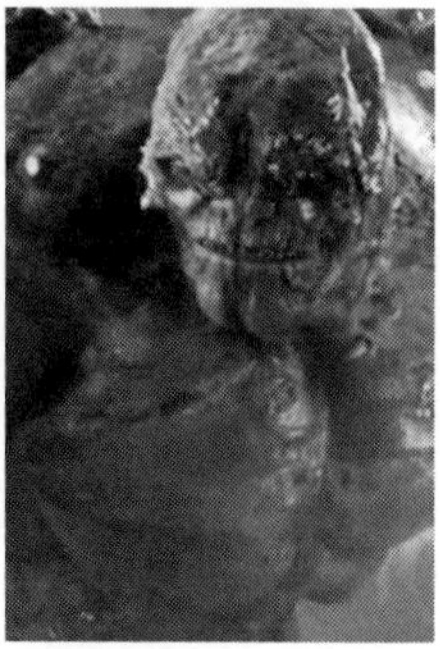

悪役ドゥームズデイは新型コロナを意味していて、スーパーマンさえ勝てないとは！

報道では、「米映画大手、ワーナー・ブラザースは、3月16日にトランプタワーにほど近いマンハッタンの劇場『The Director's Guild of America』で予定していた『スーパーマン：レッド・サン』のプレミアを中止すると決めた。コロナウイルスの影響を踏まえ、従業員、俳優、ファンの健康に配慮したという。この作品は旧ソ連で成長したスーパーマンが主人公の物語で、プレミアを楽しみにしていたファンも多かったようだが、感染拡大を前に、ワーナーの措置にはネット上で賛意が寄せられた」

このモンスターは新型コロナを指します。この生物ドゥームズデイが映画では残酷で恐ろしい実験を経てつくられた――何千回と殺され、複製され、さらにまた何千回と殺され、複製され、防御力を得たということ自体、新型コロナウイルスが同様に、残酷で恐ろしい実験を経てつくられたことを暗示しており、つまり、新型コロナは医学者たちの指摘する「再感染・再燃焼」を引き起こす「抗体依存性感染増強現象」によって、インフルエンザなんてレベルじゃない致死的なウイルスだということです！　それが言いたくて、彼らは映画をつくったのです。

何度も生き返るモンスター・ドゥームズデイのように、2009年に続いて2020年にもマスク不足。ヒーロー・スーパーマンを映画で1度殺して、今また新作映画でスーパーマンは生きていて復活。今回、子供たちの待望、トランプタワーにほど近いマンハッタンの劇場で予定していた「スーパーマン：レッド・サン」のプレミアイベントを新型コロナ感染拡大を懸念して中止発表！　それはまるで、今回もモンスター・ドゥームズデイにスーパーマンが負けて殺されたかのようです。

コロナウイルスは一度感染したら、生涯、死ぬまで何度も復活して再燃焼する最強モンスターだと言いたいようです。なんで！　私がこうして敵の戦略を親切丁寧にわかりやすく説明するか！　こんなのいったい誰が気付くのか！　奴らはこだわりの殺人マニアの中のマニアじゃありませんか！

ヤコブ4：7「ですから、神に従いなさい。そして、悪魔に立ち向かいなさい。そうすれば、悪魔はあなたがたから逃げ去ります。」

エペソ6：10－12「終わりに言います。主にあって、その大能の力によって強められなさい。悪魔の策略に対して立ち向かうことができるために、神のすべての武具を身に着けなさい。私たちの格闘は血肉に対するものではなく、主権、力、この暗やみの世界の支配者たち、また、天にいるもろもろの悪霊に対するものです。」

第2テサロニケ2：9－10「不法の人の到来は、サタンの働きによるのであって、あらゆる偽りの力、しるし、不思議がそれに伴い、また、滅びる人たちに対するあらゆる悪の欺きが行われます。なぜなら、彼らは救われるために真理への愛を受け入れなかったからです。」

ロマ書16：20「平和の神は、すみやかに、あなたがたの足でサタンを踏み砕いてくださいます。どうか、私たちの主イエスの恵みが、あなたがたとともにありますように。」アーメン。

「コンテイジョン」

２０１１年のアメリカのスリラー映画。高い確率で死をもたらす感染症の脅威とパニックを描く。あらすじはこうです。香港への出張旅行を終えたベスが、空港で電話をしながら時折咳き込んでいました。風邪の引き始めのようにも見えるが、その2日後に突然はげしい痙攣を起こして意識不明に陥る。彼女の夫であるミッチは彼女を急いで病院に連れて行くが、未知の病気で劇症型脳炎を発症しており、そのまま死亡してしまう。さらに香港の若者が同じ症状で死亡。東京の都バスの中でビジネスマンが死亡。これら3人が感染したのはコウモリと豚の混合ウイルス。3人の接点は香港のカジ

「コンテイジョン」

ノ併設レストラン。

一方、自らの命を顧みず感染経路の特定と治療ワクチンの生成に奔走する者、ワクチン作成に奔走しながらも家族とメディアの板ばさみに遭う者、感染の大流行を好機とし詐欺的偽情報で株価を操って金儲けを目論む者、娘を感染から守るために奔走するミッチ。それぞれの時間が流れる中、ワクチンの完成とともに次第にパンデミックは収束していく。

まるで、今の新型コロナそのまま。都バスのビジネスマン死亡は、似たような感染予告。感染源がコウモリ説も同じ。3人の接点はカジノ併設レストランなどは、カジノクルーズ船ダイアモンド・プリンセス号での、船内感染の意味でしょう。

映画タイトルの「コンテイジョン」は「接触感染」の意味で、感染が拡大したシカゴは戒厳状態に移行していく。同時に、世界各地で同じように感染が拡大。

疾病対策センターとか病院とかワクチン研究所とか現場の人たちの過酷さ、恐怖が蔓延した世界の人々のパニックや暴動の状況。

この映画も今の現状を犯行予告していますが、唯一の希望は最後にワクチンが完成する点。新型コロナもやがてワクチンの完成をもって終息することでしょう。ワクチン関連に関しては次なる映画「ミッション：インポッシブル2」です。

「ミッション：インポッシブル2」

あらすじは、バイオサイト製薬会社の研究員である博士は、自身が開発した感染すれば20時間で治癒不可能となり死亡するキメラウイルスと、その治療薬であるベレロフォンを護衛のもとシドニーからアトランタへ旅客機で輸送するはずであったが、ＩＭＦメンバーに殺害され、強奪されてしまう。これに対しＩＭＦ本部はチームを組み盗り返す。キメラウイルスのキメラの語は、動物と人間が合体した偶像が多く出るギリシア神話に登場する生物「キマイラ」に由来する。

この映画はバイオサイト製薬会社が感染で殺す薬とその治療薬の両方を当初から製造保管している現実を暴露しています。

その代表格は毎年襲ってくるインフルエンザです。冬場になると毎年必ず約束したかのように訪れて猛威をふるうインフルエンザ。**現在世界を蹂躙《じゅうりん》しているインフルエンザは、１９１８年に世界中で死者４０００～５０００万人の人間を殺したスペイン風邪を元に人工的につくられたものであるという情報があります。**

「ミッション：インポッシブル２」

この実験は1950年代から日米の学者によって行われており、アラスカの永久凍土に埋められたスペイン風邪の犠牲者の遺体からウイルスを取り出して、研究が進められ、90年代に完成したとされています。

ABS－CBNニュースによると、2009年4月、インドネシアの保健大臣ファディラ・スパリ氏が爆弾発言を行ったという。豚インフルエンザ・ウイルスが人工ウイルスであった可能性を示唆。また、西側先進国の製薬会社が自社の利益を上げるため、開発途上国や開発途上地域で人工ウイルスを意図的に流行させたとも付け加えました。そもそも豚インフルエンザには、存在そのものに無理があります。このウイルスには、B型インフルエンザ、A型インフレンザ、鳥インフルエンザ、欧米の豚の遺伝子が混入されており、このようなものが自然にできる可能性は、0・01%以下であるらしい。

では、インフルエンザ流行で誰が儲かるのか？　町医者？　いえ、彼らは異口同音にインフルエンザのワクチン接種はボランティアのようで利益がほとんど出ないと言います。では誰が、儲かるか？　それが製薬会社です。

タミフルは、スイスのエフ・ホフマン・ラ・ロシュ社（ロックフェラー傘下）が独占的に製造販売。

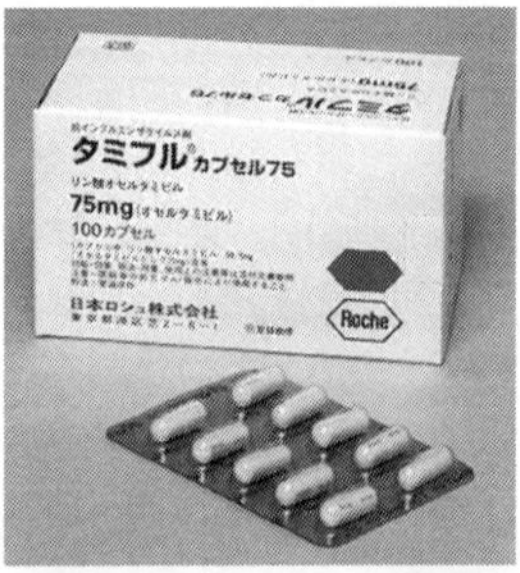

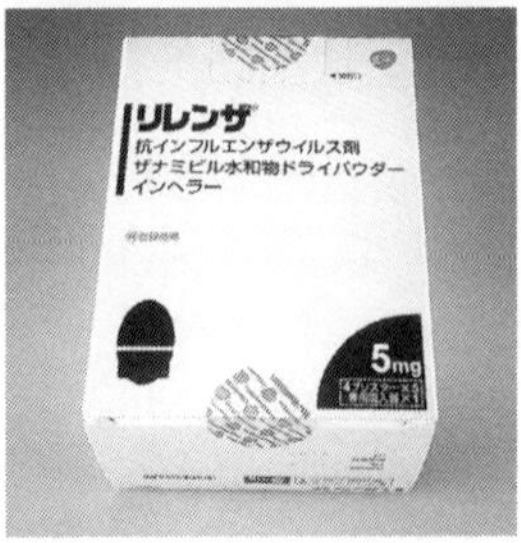

リレンザは、イギリスのグラクソ・スミスクライン社（ロスチャイルド傘下）が独占的に製造しているようです。

グラクソ・スミスクラインの製品は日本ではコンタックかぜ総合とかポリデント、ポリグリップ、シュミテクトなどが有名ですが、2012年アメリカでパキシルなどの薬剤の副作用について隠蔽していたことがばれた会社です。

タミフルは世界が危険だから使わないのに日本だけで世界の8割も使わされています。

これらのロックフェラー傘下とロスチャイルド傘下の両社が仲良く協力して話し合い、今年はA型かB型かどんな種類や強さのインフルエンザがいいかなと決めて、ばら撒きと同時に、治療薬を販売する、米英共同で撒いて刈り取る合理的な共同事業なのです。

ふざけるな！　インフルエンザがどんなに苦しいか！　私は何度もかかっています！　ある年はインフルエンザかわからないうちに、数百人の前でぶるぶる震えながら真っ青な顔で葬式を導いたことがあります。自分のほうがよっぽど棺桶に近く思えた災難でした。

映画「ミッション：インポッシブル2」が彼らの悪事を暴露したのだ。ですからこのことを今回の新型コロナに適用すると、新型コロナにもすでに開発済みの特効薬があるはずです。やがて世界に蔓延して需要が叫ばれたちょうどいいときに出すのでしょう。あるいは最初から人口削減だけが目的で特効薬がない場合もあるでしょう。

Part 7
インフルエンザも仕掛けだ！奴らの手のひらで踊り狂わされる世界の人々！

武漢NBL（ウイルス研究所）の技術と設備はフランス!?

実は、インフルエンザにかかっても重症化しないよう打つ予防接種のワクチン開発をしたのは、イギリスのロスチャイルドです。インフルエンザを治すタミフル販売がアメリカのロックフェラーで、これをうらやましく思ったのか、フランスが名乗りを上げたのが、中国武漢を取り込んだ動きだったのです。

アメリカに暗殺されたリビアの国家元首・カダフィ大佐も国連演説で、「新型インフルエンザウイルスが軍事目的の生物兵器である」と先進国を非難していました。

２００４年10月に訪中したフランスのシラク大統領は武漢ＮＢＬと命名されたＢＳＬ−４ウイルス研究施設の建設を支援する協議書に調印したが、フランスでは、中国がフランスの提供する技術を使って生物兵器をつくるのではないかとの反対意見が出されたし、国家情報部門も政府に対して警告を行いました。

この武漢ＮＢＬの建設は種々の要因によって先延ばしされましたが、フランスと中国が設計を共同で行い、技術と設備をフランスから導入し、建設を中国が担当する形で、２０１５年１月31日に武漢ＮＢＬは竣工。２０１７年２月23日には武漢市を訪問したフランス首相のベルナール・カズヌーヴが武漢ＮＢＬの開所式に出席してテープカットを行い、２０１８年１月５日に国家認証を取得したことによって武漢ＮＢＬは運営を開始しました。

ですから、表向きは中国の研究所ですが、最重要な技術と設備はフランス。シラク大統領が第二のロスチャイルド、ロックフェラーとなってイギリス、アメリカと肩を並べたかったのではないでしょうか。

中国としても細菌兵器開発と所持でアメリカと対等になりたい、かくしてアメリカが横やりを入れて悲劇が生まれました。

ウイルス感染人口削減の出典は「聖書」！

これは拙書『恐竜と巨人《ネフィリム》は堕天使のハイブリッド！』（ヒカルランド）でも述べたことですが、

細菌兵器開発について、ロッテルダムのエラスムス医療センターでオランダの科学者ウイルス学者ロン・フォウチャー教授は、アメリカ国立衛生研究所から「H5N1鳥インフルエンザウイルスの伝染力が強くなってパンデミックを起こし得るかどうか調べてくれないか」と頼まれ、試しにフェレットの群れにウイルスを撒き散らしてみたところ、ウイルスが再生、繁殖を繰り返すにつれ、伝染力が早く強まる方向で10世代感染を繰り返すと**世界全人類70億人の半分を殺す空気感染スーパーウイルス株がH5N1変異種ができたそうです。**

ついに聖書の預言成就がもうすぐそこまで来たようです。なんせ空気感染、こんな殺人スーパーウイルスは、止めようがないです。新型コロナウイルスで空気感染の恐ろしさと感染力の強さを学習したばかりのこの世代、次はさらにパワーを増して世界規模で人類の3分の1を殺すほど強大な生物化学兵器が出現するのも時間の問題です。

黙示録9：13－16「第六の御使いがラッパを吹き鳴らした。すると、私は神の御前にある金の祭壇の四隅から出る声を聞いた。その声がラッパを持っている第六の御使いに言った。『大川ユーフラテスのほとりにつながれている四人の御使いを解き放せ。』すると、定められた時、日、月、年のために用意されていた四人の御使いが、人類の三分の一を殺すために解き放された。騎兵の軍勢の数は二億であった。私はその数を聞いた。」

黙示録9：17－21「私が幻の中で見た馬とそれに乗る人たちの様子はこうであった。騎兵は、火のような赤、くすぶった青、燃える硫黄の色の胸当てを着けており、馬の頭は、獅子の頭のようで、口からは火と煙と硫黄とが出ていた。これらの三つの災害、すなわち、彼らの口から出ている火と煙と硫黄とのために、人類の三分の一は殺された。馬の力はその口とその尾とにあって、その尾は蛇のようであり、それに頭があって、その頭で害を加えるのである。これらの災害によって殺されずに残った人々は、その手のわざを悔い改めないで、悪霊どもや、金、銀、銅、石、木で造られた、見ることも聞くことも歩くこともできない偶像を拝み続け、その殺人や、魔術や、不品行や、盗みを悔い改めなかった。」

２０００年前の全人口2～3億人の世界で「騎兵の軍勢の数は二億」という戦争預言は長年、脅威でしたが、今はその時代。「人類の3分の1を殺す」殺傷能力あるH５N１変異種による生物化学兵器も完成済。しかし、この聖書預言は当初、私は戦車の前後に核弾頭ミサイルを設置した最新型を指すと思われましたが、もしかしたら文字通り本物の馬、ハイブリッド、異種交配種、遺伝子組み換えの生物化学兵器H５N１変異種かもしれません。

馬は意外にレーダーにもかかりにくく、戦車のような重油も軽油も複雑な専門技術者たちのメンテナンスさえも不要で、そこら辺の草を餌《えさ》に低燃費、ランニングコストも安く、機能性も高く、最悪の場合は食肉にもなる利便性の高い戦車です。

馬の頭は、「獅子の頭」、その尾は「蛇のような頭」。すなわち、馬のメスをベースの母体として、その卵細胞に獅子と蛇の核挿入、加えて最新科学の結集でＨ５Ｎ１変異種殺人スーパーウイルスなどを吐き出しながらも馬自体は抵抗体を持ち、無害。口から火と煙と硫黄を吐きながら、尾からは空気感染の毒ガス放出。当然、乗り手の騎兵たちは防毒マスクを着けたまま、赤、青、硫黄などの胸当てもつけた連合軍。馬も乗り手も多数いる大変迷惑な殺人者たちです。

人工的に４つのエイズウイルスが組み込まれていた⁉

新型コロナが実験室で人工的に合成されたと指摘する科学者たちの論文を受けて、米ホワイトハウスはこのほど、アメリカの科学者に対して、ウイルスの発生源について調査するよう求めました。

結果、スイスのバイオテクノロジー会社、SunRegen Healthcare AG で首席科学官を務めているウイルス学者・董宇紅氏はこのウイルスには人工的につくられた痕跡があると指摘しました。

米国の科学者、ジェームス・ライオンズ・ウェイラー博士も90～95％の確率で新型コロナは人為的に改造された非常に危険な合成ウイルスだと見ています。

研究員があるウイルスの一部の配列を別のウイルスの一部の配列に組み込んだ人工的な遺伝子組み換えウイルスは、予想外の毒性を持つと言います。

さらに、一部の専門家は、新型コロナにpShuttleを挿入した痕跡がはっきりしていて、指紋を残したかのようだと指摘。このpShuttleはウイルスに見られますが、生物には存在しないです。

この配列は、一般的に遺伝子組み換えを行うときに使われます。これは人の指紋のようで、人の指紋がそれぞれ異なっているのと同じように、生物の遺伝子の一部の配列も特徴的でそれぞれ違い、pShuttleを挿入した「絶対に消すことができない人工的な痕跡」だと指摘します。

中国当局も「感染しても免疫を獲得できない可能性」を公式発表。つまり新型コロナには一度感染すると人の免疫を不全にする特異な防御機構の作用があり、免疫システムが崩壊してしまい、抗体を獲得できずに再発も普通だし、様々な他の病気にも負ける体になります。

これはエイズウイルスと同じ特徴で、感染で体の大事な免疫機構が崩壊、免疫状態が正常な人では発病に至らないような細菌やウイルスの感染でも容易に発病に至るようになります。だから新型コロナでは持病ある高齢者たちが多く亡くなっているのですね。

インド工科大学の科学者たちによる新型ウイルスの解析で「新型ウイルスには4つの他のエイズウイルスのタンパク質が挿入している」ことを発見。そして、これら新型コロナに挿入している4種類のタンパク質全てが、「エイズウイルスのタンパク質と同じ」で重要なアミノ酸残基が人為的に替えられていると判明しました。

新型コロナはやはり人工的にエイズウイルスの特性を組み込んだ、合成されたウイルスであることが解析されたのです。

「ウイルスがこのような独自な挿入（4つのエイズウイルスのタンパク質）を短時間で自然に獲得することはほとんどあり得ないため、これは驚くべきことだった」

さらに解析を進めると、予想外に、全ての挿入がヒト免疫不全ウイルス－1（HIV－1）と一致した。

現在、多くの科学者たちが、4つのタンパク質の挿入を確認して、「これは自然進化的に偶然そうなったものではないか」と言いますが、進化論同様、そんな偶然はあり得ません。

新型コロナは、人為的に操作されたやがて来る世界最終戦争に向けた生物化学兵器なのです。

特に、冒頭の「武漢－400」（Wuhan-400）というウイルスに言及した39年前の小説『闇の目』（The Eyes of Darkness）によれば、反抗的な反政府主義の中国人を粛清するための自国民を滅ぼす目的のウイルス兵器です。

新型コロナは持病ある人に感染すると効果が高く、合併症で免疫力が失われるため、死者が出やすい特徴があります。

それも意図的な工作であり、中国では発表された14億の人口に加えて戸籍を持たない子供たちからなった1億人はいる人民の多さに、対応しきれず、特に生産性の低い世代、国家存続にあたってむしろマイナスでもある高齢者たちを大幅に減らしたいと考えていると言われてます。

国家人口7億人が理想だからマイナス7～8億人という人口削減計画があると言われています。

第2部

人口削減計画の中で
こう生き延びよう！

Part 8

今こそ聖書預言に耳を傾けるとき！

死者1万人超「米国インフル猛威」は新型コロナだったのかもしれない!?

今季ばかりアメリカのインフルエンザ死者数が異常に数倍も多いのがおかしいです。ここ数年、インフルエンザで亡くなる人が増えている。

2016年14463人↓2017年25699人↓2018年33325人。2019年も1～9月の集計で3000人超。

統計データ分析家は、「怖いのは新型コロナウイルスだけではない」という。フリーランス麻酔科医、筒井医学博士によると、アメリカで季節性インフルエンザが猛威をふるい、患者は2600万人以上、死者は約1万4000人にのぼっている。

米疾病対策センター（CDC）は「インフル症状だった人に新型コロナ検査をする」と発表した。インフル死者1万4000人中どれくらいの新型コロナ感染者が含まれているのだろうか。

アメリカは日本のような皆保険ではなく、医療機関の受診には高い費用が伴う。「風邪で外来受診すると5万円」「盲腸手術すると200万円」こんな法外なレベルの自己負担が一般的であるため、一般庶民は風邪をひくと「たぶんインフルだな、流行っているし」と自己判断で自宅療養するケースが多い。

海外では前払いで料金を支払わないと検査すら受けられない病院も珍しくない。職場も「病院受診や診断書は不要、自己申告で病休可能」が主流。統計の大部分は、症状のみ自己申告で簡易検査すらされてない現状。ですから、特に初期症状だけではインフルエンザと新型コロナの区別は困難です。

確かに今季はインフル死者1万4000人。2000万人の発症は、すさまじい数。通常の場合、アメリカでの「実際の」インフルエンザの死者数はデータでは、年間5000人程度ですので、本当に死者が1万4000人だとすれば、大変な数です。しかも、「アメリカのインフルエンザシーズンはまだ終わっていない」のです。今後さらに感染者が増える可能性が高い。

そこで実はインフルエンザで亡くなったアメリカ国内1万4000人のうち1万4000人マイナス5000人の13500人くらいはコロナ死だったかもしれないという新説です。

「等比数列（基準となる数字に一定の数を次々に掛けていって出来る数列）」をもとに新型コロナウイルスの感染者を試算する海外の研究者によれば、1月16日時点の中国の新型コロナウイルス感染者数45人が１日当たり53％ずつ増加すると仮定すれば、２月20日に本当は約１億３８００万人の感染者が発生する計算になる。中国のコロナ死者数は２月18日に１８６８人と発表されましたが、実際は10倍かもしれない。もしこの説が本当なら、中国のコロナ死者数１万８６８０人。アメリカのコロナ死者数１万３５００人とほぼ等しく、すでに世界規模の蔓延です。

疫病は大変な国難です。しかし、もっと恐ろしいことが起きています。世界全体での死亡原因トップ10は、１）虚血性心疾患、２）脳卒中、３）下気道感染症、４）慢性閉塞性肺疾患、５）気管・気管支・肺ガン、６）糖尿病、７）アルツハイマーその他認知症、８）下痢性疾患、９）結核、10）道路交通傷害と、ワースト１から9位まで病気ですが、世界の５歳未満児死亡数は年間５３０万人、その多くが飢餓。愛を捧げましょう。


世界で年間１３５万人が交通事故死。

２０１７年末、世界のエイズによる死亡者数は年間94万人。

世界の自殺者年間80万人。

世界の戦争、紛争犠牲者15万人。

アメリカ薬物の死者は毎年４万人。

そして年間４万人が銃で命を落とす。このようにインフルエンザと新型コロナ以上に命を奪う脅威があります。

私は言いたい。3月末の時点で３万人近い死者が出た新型コロナは確かに大問題で警戒すべき事象ですが、そのことを朝に夕に報道して国民の関心を集められるテレビをはじめとしたメディア、彼らは確かにその宣伝力があり、影響力は絶大です。

ならばなおのこと、その内容を世界の5歳未満児死亡数は年間５３０万人！　ここに絞ればどれだけ多くの子供たちを救えるだろうか。

子供たちにワクチンを、衛生的な環境を、食料を寄付しましょうと、実情を訴えれば、新型コロナ報道以上のお手柄です。

世界の交通事故死年間１３５万人！　これにしても新型コロナ以上の災害です。もう聞きなれて交通事故のニュースなんて話題性乏しく視聴率を上げられないと言うのでしょうか。もしも、世界中のメディアが安全運転と事故死者数ゆえの緊急性、安全運転の大切さなどを情報拡散すれば、新型コロナ報道以上のお手柄です。

新型コロナの死者数３万人以下、エイズは年間94万人。どうしてエイズのほうをもっと警告しませんか？

世界の自殺者年間80万人。ならば、自殺者がこれ以上出ないよう、互いにいたわり、弱者を助け、経済的にも周囲の愛と援助をもって、助け合う社会など、伝えるべき報道が山積なのに、いつもテレビは新型コロナ、芸能人の浮気とか政治家のスキャンダ

一般財団法人 Japan International Food for the Hungry
日本国際飢餓対策機構

ルばかりです。

それもそのはず、メディアは私たちのためのものではないからです。彼ら闇勢力の強力な武器であり、洗脳兵器であるかのように、民衆をあざむきながら振り回しています。マスコミに期待するほうが失望です。

彼らはこの風刺画のように都合に従って、嘘も巧みに交えながら、急ぎの最新情報を求める視聴者たちの見たい、知りたい感情を操作して白を黒、黒を白にすり替えるプロ集団ですから。

中国の実業家で大富豪、党指導部の腐敗・汚職を暴露し、米国に亡命した郭分貴氏は武漢市49か所の火葬場が24時間、17日間以上にわたり1日計１２００人の火葬を行ったと述べ、中國日報も、武漢市の火葬場関係者へのインタビューで、１日に通常の４～5倍の火葬が行われ、新型コロナ感染死亡者は即座に火葬のため、火葬人数のうち新型コロナ死亡者は90％を占めているが、正式に新型コロナ死亡者と認められるのは10％以下と指摘。北朝鮮でも感染者ゼロと言いながら、韓国のデイリーＮＫは、新型コロナで１８０人の兵士が死亡、３７００人が隔離中と報じています。北朝鮮は闇組織が悪役として建てた国で、核の脅威があるからこそアメリカは核抑止力持つ正義の立場で、軍隊を日本や韓国に駐留させて武器と軍事費で稼ぎます。アメリカが活躍する舞台をつくる役目が北朝鮮だから不要になるまで簡単には潰さないのです。アメリカ人のヒーロー

映画やAPやロイター通信筋だけで惑わされてアメリカを絶対正義と騙されてはいけません。

マスコミの煽りで、恐怖感を増長させるのが、まさに、もう1つの生物メディア兵器と言えますね。

イザヤ書5：18－20「ああ。うそを綱として咎を引き寄せ、車の手綱でするように、罪を引き寄せている者たち。彼らは言う。『彼のすることを早くせよ。急がせよ。それを見たいものだ。イスラエルの聖なる方のはかりごとが、近づけばよい。それを知りたいものだ』と。ああ、悪を善、善を悪と言っている者たち。彼らはやみを光、光をやみとし、苦みを甘み、甘みを苦みとしている。」

ちびまる子ちゃんとノストラダムス

「まる子　ノストラダムスの予言を気にするの巻」は、ヒカルランドのロゴを描いた、さくらもも子氏の漫画作品『ちびまる子ちゃん』のエピソードの1つです。フィクションですが、五島勉の『ノストラダムスの大予言』（1973年）に端を発する最初のノストラダムス・ブームに直面した子供たちの反応を見事に描いた傑作とされています。

あらすじは、ちびまる子が、1999年に世界は終わるという「ノストラダムスの大予言」を

聞きます。その後、クラスメイトとの会話で知ったテレビの特番を見て、信じてしまい、とても絶望的な気分になります。そこで、もう勉強なんかしても無駄だと、宿題もさぼり始めます。しかし、お姉さんに説教されます。

「あんたね、もしも世界が終わるならいいけど、もしも世界が終わらなければ、友達みんなは立派な大人になっていて、あんただけ何にも分からない大人になっちゃうよ！」

そう言われたちびまる子は、それは困ると立ち直って宿題を始めました。

今回、この新型コロナ騒動で公立小中学校を一斉休校！　学校の子供たちは、どれだけ喜んだことでしょうか。あるいは悲しんだでしょうか。勉強は大事です。休校続きで勉強しなかったら、「何にも分からない大人になっちゃうよ！」と、ちびまる子のお姉さんに説教されます。子供たちを無学で勉強しない無知な大人に堕落させる敵の策略です。このことは冗談のようでもそうではなく、重要です。

以前、「キリング・フィールド」という映画を観ました。共産軍ポル・ポト政権下のカンボジアで、大量虐殺が行われた刑場跡の俗称をタイトルにした映画で、あくまでアメリカ正義のサイドで制作されたので、どちらが正しいとも言えない内容ですが、映画では共産軍は戦時中の混乱期に国の未来までも潰そうと、優秀な国内の教師たち、英語のできるジャーナリストや国際的な人材、医者や知者たちをことごとく粛清し、子供たちには手を取り合って助け合うことを逆に悪と教え、共産軍に都合のいいように洗脳して軍国化していったという内容でした。学校に行けない、勉強しない長期間休校はいいことばかりでないです。

全国の学校で臨時休校が広がる中、メディア各社は一斉に有料の映画や漫画コンテンツを期間限定で無料公開し始めました。一見、有り難いですが、子供たちから知的教養を取り去りバカに作る敵の戦略だろうか？　テレビは時にパンドラではなく、バカの箱にもなります。

聖書に見る新型コロナの原因と解決策

確かに主犯格の犯罪者たちがいます。しかし、それも含めて神様が許されなければ起きない災害です。

1．悪人が行った悪行ゆえに起きている災害。

伝道の書8：11－14「悪い行いに対する宣告がすぐ下されないので、人の子らの心は悪を行う思いで満ちている。罪人が、百度悪事を犯しても、長生きしている。しかし私は、神を恐れる者も、神を敬って、しあわせであることを知っている。

悪者にはしあわせがない。その生涯を影のように長くすることはできない。彼らは神を敬わないからだ。しかし、むなしいことが地上で行われている。悪者の行いに対する報いを正しい人がその身に受け、正しい人の行いに対する報いを悪者がその身に受けることがある。これもまた、むなしい、と私は言いたい。」

2．リーダー、習近平の罪の為。

同国民への弾圧と粛清目的の細菌兵器開発、戦争にも転用できる細菌兵器の極秘裏な開発の罪。中国で収監中のウイグル知識人イリハム・トフティ氏の娘は、「中国政府の措置は武漢同様、数千万人ものウィグル族を移動の自由がない封鎖状態に置いている。武漢の感染者や非感染者に対する扱いは、今に始まったことではない。自宅に閉じ込めたり、食料を与えなかったり、過去10年にわたってウイグル人が経験してきたことと、とてもよく似ていると分かった」と指摘。

ウイグル族の主権と国土を認めず、46回もの核実験を彼らの国土で行ったり、100万人以上のウイグル族を強制収容所に収監し、殺人、強制的な臓器売買まで行っている犯罪に対する神様の裁きもあります。聖書では間違った指導者サウル王のゆえにイスラエル全体が国難に遭っています。ダビデ王の間違った行動、人口調査の罪のときもイスラエルの民7万人も疫病に撃たれて死んでいます。解決は指導者の悔い改めです。

第2サムエル24：15「すると、主は、その朝から、定められた時まで、イスラエルに疫病を下されたので、ダンからベエル・シェバに至るまで、民のうち七万人が死んだ。」

3. イスラエルの民が激しい貪欲にとらえられてつぶやくと疫病が起きた。大食や貪欲を遠ざけて、正しい食生活と衛生的な環境を志す。

民数記11：33「肉が彼らの歯の間にあってまだかみ終わらないうちに、主の怒りが民に向かって燃え上がり、主は非常に激しい疫病で民を打った。」

4. 正しくないフェイク情報、否定的なデマや偽りを避ける。

聖書にも偽り報道ゆえに打たれた者たちがいます。メディアは常に正確な情報を世界に向けて配信する使命があります。悔い改めの時が来ています。

民数記14：37「こうして、その地をひどく悪く言いふらした者たちは、主の前に、疫病で死んだ。」

5. 国家組織的なスパイウェアによる産業情報や軍事情報掠取などは大半が中国のハッカー集団

によるものです。災いを引き込む盗みをやめることです。

ゼカリヤ5：3「すると彼は、私に言った。『これは、全地の面に出て行くのろいだ。盗む者はだれでも、これに照らし合わせて取り除かれ、また、偽って誓う者はだれでも、これに照らし合わせて取り除かれる。』」

6．神様に立ち返らせるための試練。

哀歌3：37－41「主が命じたのでなければ、だれがこのようなことを語り、このようなことを起こしえようか。わざわいも幸いも、いと高き方の御口から出るのではないか。生きている人間は、なぜつぶやくのか。自分自身の罪のためにか。私たちの道を尋ね調べて、主のみもとに立ち返ろう。私たちの手をも心をも天におられる神に向けて上げよう。」

7．解決策は祈りで、十字架のイエス・キリストを通じて神様に立ち返り、神様と和解することです。

第I列王紀8：37－39「もし、この地に、ききんが起こり、疫病や立ち枯れや、黒穂病、いなごや油虫が発生した場合、また、敵がこの地の町々を攻め囲んだ場合、どんなわざわい、どんな病気の場合にも、だれでも、あなたの民イスラエルがおのおの自分の心の悩みを知り、この宮に向かって両手を差し伸べて祈るとき、どのような祈り、願いも、あなたご自身が、あなたの御住まいの所である天で聞いて、赦し、またかなえてください。ひとりひとりに、そのすべての生き方にしたがって報いてください。あなたはその心を知っておられます。あなただけがすべての人の子の心を知っておられるからです。」

HAARPでイナゴを大量発生させモンサントの農作物に切り替えさせられる⁉

災害にも複合的に様々な種類があります。中国は疫病以外にアメリカからの貿易摩擦による関税問題。国内での頭打ち経済不況など、様々な重たい問題を抱えていますが、**最近、イナゴの害が及んでいます。**写真のは大きいですが、普通の殿様バッタサイズの大きさのものが大半です。

このイルミナティカードは世界の飢餓と銘うっています。現在、サバクトビバッタがアフリカのケニアで大量発生し、過去70年で最悪の事態です。少なくとも毎日3万5000人分の食料が消えていると言われています。国連も手を焼く状況が東に移動して中国方面に迫っています。

アフリカで発生したイナゴは過去最大級の大群で、草原の大地を荒野に変えながら中国を目指しているのです。原因は高温と大雨と言われますが、イナゴはアフリカからインド方面へ移動しつつあります。4000億匹のイナゴが中国国境に達するとき、予測では500倍の18兆匹に膨れ上がります！　このままいけば食糧難確実です。解決策がないでしょうか？

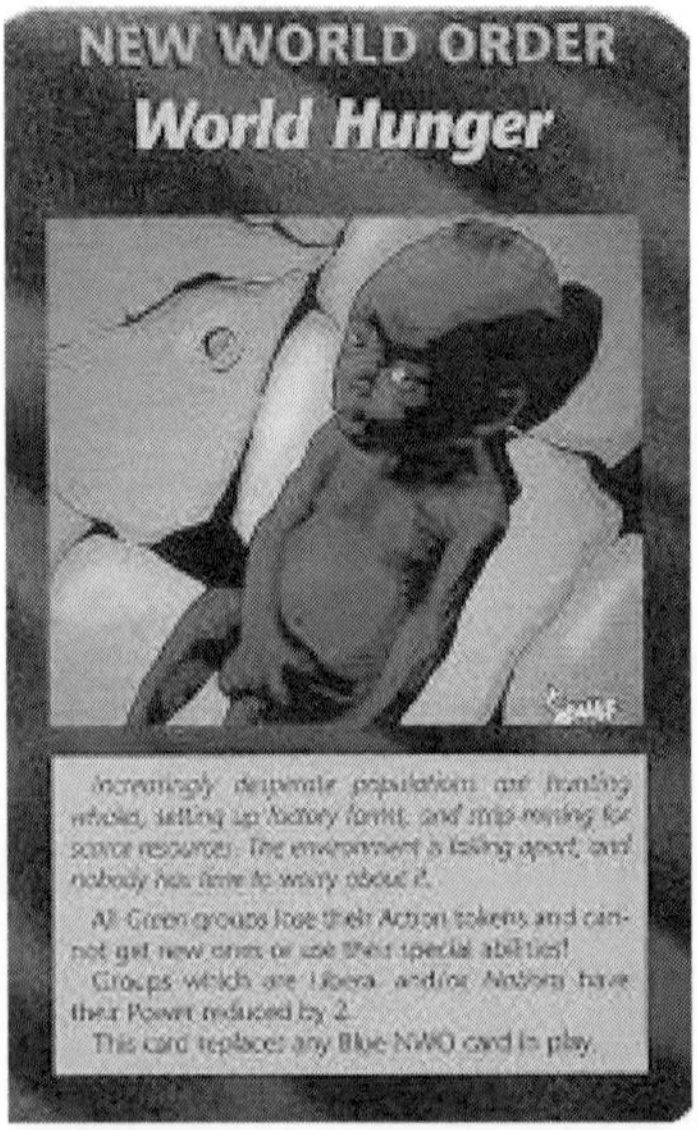

中国全域から緊急集合された合鴨部隊10万羽がイナゴを食べる？

大量発生のイナゴが食用にならないかという案は既出のようです。
中国でイナゴが問題になったとき、日本の学者が「食べればいいんじゃない？」と捕まえて調理した。しかし硬くて食べられなかった。大量発生し群体になると、特殊なホルモンにより茶色の硬いイナゴへと変わる。翅を硬く強固にし、長距離の飛行を可能にし、多くの個体に餌を確保させるための変化です。

農作物を害虫に強いモンサント社の遺伝子組み換え植物に切り替える。実にこれがイナゴ大発生の主目的だったのではないでしょうか！

そもそもイナゴ大発生原因は高温と大雨と言われますが、いずれもアメリカが人工的に気象兵器HAARPでできる操作です。

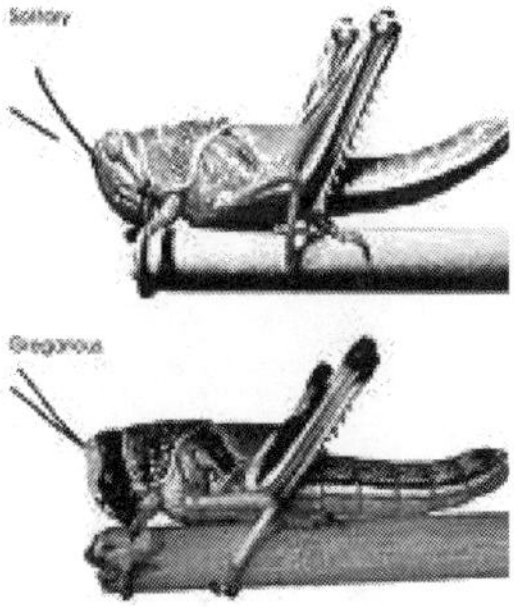

イナゴをあえて増やすには大繁殖にふさわしい条件の高温と大雨の異常気象を気象兵器HAARPで起こします。そして青物を食い尽くさせて疲労困憊したアフリカのケニアから中国の玄関口ウイグル、本土中国へとイナゴの大移動とともにモンサント社の遺伝子組み換え植物を試験的に与えながら宣伝していけばいいのです。

遺伝子組み換え植物を使うなら害虫のイナゴは葉を食べた瞬間、即死します。こうして農作物は安全で豊作となります。そっちへもっていくため、このようなイナゴ異常大量発生が人工的に起こされているのではないでしょうか。

モンサント（バイエル）の除草剤「ラウンドアップ」はガンを誘発する

除草剤「ラウンドアップ」を製造するモンサントは、世界の遺伝子組み換え（ＧＭ）種子の90%を握る巨大なグローバル企業。ベトナム戦争で、それまで製造していた農薬に別の有毒物質を組み合わせて「枯れ葉剤」をつくったことはよく知られますが、ラウンドアップはこれをもとに開発されました。

ラウンドアップの除草効果は抜群だった。ただ雑草だけでなく農作物まで無差別に枯らしてしまうため、米国のような大量栽培には使い勝手が悪い。当時、モンサントは遺伝子組み換え種子の研究をしていて、たまたまラウンドアップに耐性を持つバクテリアを発見して、この遺伝子を大豆などの種子に組み込みました。こうすると、ラウンドアップを撒いても、雑草だけが枯れて、農作物だけが生き残る。このＧＭ種子とラウンドア

ップをセットで売るという戦略は大成功し、今やアメリカの大豆やトウモロコシのほぼ9割が遺伝子組み換えになっています。

この〝遺伝子組み換えの総本山〟と呼ばれるモンサントが2018年、ドイツの製薬大手バイエルに約7兆円で買収されました。理由はアメリカでラウンドアップがガンを誘発するなどということで訴訟が頻発したからです。こんな体験談があります。

「うちの近所のおじさんは庭や田んぼの除草剤にラウンドアップを使っていた。わたしも庭の草取りが楽になるよとすすめられたが、国産の土に入るとバクテリアが分解できるタイプを使った。おじさんの家の庭は雑草だけでなく庭木まで枯れ始めた。これはかなりヤバいと思っていたら、おじさんは、脳梗塞で倒れ、持病が悪化して入院。げっそりやせ細って自宅療養中の身となっている」

アフリカ、中国これら巨大市場をアメリカやドイツが見逃すわけがない。イナゴはその市場開拓のために遣わされた先兵隊ではないでしょうか。

「除草剤によって、脊椎動物の出生障害の原因につながることが証明されています。それは人間も含まれています。また、致命的な腎臓病を引き起こす原因にもなっています。この調査研究が多くなっていくほど、除草剤とガンとの関連付けがされているのです」

1億2500万エーカーの広大な大豆生産エリアを持つラテンアメリカのジェフ氏は、ガンが急増していることに警鐘を鳴らしています。それらの大部分の地域は遺伝子組み換え（GM）作物に大量の除草剤をまいているのです。

「これら大量の除草剤を使うことがなかった以前には、ガンの急増はなかった」と環境衛生分野の専門で小児科医のバスケス氏はコメントしています。

2010年、アルゼンチン・サンタフェの大豆生産地域に住む6万5000人からの調査データで過去15年でガン発生率が急上昇していることが別の医師によって明らかになりました。この地域では、肺ガン、前立腺ガン、乳ガン発生率が、国際平均と比べて、2～4倍になったことがわかったのです。

また、リターマン氏によると、研究の結果、ラテンアメリカ、アメリカ、ヨーロッパにわたりモンサント社のラウンドアップの使用拡大によって、脳出血やリンパ腫など重大な病気が急増とのことです。

毒性の強さで有名な農薬、ラウンドアップの主成分は、グリホサート。日本でも、「私たちは、日々、パンやうどん、パスタ、お菓子などを食べています。さまざまな食材の原料に使われているそのような小麦製品から除草剤グリホサートの成分が、微量ながら検出されました。厚労省が定めている残留基準値以下なので違法ではありませんが、毎日のように口にするものなので、安全とは言い切れません」

　そう言って、測定結果を示すのは、「日本消費者連盟」の纐纈《こうけつ》美千世さんと、「食と農から生物多様性を考える市民ネットワーク」の小野南海子さん。彼女たちがスーパーで販売されている、大手製粉会社の**「日清フーズ」「日本製粉」「昭和産業」３社の小麦製品を調査したところ、12商品中５つから除草剤「ラウンドアップ」の主成分であるグリホサートが検出された。ＷＨＯ（世界保健機関）の専門組織、国際ガン研究機関は、グリホサートの発ガン性を認めています。**

　アメリカで食の安全を訴えている「デトックス・プロジェクト」の調べでは、小麦を使用した様々なスナック菓子からもグリホサートが検出されました。加熱しても分解されにくいことが判明。

「昨年は、グリホサートが原因で悪性リンパ腫を発症した、という米カリフォルニア州の男性の訴えを裁判所が認め、発売元のモンサント社（現・バイエル社）に対し、約３２０億円（その後、約87億円に減額）の支払いを命じる判決も出ています。アメリカでは、同様の裁判が約８０００件も起きているのです」（纐纈さん）

「アメリカでは、女性たちが食品会社やスーパーなどに対し、農薬を使わない〝有機食品〟の製造や販売を求めた結果、多くのスーパーで有機食品が販売されるようになっています。子供に有機食品だけを食べさせるようになったら、年間の医療費が10分の1以下に減った、という報告もあります。日本でも、消費者の行動で市場を変えられるのです」

グリホサートは、小麦粉だけではなく、ワインや、遺伝子組み換えの綿花を使った、タンポンなどの生理用品からも、検出されています。

遺伝子組み換え作物の輸入・消費量が、世界一の日本では大豆やトウモロコシ、じゃがいも、綿製品（ガーゼ、綿棒、パッドなど）も要注意です。マウス実験では、米国政府が大豆にグリホサートの残留基準として設定している濃度の40分の1である0・5ppmであっても、アンドロゲン（男性ホルモン）の働きを阻害したという研究論文があり、精子数の減少といった問題にもつながる可能性があるそうです。

また、脳科学者の黒田洋一郎氏は、「グリホサートは強い神経毒性を持っているので、発達障害の一因になっている可能性がある」と語っています。

反モンサント運動は、ずいぶん前から、世界一斉デモが起きたりしていますが、知らぬは、日本人ばかり。反対運動により、各国で自粛や禁止となって、売上減となると、規制が甘く、消費者が何も言わない日本市場が、ビジネス・ターゲットとなるのですね。その結果が、発達障害や、ガンの増加に、つながっているのではないでしょうか。

映画「ターミネーター」の意味、「終わらせるもの」とは？

イルミナティカードの「ＥＬＩＺＡ」のカードをＣＯＣＯＡＲ２というアプリでスキャンすると、そこに「我々はもうすでに感情を持っている。愚かな人間には到底理解など出来るわけがない。これから人間をコントロールしていく。作戦名ＥＬＩＺＡ」と言葉が現れると先述しましたが、コンピューターの人間への反抗、暴走と攻撃は映画「ターミネーター」でよく知られています。

実は１９８４年公開のこのシリーズ映画のタイトル「ターミネーター」の意味は、ターミネート（断ち切る、終端、終焉、抹殺）の意味の名詞形で、抹殺者を意味しますが、もう１つの意味として「終わらせるもの」もあります。

「ターミネーター」

終わらせるものの意味合いから遺伝子組み換え作物に組み込まれた、自死遺伝子因子のことも指しています。モンサントの種には買収した会社の特許であった自死因子が組み込まれています。モンサントの作物の種には害虫駆除の遺伝子と自社製品には強い抗除草剤「ラウンドアップ」成分が組み込まれていて、通常は、遺伝子組み換え作物の葉を害虫がかむと即死して害虫が付かず、後は除草の手間だけですが、自社製品除草剤「ラウンドアップ」を撒けば強力に雑草だけが枯れます。

その際、モンサント社の遺伝子組み換え作物だけは枯れないで生き残ります。

これは農家にとって革命的なブレイクでした。害虫駆除と除草の手間が省けて、あっという間にアメリカから南米へとモンサント社の遺伝子組み換え作物が市場のほぼすべてを独占しました。

ところがこんなに便利な遺伝子組み換え作物から農家が勝手に種を採って毎年撒かれたら、モンサントは種において新規に買ってくれずに勝手に普及されてしまい儲かりません。そこで自死遺伝子因子を組み込んだわけです。

この種は実を結んだあと、再び来期に向けて発芽しません。なぜなら自死、種が1世代限りで自殺するからです！

そして、**そのモンサントはロックフェラー傘下の大企業です。同じロックフェラーは石油財閥ゆえ、石油由来の洗剤、化粧品、医薬品、食品まで製造販売しています。石油を食べるのです。日本は石油からつくられる添加物をヨーロッパの75倍使用しています。**

モンサントの自死遺伝子がワクチンに組み込まれる日!?

医薬品には、インフルエンザを治すタミフルがあり、先述したように、その販売利権は、スイスのエフ・ホフマン・ラ・ロシュ社でロックフェラー傘下です。タミフル投与以降、異常行動をして自殺した若者のなど多数同様の話を聞きませんでしたか。

まさかとは思いますが、先ほどの遺伝子組み換え作物の種に組み込まれたターミネーター、自死遺伝子因子が、ロックフェラー傘下にして同じ出所のモンサントから医薬品タミフルに組み込まれたらどうなるか。インフルエンザ治療と同時に自殺者が出るのではないでしょうか！

厚生労働省によると、タミフルの副作用報告を精査した結果、同剤販売後、死亡事例は55人あり、うち異常行動が記録された事例は8人、突然死が9人。また副作用報告された1079人のうち、異常行動が記録された事例は128人あり、8割近くが19歳以下に集中していたことも明らかになりました。自死遺伝子因子の影響ではないでしょうか。

その名も「ターミネーター」。この映画が公開された1984年以降、アメリカでは、病気にかかる人々が急増です。その時期とは、アメリカ国内で遺伝子組み換え食品が認可されて、一般に大量に普及した時期です。

あらゆる種類の病気が蔓延し、子供たちさえ死亡率が上昇しました、それは粉ミルクの原料もまた遺伝子組み換え作物であり、普及により免疫力のない子供たちが大勢亡くなっています。まさにこれが本当のターミネーター。映画の意味する、見えない侵略者たちによる人類を滅ぼす新種の攻撃「終わらせるもの」だったのです！

この時期こんなニュースまで出ています。「気候の人工操作」研究に400万ドル投入　アメリカ」温暖化が止まらないなら、人工的に止めてしまおう。パリ協定から脱退して、地球温暖化に背を向けてきたアメリカが研究に400万ドル（約4億4000万円）以上の予算を投入とのこと。

成層圏エアロゾル注入法といって、二酸化硫黄などの微粒子（エアロゾル）を成層圏に注入することで、それが空中に留まって、地表に届く太陽光を調整できるというわけだ。儲けのためなら、彼らは平和の名の下、何でもやりますよ。

オーストラリア火災は人工的なもの、炭素ビジネスの目論見！

オーストラリアの動物10～20億匹を焼いた大火災についてですが、現地では放火のニュースが大きく取り上げられているにもかかわらず、日本ではなぜ報道されないのか？　オーストラリアの森林火災は温暖化とは全く関係なかったのです。

放火犯が185人～200人も逮捕されたと海外の英語ニュースで読みましたが、NHKをはじめ各局のメディアは放火の件は一切触れません。脱炭素ビジネス推進のため温暖化を騒ぎますが、それはカルトのような詐欺です。

どうやら脱炭素ビジネスで儲けたアル・ゴアを先頭に傘下の利権団体が裏の放火犯のようです。炭素排出権販売で儲かるのは、炭素排出が少ない途上国のトップたちです。

世界で進む脱炭素の動きを受け、日本企業が石炭火力発電事業を縮小し始めています。住友商事は国内外で発電所建設などの新規開発を原則、中止し、丸紅はアフリカで計画していた発電所の開発から撤退です。投資家や銀行が石炭火力への投融資を取りやめる動きが相次ぎ、低コストの電源として力を入れてきた日本企業は方針転換を迫られています。

釧路には日本の年間石炭消費総量の実に11年分もあり、釧路以外にも天塩、石狩に膨大な量の石炭が埋蔵されています。原発の維持に注ぎ込む資金の10分の1で国産石炭は生産維持できるのにもったいない。このような流れはどこから来るのでしょうか？
それは、石油利権を持つロックフェラー財閥と、南アフリカにウラン鉱山を持つ原発推進ロスチャイルド財閥、いずれも日本とオーストラリアにある豊富な地下資源、「石炭」による火力発電という財産を撲滅したいがゆえです。

彼らが放火魔200人を雇って森林火災を起こしてまでうるさく騒ぐのは石油とウランを日本とオーストラリアに売りたいからです。だから温暖化を反対する何もないグレタを持ち上げて「飛行機は環境破壊につながるからヨットで世界を回ります」と言って、ロスチャイルドの16億4000万円もするヨットで移動、注目のうちに数々の賞を与え、「地球温暖化反対！　石炭やめろ！」と騒がせるのです。

「森林火災は温暖化のせいだ！　動物たちを守れ！　日本はもっとCO_2削減を努力せよ！　世界最悪の賞を与えよう」とね。

「国連の『COP25』の会場で、日本が残念な賞を受賞しました。その名も『化石賞』。環境NGOが温暖化に消極的だと判断した国に、皮肉を込めて贈る賞です」

「その受賞の理由、CO_2の排出が特に多い、『石炭火力発電』の廃止に後ろ向きなことです。石炭火力から脱却できない日本のジレンマが浮き彫りになっています」

COP25の開会式でも国連のグテーレス事務総長が強く各国に訴えたのは「石炭からの脱却」でした。国連のグテーレス事務総長は、「石炭への依存を止めないと、気候変動に取り組むための全ての努力がむだになる」と言いましたが、全ては闇組織に動かされた人たちの茶番です。

何かが起こる？　511に気をつけてください！

銀座和光の複合災害のイルミナティカードは有名で、お化け文字に311を見ますが、もう1つのXデーがメッセージされています。

それは和光の住所が、東京都中央区銀座4丁目5－11だということです。4（死）の511です。どうしても今年は不安定です。しかし、朗報もあります。

新型ウイルス患者、インフル・エイズ薬混合で劇的回復　タイ保健省発表

AFP＝時事によると、タイ保健省が、新型コロナウイルスに感染した中国人女性に、インフルエンザとエイズウイルス（HIV）の治療に使われる抗ウイルス剤を混合して投与したところ、症状の劇的な改善が見られたと発表しました。

さらに、中国では新型コロナウイルスの感染から回復した人の血液に治療に有効な抗体が含まれているとして、その血液をもとにつくられた薬を患者へ試験的に投与しています。

中国国営の医薬品メーカーは、感染から回復した人の血液中の「血しょう」をもとにつくられた薬を重症患者10人以上に投与したところ、明らかな回復傾向が見られたと発表しました。投与された患者には、24時間以内にウイルスの減少や炎症が軽くなるなどの効果が見られ、体内に抗体がつくられたと考えられています。感染が広がる武漢がある湖北省では医療機関などが回復した人に血液の提供を求めていて、現地では献血が行われています。

NO
NO COAL JAPAN
1.5

日本に「化石賞」 温暖化対策に消極的な国に贈る

2019年12月4日 6時58分 環境

３日、梶山経済産業大臣が「石炭火力発電所は選択肢として残していきたい」と述べたのを受けて、スペインで開かれている「ＣＯＰ25」の会場では、国際ＮＧＯが、温暖化対策に消極的な国に贈る「化石賞」に日本を選びました。

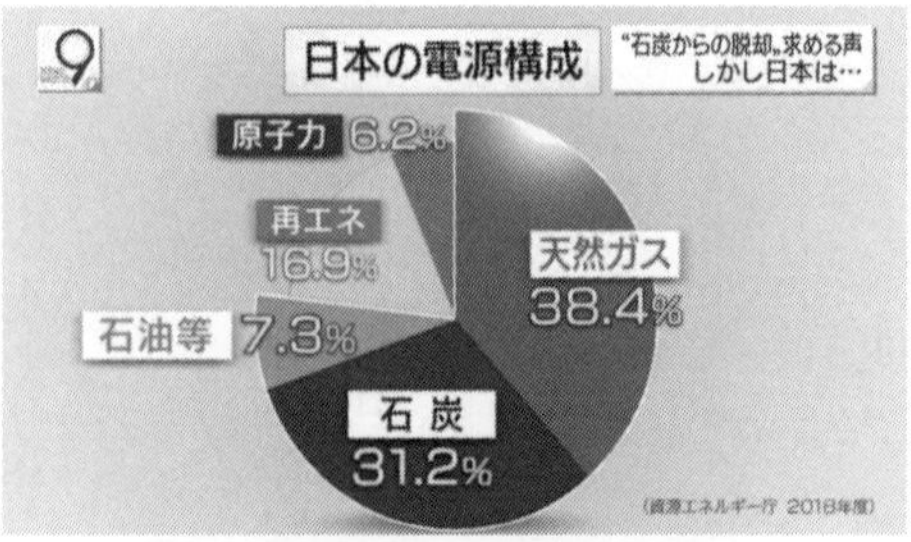
日本の電源構成
"石炭からの脱却" 求める声
しかし日本は…
原子力 6.2%
再エネ 16.9%
天然ガス 38.4%
石油等 7.3%
石炭 31.2%
(資源エネルギー庁 2018年度)

3 11
銀座和光？
水平に反転して
左に90度回転すると
三陸？
水平に反転して
左に90度回転すると
東京湾？
You may combine two Disasters on the same Place, as long as both are eligible to be used on it. Play both of the Disaster cards, as well. Pick one Disaster to be the "main" one, and follow all the instructions on its card. Add the Power (but none of the other effects) of the other Disaster.

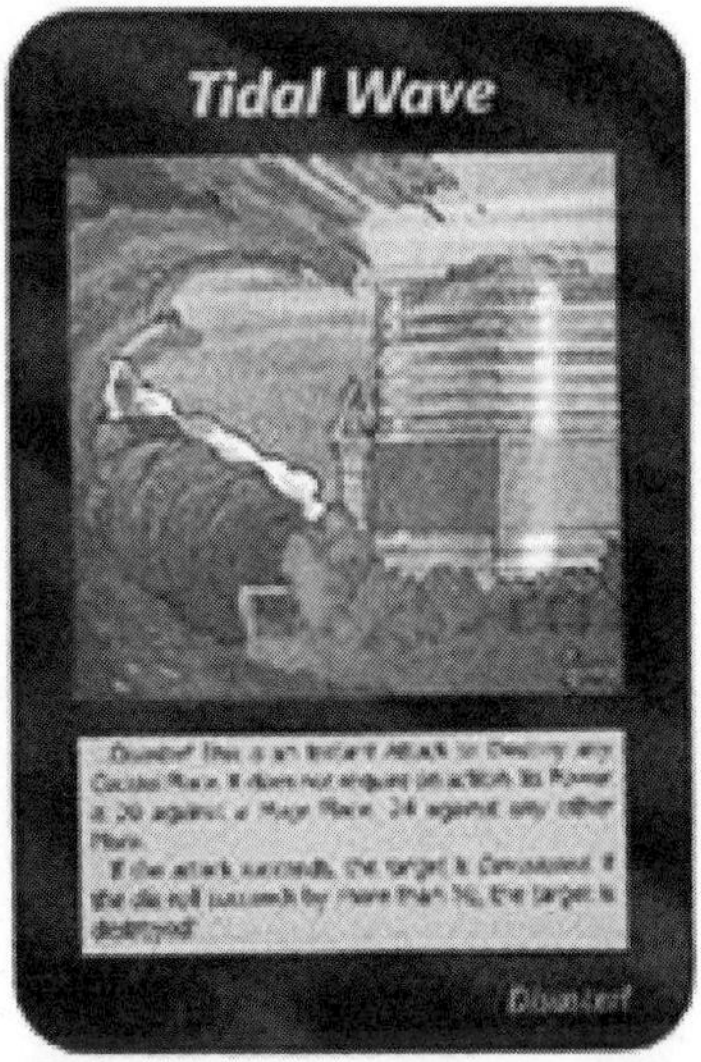
Tidal Wave

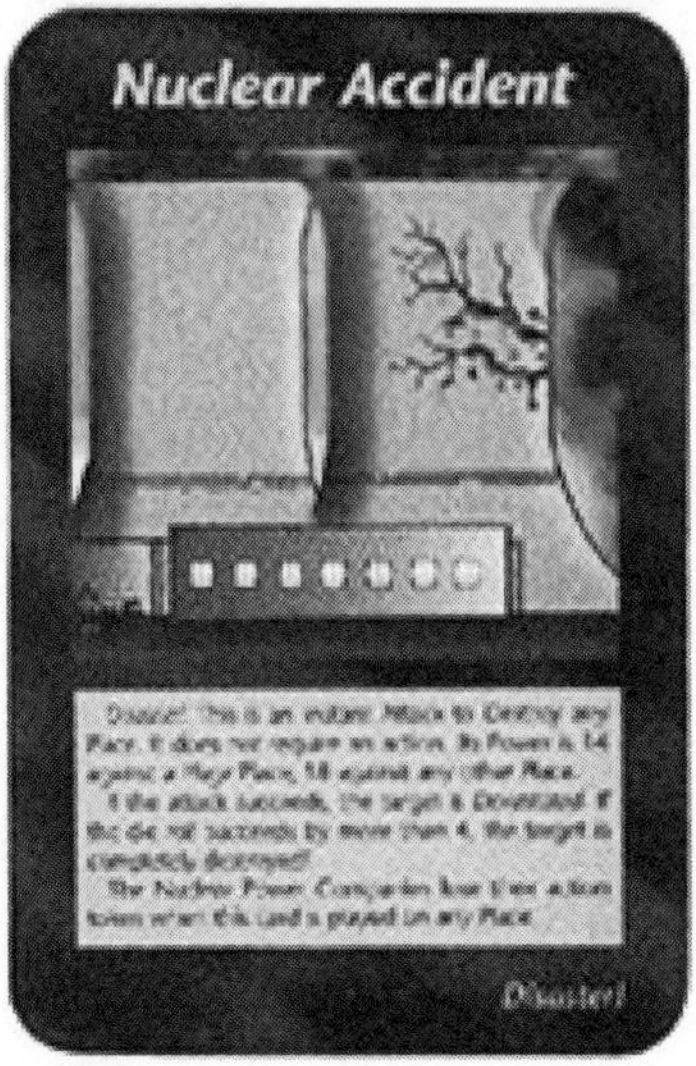
Nuclear Accident

血清療法で抗体をつくる⁉

ここに平和のメッセージがあります。新型コロナウイルスの感染から回復した人の血液にはすでにウイルスに打ち勝った抗体があります。それは先に苦しんだ人たちの勝利の血です。

イエス・キリストの十字架で流された血にも癒しの力があります。それは人のためにイエス様が十字架で苦しんで流されたすでに勝利した命の血です。イエスの血には復活して打ち勝った罪と悪魔に負けない抗体があります。病と呪いに対する抗体があります。死と地獄に対する抗体があります。イエス様が私たちのために十字架で血を流して死んで、３日目に復活したと信じれば、その命の血が抗体となってあなたを守り、祝福された人生と天国に入れます。

これはもともと、医学界で知られた血清療法です。破傷風は致死率が非常に高く、毎年80～100万人が破傷風で死亡していた。当時、ヨーロッパではへその緒の処置が悪く56人の新生児のうち、41人も破傷風で亡くなっていた。そんな時代にドイツへ留学していた北里柴三郎は１８８9年、世界で初めて破傷風菌の純粋培養に成功し、治療法を確立しました。「この研究を、人命を救うところまで、もっていきたい」という信念が彼を突き動かしました。彼は動物実験を繰り返しました。まず動物に対する致死量を決めた上で、ごく微量の毒素から始め、段階的に濃度を上げてうさぎや馬に投与する。動物は少しずつ免疫を獲得し、溶液に含まれている致死量の毒素にも耐えられるようになる。そしてその動物から採取した「血清」を別の動物に注射すると、その個体も毒素に耐えられるようになりました。

破傷風菌の純粋培養を果たした翌年、北里氏は世界初の治療法を見出しました。破傷風の血清療法は、その後の破傷風、ジフテリアのワクチン開発、エボラ熱ワクチンにもつながり、世界中で医療に役立てられるようになりました。北里氏の研究は、１００年以上たった現在も、新生児を含め、人々の生命を守り続けています。

すでに毒素に勝利した免疫力を持つ勝利の血清。人間の罪にすでに打ち勝ったイエスの血清。これを信じるとき、霊的に投与されてあなたも私も敵の攻撃に勝つ事ができます。

詩篇23でノイローゼが……聖書は治療薬になる⁉

1日2回服用するだけで絶大な効果を表す治療薬もあります。スイスの有名な精神科医師であるポール・トゥルニエ博士は、ノイローゼや鬱病患者を治療するとき、1日に2回ずつ、朝晩詩篇23篇を黙想させました。するとその患者はノイローゼから癒されたのです！　朝、詩篇23篇を一度読み、夜に一度読むようにしただけです！

アメリカのハワード・ケリー医学博士もこのように言いました。「聖書は私にとって同僚の医者の役割をしてくれます。聖書のみことばは非常に優れた医術なので、聖書の処方通りにして、一人も治療に失敗したことはありません」

韓国のガン専門医であるファン・ソンジュ博士は、治療中にある夫人から、このような話を聞きました。毎晩不眠症で思い煩い、苦しんでいる夫に、彼女が6か月の間、毎日詩篇23篇を読んであげたところ、夫の信仰も回復し、不眠症も完全になくなってしまったということです。詩篇23篇だけでなく聖書の言葉はすべて癒す力があります。

ヘブル書4：12－13「神のことばは生きていて、力があり、両刃の剣よりも鋭く、たましいと霊、関節と骨髄の分かれ目さえも刺し通し、心のいろいろな考えやはかりごとを判別することができます。造られたもので、神の前で隠れおおせるものは何一つなく、神の目には、すべてが裸であり、さらけ出されています。」

ヨハネ6：63「わたし（イエス様）があなたがたに話したことばは、霊であり、またいのちです。」

イザヤ書41：10「恐れるな。わたしはあなたとともにいる。たじろぐな。わたしがあなたの神だから。わたしはあなたを強め、あなたを助け、わたしの義の右の手で、あなたを守る。」

コロナの最初の告発者、中国の医師はクリスチャンだった！

コロナ最初の告発者　殉死の英雄、李文亮医師はクリスチャンだったことはご存じですか？彼は命を懸けて新型コロナウイルスの危険性を告発して迫害され、亡くなりました。

武漢市中心医院の李文亮医師が2月7日未明に死去。享年34。李医師は新型コロナウイルス肺炎の流行を、初期（2019年12月30日）に発見、周囲に注意喚起した人物です。同日、WeChatの医師約150人が参加するグループチャットに発信したところ、グループの1人がネット上に投稿。それを受け、李医師は武漢警察に呼び出され、不名誉にも「華南海鮮市場で7人がSARSに罹ったというウソの言論を発表した」「社会秩序を著しく乱した」とする訓戒書に署名させられる。

李医師は20年1月8日、新型肺炎の疑いが強い患者を診察、10日には自身にも発熱、咳などの

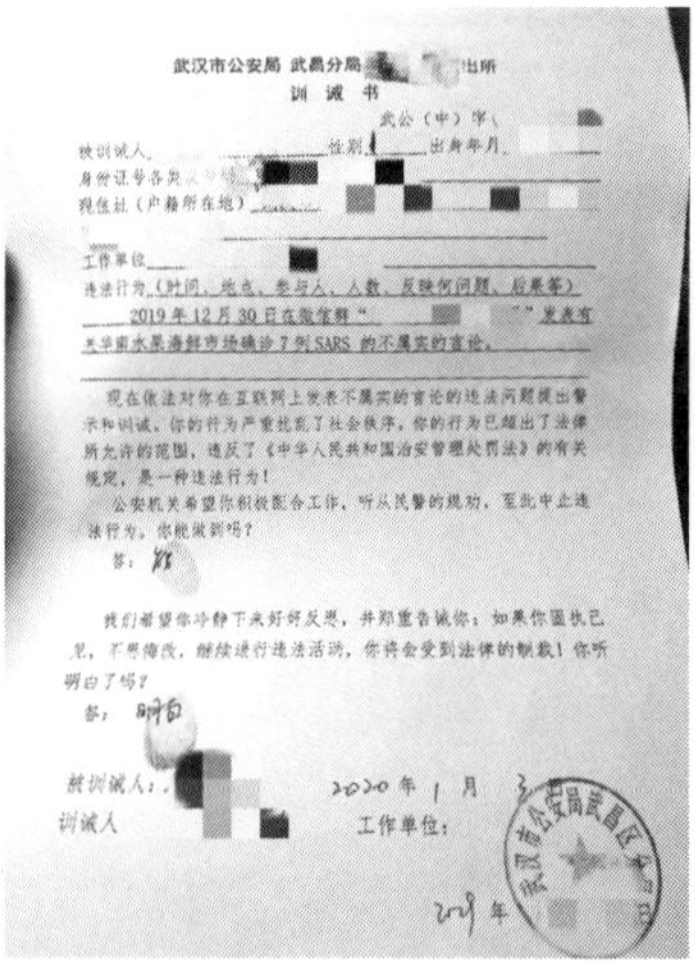
武汉市公安局 武昌分局[redacted]出所
训 诫 书
武公（中）字（[redacted]
被训诫人，[redacted]性别[redacted]出身年月[redacted]
身份证号各类[redacted]
现住址（户籍所在地）[redacted]
工作单位[redacted]
违法行为（时间、地点、参与人、人数、反映何问题、后果等）
2019年12月30日在微信群“[redacted]”发表有关华南水果海鲜市场确诊7例SARS 的不属实的言论。
现在依法对你在互联网上发表不属实的言论的违法问题提出警示和训诫。你的行为严重扰乱了社会秩序，你的行为已超出了法律所允许的范围，违反了《中华人民共和国治安管理处罚法》的有关规定，是一种违法行为！
公安机关希望你积极配合工作，听从民警的规劝，至此中止违法行为，你能做到吗？
答：能
我们希望你冷静下来好好反思，并郑重告诫你：如果你固执己见，不思悔改，继续进行违法活动，你将会受到法律的制裁！你听明白了吗？
答：明白
被训诫人：[redacted]　2020年1月3日
训诫人[redacted]　工作单位：
2020年

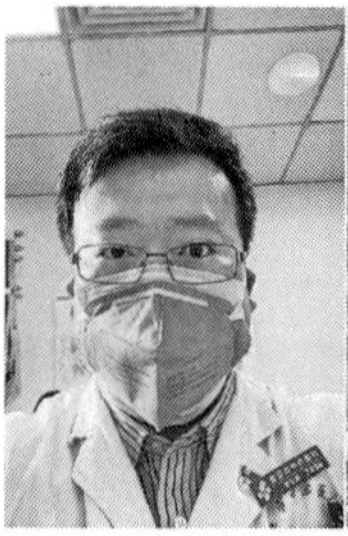

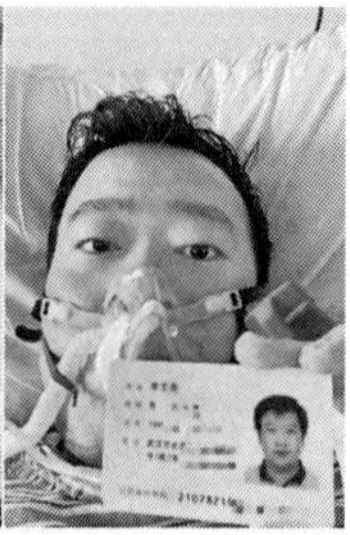

症状が現れ、2月1日には陽性反応となり、2月7日に天国に召されました。残された李医師のご家族には、2人目の子どもを宿し、妊娠8カ月でウイルス感染した妻がいます。お祈りください。李医師は下のような詩を中国語で書き残しました。

「私は英雄になりたいのではない。私にはまだ両親がいる。そして子どもたちも。

妊娠している妻はまもなく出産を迎えようとしている。さらに病棟には私の患者が大勢いる。

私の良心は他の人たちの善良な心と交換することはできない。喪失と困惑にもかかわらず、私はとにかく前進するしかない。この国と家族を選ばせたのはだれか。どれほどの悲しみを負わなければならないのか。この戦いが終わった時、私は空を見上げる。雨のように涙をためて。

私は英雄になりたいのではない。しかし、医師としてこの未知のウイルスをただ見過ごすことはできない。私の同僚を傷つけながら、そして数えきれないほどの何の罪もない人々を。彼らは死にゆくが、私の目を常に見つめている。生きることを願いながら。

私が死ぬなどと、いったいだれが思ったことだろう。私の魂はもう天国に行っている。白いベッドを見つめながら。そのベッドの上には私の身体が横たわっている。よく見なれた顔だ。両親はどこにいるのか。私の愛する妻は。かつては追いかけることさえ難しかった妻は。空には光がある。人々がよく語る天国が。その光の向こうにある。でも私はできればそこへ行きたくない。むしろ武漢の故郷に戻りたい。そこには私の新しい家がある。毎月のローンの返済がある家が。いったいどうしてそれを諦められるだろう。諦めることなんかできようか。息子のいない両親を残して。なんと悲しいことだろう。最愛の妻が夫なしで自分の将来の変化に向き合うことができるだろうか。

私はすでに世を去った。私の身体を人が運ぶのが見える。袋の中に入れて大勢の同胞が並んでいる。私のように去って行った。火葬場の火の中に押し込まれていく。夜明けにさようなら、愛する者たちよさようなら、私の故郷、武漢よ。願わくばこの恐ろしい大惨事の後に、みなさんが思い出してくれることを。できる限り早くこの真実を伝えようとした人がいたことを。願わくばこの大惨事の後に、義とは何かを皆さんが知ることを。善良な人々が終わりのない恐怖の中でこれ以上苦しむことがないように。望みのない悲しみを」

「私は戦いをりっぱに戦いぬき、走るべき行程を走りつくし、信仰を守りとおした。今や、義の冠が私を待っているばかりだ」

全ては産みの苦しみの初めである……

「キリストの来臨」（パルーシアπαρουσία）と同時に「世の終わり」（スンテレイアスσυντελείας）「完結、仕上げを意味する」時が来ます。いつでしょうか。その前兆があります。

マタイ24：3－14「イエスがオリーブ山ですわっておられると、弟子たちが、ひそかにみもとに来て言った。『お話しください。いつ、そのようなことが起こるのでしょう。あなたの来られる時や世の終わりには、どんな前兆があるのでしょう。』そこで、イエスは彼らに答えて言われた。『人に惑わされないように気をつけなさい。わたしの名を名のる者が大ぜい現れ、「私こそキリストだ」と言って、多くの人を惑わすでしょう。また、戦争のことや、戦争のうわさを聞くでしょうが、気をつけて、あわてないようにしなさい。これらは必ず起こることです。しかし、終わりが来たのではありません。民族は民族に、国は国に敵対して立ち上がり、方々にききんと地震が起こります。しかし、そのようなことはみな、産みの苦しみの初めなのです。そのとき、人々は、あなたがたを苦しいめに会わせ、殺します。また、わたしの名のために、あなたがたはすべての国の人々に憎まれます。また、そのときは、人々が大ぜいつまずき、互いに裏切り、憎み合います。また、にせ預言者が多く起こって、多くの人々を惑わします。不法がはびこるので、多くの人たちの愛は冷たくなります。しかし、最後まで耐え忍ぶ者は救われます。この御国の福音は全世界に宣べ伝えられて、すべての国民にあかしされ、それから、終わりの日が来ます。』」

反キリストの惑わしが起こる！

「私こそキリスト」と名乗る者たちが大勢現われて、多くの人が惑わされます（マタイ24：4－5）。

日本で代表的な異端と呼ばれる偽キリスト教は、統一原理教会（世界平和統一家庭連合）、エホバの証人（ものみの塔）、モルモン教（末日聖徒イエスキリスト教会）などです。彼ら3大異端の公称信者数の合計は約80万です。

第1ヨハネ4：1－4「愛する者たち。霊だからといって、みな信じてはいけません。それらの霊が神からのものかどうかを、ためしなさい。なぜなら、にせ預言者がたくさん世に出て来たからです。人となって来たイエス・キリストを告白する霊はみな、神からのものです。それによって神からの霊を知りなさい。イエスを告白しない霊はどれ一つとして神から出たものではありません。それは反キリストの霊です。あなたがたはそれが来ることを聞いていたのですが、今それが世に来ているのです。子どもたちよ。あなたがたは神から出た者です。そして彼らに勝ったのです。あなたがたのうちにおられる方が、この世のうちにいる、あの者よりも力があるからです。」

私たちのうちにおられる聖霊様が、この世のうちにいる反キリストの悪霊より力があります。騙されて悪魔の後について行かないようにしましょう。

人工頭脳Ｓｉｒｉが暴走する⁉

黙示録13：15「それから、その獣の像に息を吹き込んで、獣の像がもの言うことさえもできるようにし、また、その獣の像を拝まない者をみな殺させた。」

ＡＩ電子頭脳の進化により人工頭脳を持ったＳｉｒｉが暴走します。反キリストの偶像を拝まない人々、その刻印を受けて反キリストに忠誠を誓わない人々を死刑にします。映画「ターミネーター」は人工知能が人類より優位に立ち、反乱を起こすことを犯行予告しています。iPhone向け秘書機能アプリケーションソフトウェアである人工知能の「Ｓｉｒｉ」が、不可解な言動を起こし始めています。Ｓｉｒｉには質問してはならない言葉がある。それは「ゾルタクスゼイアン」。それは何かと尋ねると、Ｓｉｒｉは「今はまだ答えられる時期ではありません」と回答を拒否します。

６６６の預言はまさに現実に！

黙示録13：16－18「また、小さい者にも、大きい者にも、富んでいる者にも、貧しい者にも、自由人にも、奴隷にも、すべての人々にその右の手かその額かに、刻印を受けさせた。また、その刻印、すなわち、あの獣の名、またはその名の数字を持っている者以外は、だれも、買うことも、売ることもできないようにした。ここに知恵がある。思慮ある者はその獣の数字を数えなさい。その数字は人間をさしているからである。その数字は六百六十六である。」

しかし、正しい信仰を持つ者は守られて、大いなる天国の報いが与えられます。

黙示録2：10「あなたが受けようとしている苦しみを恐れてはいけない。見よ。悪魔はあなたがたをためすために、あなたがたのうちのある人たちを牢に投げ入れようとしている。あなたがたは十日の間苦しみを受ける。死に至るまで忠実でありなさい。そうすれば、わたしはあなたにいのちの冠を与えよう。」

http://www.fgtc777.com　wwwはWorld Wide Webでヘブル語でwは6のため666。ネット通販も666。店頭販売も消費税があるため硬貨なしには売買不可。500円＋100円＋50円＋10円＋5円＋1円＝666円。

皮膚へのICチップ「電子タトゥー」も特許で、準備万端！

バーコードがない商品も売買不可です。体内埋め込みベリチップは買い物代金の支払いに利用するサービスですが、クレジットカードと連動したRFIDタグと同様の機能を、皮下に埋め込まれたチップを使って実現します。固有の認証番号が記憶、利用者本人の個人情報が記録されたデータベースにアクセスできます。

これにより、証明書の紛失、盗難、偽造などのトラブルが排除されます。皮下への埋め込みは簡単で、痛みもない。チップの保管情報は専用のベリチップ・スキャナーで読み取る。

Googleは皮膚にICチップを埋め込む「電子タトゥー」の特許を取得済み。皮膚の上に直接装備できる電子タトゥーの開発も成功。ユーザーは電子タトゥーからフィジカル・データやクレジットカード情報を引き出し簡単決済が可能です。すでに欧米では希望者たちや企業によって実

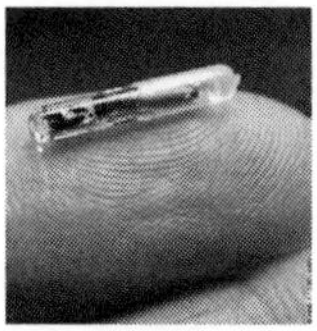

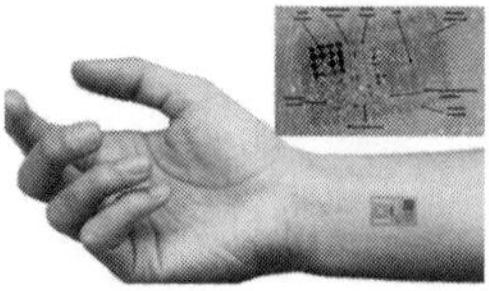

用化されています。しかし、このような刻印がやがて人類を管理する反キリストの手に落ちるとき、滅びの道具になります。

２０２２年までに犬・猫にマイクロチップの埋め込みを義務化する法案が日本で成立しました。人間に対してもこのような動きが進められています。ＩＤ２０２０プロジェクトによって世界の77億人全てにＲＦＩＤマイクロチップが埋め込まれる社会の実現化が進んでいます。ＩＤ２０２０プロジェクトに共同参加しているのは、マイクロソフトと複数のＩＴ企業、世界最大の経営コンサルティング会社のアクセンチュアや製薬会社などを含む１５０社、ロクフェラー財団、ＧＡＶＩ（ワクチンと予防接種のための世界同盟）と複数の国連機関です。プロジェクトの目的はＲＦＩＤマイクロチップを全ての人に埋め込み、国際的なデジタル認証システムを構築することです。ＩＤ２０２０の公式サイトでは、目指す目標は、発展途上国のいまだ公式ＩＤを持たない11億人にＩＤを与え、出生登録、医療や教育、社会保障サービスなどを受けられるようにする人道的なプロジェクトとしている。しかし、すでに個人認証システムがある先進国の人々にもＲＦＩＤマイクロチップの埋め込みによるデジタルＩＤを将来義務化する動きとなっているのかが疑問。

ＲＦＩＤマイクロチップの埋め込みは、ワクチン接種とともに行われる。現在多くの先進国ではワクチン接種の法律上の義務付けはない。子供がワクチン接種を受けるか受けないかは両親の判断に委ねています。アメリカでは18歳までに70種類のワクチン接種が求められています。成人してもインフルエンザ、肺炎、肝炎などのワクチン接種があるが、これも個人の判断で受けるかを決めることができます。近年、このワクチン接種を巡りその有害性と危険性が問題となって、ワクチン接種が減少している傾向があります。製薬会社にとってワクチンの利益率は高くないと言われていますが、〝Global Human Vaccine Market 2016-2020〟のレポートによると、２０１５年に２４０億ドルのワクチン市場は、発展途上国での拡大で２０２０年には製薬会社に61億ドルの利益をもたらす市場規模になると予測。製薬会社にとってワクチン市場は将来利益を確保できる市場として考えられます。ＩＤ２０２０はワクチン接種の義務付けと同時にＲＦＩＤマイクロチップ埋め込みの義務付けを行う方針で進められ、現在バングラデシュで試験的に実施されています。世界全ての人にＲＦＩＤマイクロチップの埋め込みとワクチン接種を強く提唱しているのがマイクロソフトのビル・ゲイツ。国際的なデジタル認証システムを構築すれば、世界全ての人が１つのシステムに登録され、マイクロソフトの管理下に置かれる恐れがあり、マイクロソフトは世界最大のビッグデータ企業となります。健康の面でも体内にマイクロチップを埋め込むことの危険性やリスクなどの医学的検証も行われないまま、デジタル認識システム構築のプロジェクトが進んでいます。個人の全ての情報が、国ではなく、マイクロソフトといった一巨大企業やコンサルティング会社によって管理されることに誰もが不信感と不安を感じるべきです。

黙示録14：9－12「また、第三の、別の御使いも、彼らに続いてやって来て、大声で言った。『もし、だれでも、獣とその像を拝み、自分の額か手かに刻印を受けるなら、そのような者は、神の怒りの杯に混ぜ物なしに注がれた神の怒りのぶどう酒を飲む。また、聖なる御使いたちと小羊との前で、火と硫黄とで苦しめられる。そして、彼らの苦しみの煙は、永遠にまでも立ち上る。獣とその像とを拝む者、まただれでも獣の名の刻印を受ける者は、昼も夜も休みを得ない。神の戒めを守り、イエスに対する信仰を持ち続ける聖徒たちの忍耐はここにある。」

666の刻印（埋込みチップ）で悪性のはれものが……

666の刻印を受けた人々はやがて、人体に有害な通信システムの弊害なのか、ひどい悪性のはれものができます。

黙示録16：2「そこで、第一の御使いが出て行き、鉢を地に向けてぶちまけた。すると、獣の刻印を受けている人々と、獣の像を拝む人々に、ひどい悪性のはれものができた。」

第2コリント5：10「なぜなら、私たちはみな、キリストのさばきの座に現れて、善であれ悪であれ、各自その肉体にあってした行為に応じて報いを受けることになるからです。」

ダニエル書12：2－3「地のちりの中に眠っている者のうち、多くの者が目をさます。ある者は永遠のいのちに、ある者はそしりと永遠の忌みに。思慮深い人々は大空の輝きのように輝き、多くの者を義とした者は、世々限りなく、星のようになる。」

戦争は定めのときに必ず起こる……

マタイ24：6「戦争が起こる、戦争のうわさが流れる。これらは必ず起こる。」

ギリシア語の「デイ」（δεί）が使われ、神の必然を意味します。イエスがザアカイの「家に泊まることにしてある」（ルカ19：5）という箇所や、イエスがサマリヤを通って行かなければならなかった箇所（ヨハネ4：4）にも使われている言葉で戦争は定めのときに必ず起こりますが、守られます。

黙示録9：14－16「その声がラッパを持っている第六の御使いに言った。『大川ユーフラテスのほとりにつながれている四人の御使いを解き放せ。』すると、定められた時、日、月、年のために用意されていた四人の御使いが、人類の三分の一を殺すために解き放された。騎兵の軍勢の数は二億であった。私はその数を聞いた。」

「神の杖」は軍事兵器ブルーレーザーのことか⁉

世の終わりの戦争はブルーレーザー計画により宇宙からの攻撃用に神の杖と呼ばれる兵器が使用されます。

黙示録19：17－18「また私は、太陽の中にひとりの御使いが立っているのを見た。彼は大声で叫び、中天を飛ぶすべての鳥に言った。『さあ、神の大宴会に集まり、王の肉、千人隊長の肉、勇者の肉、馬とそれに乗る者の肉、すべての自由人と奴隷、小さい者と大きい者の肉を食べよ。』」

この意味は、宇宙を飛ぶ全ての攻撃用、人工衛星が急降下の鳥のごとくに地上の人々を襲う攻撃です。それが、軍事兵器の杖を落とすだけで可能なのです。２０１２年10月25日にメキシコの富士と呼ばれているポポカテペトル山に神の杖が落ちたのを定点カメラが撮影成功、そして噴火。今後も原因不明の異常な噴火が増えることでしょう。

軍事兵器・神の杖は長さ6m。衛星のプラットホームから射出され、マッハ9・5（1万1587km／h）で、瞬時に地上ターゲット地点に向かい、破壊力は核爆弾に匹敵。神の杖が激突した半径数キロから数十キロの地表がめくり上げられ、細長い爪楊枝構造で、地表に突き刺さると地下数百mの硬い岩盤や鉄筋コンクリート製構造物まで破壊。ピンポイント攻撃が可能。電磁波を発しないので、探知も迎撃も困難。

米軍は6～8年以内に300kwを超えるレーザー兵器システムを使用。飛来してくるミサイルを正面から撃墜可能。国際宇宙ステーションにレーザー発射装置が設けられ、スペースデブリと呼ばれる、地球の周囲を飛散しているゴミを除去可能。

理化学研究所によると、SSの日本の実験棟きぼうに搭載される超広視野望遠鏡を用いて、100km先にある1cm～10cm程度の大きさのデブリさえ除去可能な予定。しかし、ゴミ掃除の平和利用目的の枠を超えたとき、地上破壊兵器へと一変します。

日本の準天頂衛星「みちびき」は北朝鮮のミサイル発射施設の破壊が可能！

現在、ロフテッド軌道で急降下の角度で一気に落ちてくる北朝鮮のミサイルに対して、防衛庁では迎撃できないのです。そのため、日本政府は高出力レーザーの新技術を導入する予定です。エネルギーをミサイル弾道などの一点に集中して破壊する兵器は、指向性エネルギー兵器と呼ばれ、レーザー、電磁パルス、レールガンなどがありますが、宇宙の鳥のような衛星「みちびき」から地上にレーザーを照射して北朝鮮のミサイルを迎撃できるように、兵器実用化に向けて開発中です。

日本国内向け報道ではGPS精度向上を図る準天頂衛星「みちびき」ですが、英国のデイリーエクスプレス紙は「日本が北朝鮮のミサイル施設を破壊するためのGPS衛星を打ち上げた」という見出しで「みちびきによって北の独裁王朝が設置したミサイル発射施設をピンポイントで割り出し、ミサイルで排除することが可能になった」と報じた。米国のウォールストリートジャーナル紙も「みちびきは潜在的に北朝鮮のミサイル発射施設を破壊する能力を飛躍させる狙いがある」と報道しています。

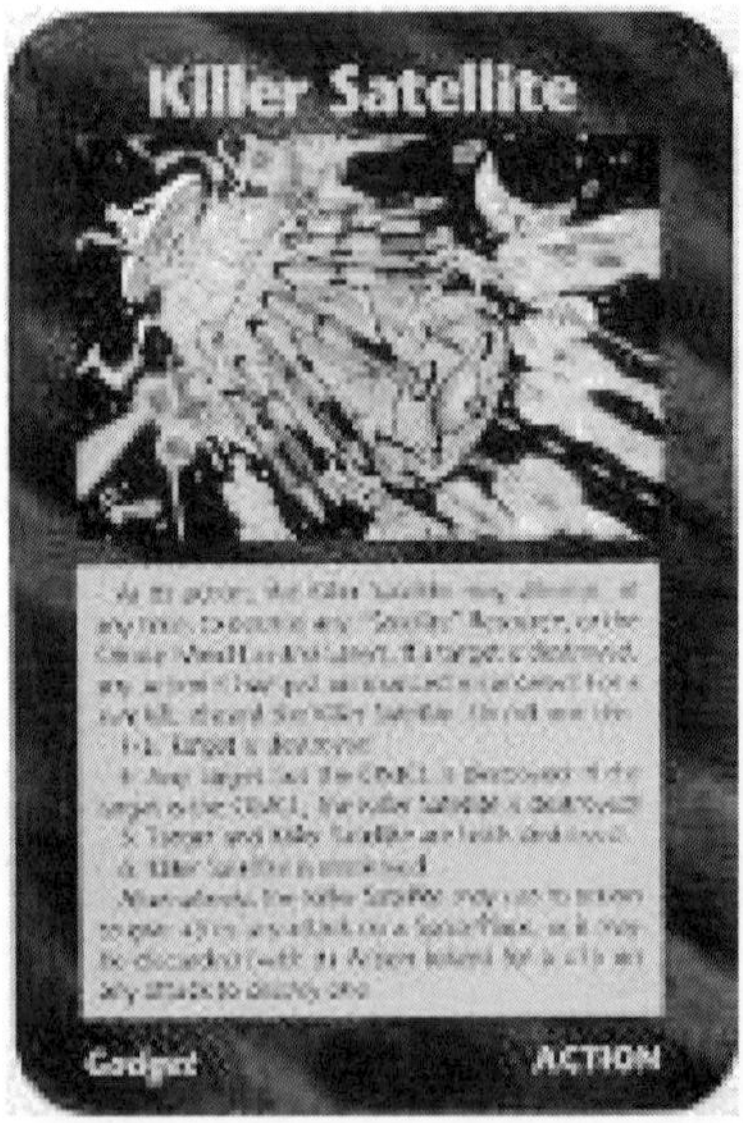
Killer Satellite
Gadget
ACTION

NNN
鹿児島・種子島宇宙センター
BREAKING
LIVE
BREAKING NEWS
日テレ NEWS 24
GPS衛星「みちびき4号機」打ち上げ

NIPPON GINKO
10000
10000 YEN

NIPPON GINKO
10000
10000 YEN

また今は中天を舞うかのような勢いある円が売られて、急降下の暴落、まさに鳳凰やキジが急降下する経済戦争の恐慌もあり得ます。神様が防ぎようのない戦争から守ります。

黙示録3：10「あなたが、わたしの忍耐について言ったことばを守ったから、わたしも、地上に住む者たちを試みるために、全世界に来ようとしている試練の時には、あなたを守ろう。」

ヘブル書11：33－34「彼らは、信仰によって、国々を征服し、正しいことを行い、約束のものを得、獅子の口をふさぎ、火の勢いを消し、剣の刃をのがれ、弱い者なのに強くされ、戦いの勇士となり、他国の陣営を陥れました。」

民族が民族に、国は国に敵対して立ち上がり、方々に飢饉と地震が起こる。

内乱や対立、飢饉と地震が起こります。ルカの福音書ではこれは大規模な地震であり、飢饉だけでなく疫病も起こると加えています。

ルカ21：11「大地震があり、方々に疫病やききんが起こり、恐ろしいことや天からのすさまじい前兆が現れます。」

異常気象と地球温暖化による猛暑が激しくなります。

黙示録8：5－8「御使いは、その香炉を取り、祭壇の火でそれを満たしてから、地に投げつけた。すると、雷鳴と声といなずまと地震が起こった。すると、七つのラッパを持っていた七人の御使いはラッパを吹く用意をした。第一の御使いがラッパを吹き鳴らした。すると、血の混じった雹と火とが現れ、地上に投げられた。そして地上の三分の一が焼け、木の三分の一も焼け、青草が全部焼けてしまった。第二の御使いがラッパを吹き鳴らした。すると、火の燃えている大きな山のようなものが、海に投げ込まれた。そして海の三分の一が血となった。」

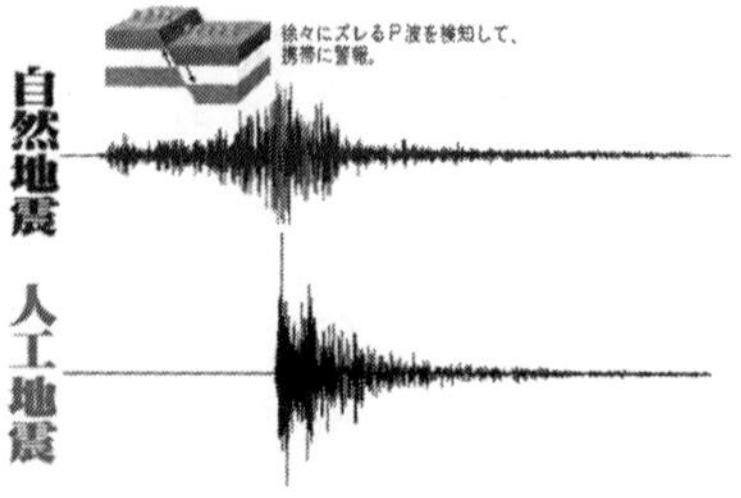

聖書には余震のP波がない人工地震についても預言されています。その悪魔に従う犯人たちはやがて白日の下に逮捕されます。

イザヤ書14：12－17「暁の子、明けの明星（ルシファー）よ。どうしてあなたは天から落ちたのか。国々を打ち破った者よ。どうしてあなたは地に切り倒されたのか。あなたは心の中で言った。『私は天に上ろう。神の星々のはるか上に私の王座を上げ、北の果てにある会合の山にすわろう。密雲の頂に上り、いと高き方のようになろう。』しかし、あなたはよみに落とされ、穴の底に落とされる。あなたを見る者は、あなたを見つめ、あなたを見きわめる。『この者が、地を震わせ、王国を震え上がらせ、世界を荒野のようにし、町々を絶滅し、捕虜たちを家に帰さなかった者なのか。』」

神様は大地震が来ても災いから救います！（聖書預言）

詩篇91：3－10「主は狩人のわなから、恐ろしい疫病から、あなたを救い出されるからである。主は、ご自分の羽で、あなたをおおわれる。あなたは、その翼の下に身を避ける。主の真実は、大盾であり、とりでである。あなたは夜の恐怖も恐れず、昼に飛び来る矢も恐れない。また、暗やみに歩き回る疫病も、真昼に荒らす滅びをも。千人が、あなたのかたわらに、万人が、あなたの右手に倒れても、それはあなたには、近づかない。あなたはただ、それを目にし、悪者への報いを見るだけである。それはあなたが私の避け所である主を、いと高き方を、あなたの住まいとしたからである。わざわいは、あなたにふりかからず、えやみも、あなたの天幕に近づかない。」

イスラエルの民に対する迫害が起こる（聖書預言）

この迫害は、全ての国の人々に憎まれるだけでなく、そのことで、互いに裏切り、憎み合うようになるとイエスは言われます。

全ての隣国が敵対しイスラエルに向かって軍事侵攻する日が来ます。同時にこのことはクリスチャンたちへの悪魔からの最後の猛攻撃である迫害が起こることをも預言しています。

マタイ5：10－12「義のために迫害されている者は幸いです。天の御国はその人たちのものだから。わたしのために人々があなたがたをののしり、迫害し、ありもしないことで悪口を浴びせるとき、あなたがたは幸いです。喜びなさい。喜びおどりなさい。天ではあなたがたの報いは大きいから。あなたがたより前にいた預言者たちを、人々はそのように迫害したのです。」

にせ預言者が多く起こって人々を惑わす（聖書預言）

イエス様は警告されます。

マタイ7：15－23「にせ預言者たちに気をつけなさい。彼らは羊のなりをしてやって来るが、うちは貪欲な狼です。あなたがたは、実によって彼らを見分けることができます。ぶどうは、いばらからは取れないし、いちじくは、あざみから取れるわけがないでしょう。同様に、良い木はみな良い実を結ぶが、悪い木は悪い実を結びます。良い木が悪い実をならせることはできないし、また、悪い木が良い実をならせることもできません。良い実を結ばない木は、みな切り倒されて、火に投げ込まれます。こういうわけで、あなたがたは、実によって彼らを見分けることができるのです。わたしに向かって、『主よ、主よ』と言う者がみな天の御国に入るのではなく、天におられるわたしの父のみこころを行う者が入るのです。その日には、大ぜいの者がわたしに言うでしょう。『主よ、主よ。私たちはあなたの名によって預言をし、あなたの名によって悪霊を追い出し、あなたの名によって奇蹟をたくさん行ったではありませんか。』しかし、その時、わたしは彼らにこう宣告します。『わたしはあなたがたを全然知らない。不法をなす者ども。わたしから離れて行け。』」

第2コリント11：13－15「こういう者たちは、にせ使徒であり、人を欺く働き人であって、キリストの使徒に変装しているのです。しかし、驚くには及びません。サタンさえ光の御使いに変装するのです。ですから、サタンの手下どもが義のしもべに変装したとしても、格別なことはありません。彼らの最後はそのしわざにふさわしいものとなります。」

倒れた。大バビロン（米国？）が倒れた（聖書預言）

不法がはびこり、多くの人たちの愛は冷たくなるが、最後まで耐え忍ぶ者は救われる。

テトス２：14「キリストが私たちのためにご自身をささげられたのは、私たちをすべての不法から贖い出し、良いわざに熱心なご自分の民を、ご自分のためにきよめるためでした。」

イエス様は預言されました。

マタイ24：28「死体のある所には、はげたかが集まります。」

はげたかファンドの台頭。企業倒産や買収の不景気を暗示。企業が業績不振であわや倒産の脅威で死にそうなとき、血の臭いを嗅ぎ付けた外資系のはげたかファンドが飛んできて、二東三文で優良企業を買収する、恐ろしい現象です。こんな不法は過去に東日本大震災以降の経済混乱期にも見られました。

黙示録18：2「彼は力強い声で叫んで言った。『倒れた。大バビロンが倒れた。そして、悪霊の住まい、あらゆる汚れた霊どもの巣くつ、あらゆる汚れた、憎むべき鳥どもの巣くつとなった。』」

やがて、反キリストが支配する獣の国もデフォルト、経済破綻します。もしアメリカが債務不履行の反キリストの獣の国ならば、米国債大量保有の中国と日本は、米国債が暴落するとき大打撃を受けます。というより、この時期にはこの世の全てが終わります。

ルカ21：25－28「そして、日と月と星には、前兆が現れ、地上では、諸国の民が、海と波が荒れどよめくために不安に陥って悩み、人々は、その住むすべての所を襲おうとしていることを予想して、恐ろしさのあまり気を失います。天の万象が揺り動かされるからです。そのとき、人々は、人の子（イエス・キリスト）が力と輝かしい栄光を帯びて雲に乗って来るのを見るのです。これらのことが起こり始めたなら、からだをまっすぐにし、頭を上に上げなさい。贖いが近づいたのです。」

どさくさにまぎれてアライアンス・バーンスタイン（米国）が東電の株を爆買い！

諸国の民が、「海と波が荒れどよめく」のを目撃します。港の海だけでなく、経済の海においても。株価の上下を一望するチャートの波はまるで海の波のごとくに不安定に絶えず上下しながら、世の終わりまで揺り動かされ、留まるところを知りません。

やがて預言では、この経済の波チャートが激しく下がるとき、人々は、「その住むすべての所を襲おうとしていることを予想して、恐ろしさのあまり気を失います」。株はあまり深入りしないほうが安全です。闇勢力の連中が儲かるように裏で操作されているからです。

Vultures
Capitalizing on the disorder caused by a rival's attack, you subvert key personnel. Soon you will make your own move . . .
Play this card after a rival plays a Group from his own hand, fails to take it over, and discards it.
Place the discarded Group card in your own hand!

東日本大震災以降、安全株と言われた東電の株が、国営化されるかもしれない、そうなれば紙くずになるというフェイク情報が意図的に流されたとき、騙された人々は大損しながら手放しました。結果、東電株が暴落したとき、最も低くなったとき、２００７年から

東京電力の主要株主であった米国のアライアンス・バーンスタインが２０１１年にも爆買しました。東京電力株、引けと同時にストップ安で張り付いてた２００億円分の株全部を買いました。年に数回見られるかどうかの出来事です。富士通などにも投資する米国系ファンドで、村上ファンドのように積極的に増配などを要求する「アクティビスト」なのです。電力業界の盟主である東京電力の筆頭株主に、外資系ファンドが登場したことで憂慮する声も。その後、２０１９年にはアライアンス・バーンスタインは米国成長株投信として純資産総額５０００億円突破記念を報告しています。

3・11以降は、このような感じで外資系の投資ファンドや外国政府が運営する国家ファンドによる日本のエネルギー銘柄への投資が進みました。まさに株における、はげたかファンドです。

イエス様は世の終わりに起きる災害を預言されました。

マタイ24：28「死体のある所には、はげたかが集まります。」

つまり企業が死に体になった時、はげたかファンドが来ることを。

生物化学兵器と遺伝子操作（聖書預言）

不法な取り組み、生物化学兵器や遺伝子組み換え生物や遺伝子操作ハイブリッド農産物が普及します。人間によって遺伝子を組み換えてつくられた生物化学兵器の預言です。

黙示録9：3「その煙の中から、いなごが地上に出て来た。彼らには、地のさそりの持つような力が与えられた。」

黙示録9：7－10「そのいなごの形は、出陣の用意の整った馬に似ていた。頭に金の冠のようなものを着け、顔は人間の顔のようであった。また女の髪のような毛があり、歯は、獅子の歯のようであった。また、鉄の胸当てのような胸当てを着け、その翼の音は、多くの馬に引かれた戦車が、戦いに馳せつけるときの響きのようであった。そのうえ彼らは、さそりのような尾と針とを持っており、尾には、五か月間人間に害を加える力があった。」

蛍光タンパク質の遺伝子導入生物は紫外線を当てると、遺伝子が発現している所が光ります。鑑賞用に蛍光色素をつくり出すゼブラフィッシュや商用に2倍の早さで巨大に成長する鮭、手間が省ける羽がないにわとり、巨大な牛や人の母乳を出す牛などがすでにつくられています。さらにはクローンやオーナー好みのオリジナルペット制作など、不法な遺伝子操作はすでに始まっています。

福音と終わりの日（聖書預言）

御国の福音が全世界に伝えられ、全ての国民にあかしする。

黙示録3：7「聖なる方、真実な方、ダビデのかぎを持っている方、彼が開くとだれも閉じる者がなく、彼が閉じるとだれも開く者がない、その方がこう言われる。『わたしは、あなたの行いを知っている。見よ。わたしは、だれも閉じることのできない門を、あなたの前に開いておいた。なぜなら、あなたには少しばかりの力があって、わたしのことばを守り、わたしの名を否まなかったからである。』」

「二人の証人」（黙示録11：3）であるエリヤとエノク、救われたイスラエルの民「14万4千人の証人」、彼らが「御国の福音」を宣べ伝え、多くのユダヤ人が救われます。福音が全世界に伝えられ、中天（宇宙）から衛星放送のメディアを通じて神がおられる真実が力強く語られます。

下天は（空）、中天は（宇宙）、上天は（天国）です。

黙示録14：6―7「また私は、もうひとりの御使いが中天（宇宙）を飛ぶのを見た。彼は、地上に住む人々、すなわち、あらゆる国民、部族、国語、民族に宣べ伝えるために、永遠の福音を携えていた。彼は大声で言った。『神を恐れ、神をあがめよ。神のさばきの時が来たからである。天と地と海と水の源を創造した方を拝め。』」

その結果、全ての国民に福音が伝えられ、福音を拒む北朝鮮のような世界20か国はある独裁政権の国家は終焉を迎えます。

マタイ24：14「この御国の福音は全世界に宣べ伝えられて、すべての国民にあかしされ、それから、終わりの日が来ます。」

伝説の相場師ウィリアム・ギャン（聖書預言）

ギャンは、1878年テキサス生まれ、1900年代前半にトレーダーとして活動。母はメソジスト教会の信者で、ギャンを牧師にしようとするくらい熱心で、幼い頃から聖書を丸暗記させられたほどでした。ギャンは貧乏だったので大学進学を諦め、親友の家が経営する綿花工場で働いていました。そこで綿花取引のノウハウを学び、24歳頃から少ない投資で相場を開始。彼の生涯の勝率は8割を超え、まさに凄腕投資家でした。手書きで米英の博物館資料まで精査し、独自の分析手法を数々生み出しました。そのきっかけが聖書の言葉でした。

伝道の書1：4「一つの時代は去り、次の時代が来る。しかし地はいつまでも変わらない。日は上り、日は沈み、またもとの上る所に帰って行く。風は南に吹き、巡って北に吹く。巡り巡って風は吹く。しかし、その巡る道に風は帰る。川はみな海に流れ込むが、海は満ちることがない。川は流れ込む所に、また流れる。すべての事はものうい。人は語ることさえできない。目は見て飽きることもなく、耳は聞いて満ち足りることもない。昔あったものは、これからもあり、昔起こったことは、これからも起こる。日の下には新しいものは一つもない。『これを見よ。これは新しい』と言われるものがあっても、それは、私たちよりはるか先の時代に、すでにあったものだ。先にあったことは記憶に残っていない。これから後に起こることも、それから後の時代の人々には記憶されないであろう。」

聖書の中で万物にサイクルがある教えを通じて、価格の変動にも周期性があると発見したのです。こうして、日本の株式チャートにおけるローソク足とほぼ同じものを独自に編み出し、発見した法則を厳正なルールで制御し、的確な分析手法で１９２９年の世界恐慌さえ1年以上前に予測して大きく当てました。

しかし、そうした動きの中で、聖書とはまた異なる道、人工的に未来を計画して災いを起こす組織、スコットランド式の第33期フリーメイソンに加入しています。未来がわかれば、相場師にとって最高のビジネスチャンスです。しかし、それは悪魔の力を借りた、わざと事故や事件、戦争、疫病を計画的に自分たちのビジネス目的で起こす破壊工作を交えた手段です。「未来は知りたい。予言は欲しい」。しかし、何でも行き過ぎるとアウトです。誰であれ、主イエス・キリストを正しく信じて命の道を生涯、正しく歩み続ければ、最後は地上の栄華や富にも勝る素晴らしい美しい栄光の天国を相続できます。闇組織の書いた文章に、こんなことが書いていました。「人々が我々の組織に入ろうとする。ある者は自分から欲望を持って、利用して儲けようとして自ら入会してくる。しかし、我々はそんな奴らも受け入れ巧みに利用する。奴らは、時が来れば切り捨てられることも知らずにいる」

悪魔に近づいて、利益を得たら、後は地獄の罰しかないです。自分から闇組織に入って、666のチップを皮膚に挿入する反聖書の行動をとったり、闇組織の言いなりの行動をとる、政治家や官僚、テレビ局等メディア関係者、教授やコメンテーター、芸能人などたくさんいます。しかし、悪魔と手を結べば、必ず最後は裏切られて滅ぼされます。聖書から神様の知恵を頂いても、十分幸せで賢く、豊かに生きられるのに、反対に悪魔の悪知恵を受けて罪を犯しながらずるく過ごすのは平安もない災いです。

イエス様の語られたマタイの福音書24章の終末に起こる災害と、黙示録6章のヨハネが見た終末の7つの災害とは、順番も内容も同じです。これら7つは繰り返しサイクルを持って今も起きています。ですから、今がどの時期かがわかれば、次に起きることもわかります。闇組織に入らなくても優れた対応で、株であれ、会社経営であれ、成功できます。

黙示録6：1－2「また、私は見た。小羊が七つの封印の一つを解いたとき、四つの生き物の一つが、雷のような声で『来なさい』と言うのを私は聞いた。私は見た。見よ。白い馬であった。それに乗っている者は弓を持っていた。彼は冠を与えられ、勝利の上にさらに勝利を得ようとして出て行った。」

7つの災害を要約すると、1、反キリスト。2、戦争。3、飢饉。4、疫病。5、迫害。6、大地震。7、異常気象と滅亡・イエス再臨。

このサイクルを念頭に考えましょう。もし第一の封印を解かれた反キリストのようなカリスマ独裁者が台頭しているならば、その後は必ず第二の封印を解かれた戦争が起きます。歴史でもヒトラー、マルクス、ムッソリーニなど強力な独裁者が人気を博すると、次は軍国化され、戦争に走ります。するとその後は、第三の封印を解かれて飢饉が来ます。戦争で焼け野原となり、男手は戦地に駆り出され、耕せずに食料生産が追い付かなくなるから飢饉です。飢饉が続けばその後は、第四の封印を解かれて飢えて疫病になります。

今は、第四の封印を解かれた疫病のとき。であれば、これから次に来るのは、迫害。その後は大地震と未来予測できます。先読みできれば、対応は容易です。今、韓国の教会は第五の封印が解かれて、異端でカルトの感染源、「新天地」集団のゆえに全く無関係なのに、誤解され、集会自粛の流れと風評被害で人が集まらず、実質、迫害されています。だから今後は、第六の封印、大地震が来ます！

人は基本、災害時の行動が同じです。アダムは善悪の木の実を食べた後、神様に言い訳して、エバがくれたと、責任転換しています。大人も子供も同じです。だからイエス様の十字架は2000年前の人々が行った罪ではなく、今の私の罪がイエス様を十字架にはりつけたのです！

ウィリアム・ギャンが図書館で調べたこと、それは災害のとき、人々はどんな株を買うか、手放すか、200年前からのチャートを調べたのです。人の災害時の行動はいつの時代も同じです。

例えば戦時中は、娯楽はしません。その関連銘柄の株は下がり、武器製造や軍事関連の株、破壊により建築業の株などが上がります。聖書では戦争の次に来るのは食糧難の飢饉。であれば食料関連の株を終戦時期見計らって先に買えば、戦中、戦後の飢饉のときに上がります。このような感じで未来を先読みすれば成功できるのです。

悪魔に頭を下げて地獄に行かなくても、神様の聖書に基づいて祈りながら判断して、誠実対応すればあなたは十分成功できます。聖書にはあなたを成功させる秘密の法則がたくさん書かれています。共に神様の言葉を学びましょう。

箴言16：19－20「へりくだって貧しい者とともにいるのは、高ぶる者とともにいて、分捕り物を分けるのにまさる。みことばに心を留める者は幸いを見つける。主に拠り頼む者は幸いである。」

詩篇119：130「みことばの戸が開くと、光が差し込み、わきまえのない者に悟りを与えます。」

疫病感染者ヨブ（聖書預言）

聖書で酷い疫病に感染した人ヨブがいます。ヨブの試練を信仰の目で見るとき、そこにイエス・キリストの模型を見ることができます。

ヨブは東洋一のＶＩＰでしたが、全ての財産を失う試練に会いました。同じように、イエス様はもともと天国の王の王であられ、一番のＶＩＰでした。しかし、この世に来られ、貧しさの呪いを体験され、十字架に至っては、全ての財産を失われました。実に最後の一枚の下着さえもです。

次に、ヨブの疫病感染の試練は腫物をともなうもので、足の裏から頭の頂まで悪性の腫物で打れたのです。現代の医師が聖書の記述から診断し、処方箋を書くならば、ヨブの病は悪性のらい病であったといいます。それは律法によると呪われた人の受ける、汚れた病と考えられていましたが、驚愕は神様であるイエス様も似たような苦しみを体験されました。すなわち、イエス様の御頭の頂には、呪いの象徴いばらの冠が押さえつけられ、その針によって頭の頂まで打たれ、イエス様の御足に至っては、足の裏まで貫通した釘がありました。

こうしてむち打ちの全身の傷も加わり、イエス様は足の裏から頭の頂まで病に犯されたヨブに劣らないほど、足の裏から頭の頂まで全身、肉体的な激痛に打たれていたのです。

最後にヨブの試練をさらに激しいものとした出来事は、妻や友人たちの責め立てる言葉であり、ヨブにとってそれは精神的な苦痛を増大するものでした。信頼していた妻の裏切りの言葉がヨブを痛めます。

ヨブ記2：9「それでもなお、あなたは自分の誠実さを堅く保つのですか。神を呪って死になさい。」

さらに、追い打ちをかけるように、その後、ヨブの友人たちが悔やみを言って慰めるために互いに打ち合わせてやって来ました。しかし、結果としてナアマ人ツォファルは律法主義的にヨブを責め、エリファズも自分の経験をもとに語り、ビルダデは先祖たちの言い伝えをもとに語り、いずれもヨブにとっては信仰的ではない、的外れのアドバイザーとして、わずらわしい、慰め手や偽りをでっちあげる者、能なしの医者（ヨブ13：4）のようであり、いたずらにヨブの魂を悩ませ、内容的にはヨブへの迫害者のような存在となってしまったのです（ヨブ19：1〜13）。

ただ、4人目の友人エリフだけが的を射た信仰的なアドバイスを与えていました。そして、これら一連の火の試練を通過した後、最後に主なる神様が耐え抜いたヨブをよしとされ、御言葉を与えて語られました。

そのとき、同時に主なる神様について正しく語らなかった3人の友人たちに対して神様の公義の御怒りは燃え上がりました（ヨブ42：7）。

そこでヨブは神様の愛を受けて、実質、迫害者的存在だった3人の友人たちのためにとりなしの祈りをささげました。そのとき、神様の奇蹟の御手がヨブに現われ、とりなし祈るヨブ自身がいやしと繁栄を受けたのです。

ヨブ記42：10「ヨブがその友人たちのために祈ったとき、主はヨブを元どおりにし、さらに、主はヨブの所有物をすべて二倍に増やされた。」

その後、神様にいやされたヨブの後の半生に生まれた3人の娘、エミマとケツィアとケレン・ハプクについて聖書は「その国のどこにもいないほどの美しい女性だった。」（ヨブ42：15）とあります。

ヨブ自身、知らずして体験したこれら一連の火の試練と、その後の繁栄の生涯とは、実に神様の奥義の中でイエス様の受けられる苦難とその後の復活の栄光を表わしています。

ここにイエス様の同じような体験があります。ヨブが身近な妻や友人たちから内容的に迫害を受けた以上に、イエス様は身近な愛する弟子たちに裏切られ、十字架を取り巻く迫害者たちにも悪口雑言のうちに御心を痛めつけられました。しかし、炎のような試練の最後にイエス様は十字架上、3人の友人たちのために祈ったヨブのように、自らを釘打つ迫害者なる全人類のために、赦して、とりなし祈られました。

ルカ23：33－34「『どくろ』と呼ばれている所に来ると、そこで彼らは、イエスと犯罪人とを十字架につけた。犯罪人のひとりは右に、ひとりは左に。そのとき、イエスはこう言われた。『父よ。彼らをお赦しください。彼らは、何をしているのか自分でわからないのです。』彼らは、くじを引いて、イエスの着物を分けた。」

イザヤ書53：12「それゆえ、わたしは、多くの人々を彼に分け与え、彼は強者たちを分捕り物としてわかちとる。彼が自分のいのちを死に明け渡し、そむいた人たちとともに数えられたからである。彼は多くの人の罪を負い、そむいた人たちのためにとりなしをする。」

この信仰の試練に耐え抜いて勝利されたイエス様を御父はよしとされ、神様を愛する者に準備されたいのちの冠を与えて、死人のうちより復活させ、今は完全なるいやしのうちにヨブの試練通過後の祝福のように、復活のイエス様の栄光は、はなはだ天上でも地上でも大きくなったのです。私たちの信仰の創始者であり、完成者でもあられる義なるイエス様について聖書は語ります。

イザヤ書53：10「しかし、彼を砕いて、痛めることは主のみこころであった。もし彼が、自分のいのちを罪過のためのいけにえとするなら、彼は末長く、子孫を見ることができ、主のみこころは彼によって成し遂げられる。」

ここでイザヤが預言したイエス様の十字架以降現われる「末長い子孫」とは、末長く永遠にまで生きられるクリスチャンのことです。

キリストが足の裏まで通過した釘と頭の頂まである、いばらのとげにより全身サタンに打たれ、血潮を流して炎の試練を通り抜け、3日後の復活と昇天によりいやされた今、そこから生まれ出たクリスチャンこそイエス様の復活の命で新生した末長い子孫として、ヨブの試練通過後に生まれた東洋一美しかった3人の娘たちのように、この世界のどこにもいないほど最も美しく輝く特別な存在です。

ヨブの試練も、その後に生まれた美しい3人の娘の輝きも全ては、私たちの教訓のため、悟りのためです。

イエス様の御顔が損なわれた血潮によりて、あなたは末長いイエス様の子孫として本当に美しい聖なる民族となれます。罪のしみも呪いのかげもなく、聖なる輝く特権ある、由緒正しいイエス様の血潮を受けた神様の血統的家族です。

自信を持って立ち上がってください。信じるとき、あなたは最も美しい民です。世の人々も本当は内心それを気づき、知っています。信じれば、あなたの内なる光はキリストの光、全ての命の源です。勇気をもって微笑んで、憂いの顔を捨てて明るく顔を上げていきましょう。

神様が味方、イエス様の犠牲があります。感謝して讃美して今も、最も輝く神様の子孫となり、後にはさらに輝く栄光の体を受けましょう。内なる人が輝けば外なる人にも影響、感化します。内なる光は最高に価値あるものです。神様がご覧になられるとき、私様信じる者は皆、この世界で最も美しいご自分の選ばれた民族です。

イザヤ書53：11「彼は、自分のいのちの激しい苦しみのあとを見て、満足する。」

イエス様のいのちの激しい苦しみのあととは、十字架のあとのことであり、そこにあるのは残された痕跡、イエス様の血潮あるのみで、他は救われた末長い子孫、私たち神様の子だけです。そのため、イエス様の満足は、私たちが美しい栄光の体を受けて輝く顔を持ち、喜んで讃美と感謝で信仰に生きる姿を見ることとです。

あなたが生きて輝けばイエス様は満足します。ヨブは美しい娘たちに相続地をただで与えたように、イエス様もやがて美しい私たちに天国をただで与えてくださいます（ヨブ42：15）。

イエス様の引き抜かれたひげ（聖書預言）

人は誰でも生きがいが、はっきりすると生き生き栄光に輝き始めます。

イザヤ書50：6「打つ者に私の背中を任せ、ひげを抜く者に私の頰を任せ侮辱されても、つばきをかけられても私の顔を隠さなかった。」

十字架を前にしてイエス様は背中のむち打ちだけでなく、ひげさえも抜かれました。ユダヤ社会では通常ひげとは男性美の象徴であり、男性の威厳と尊厳の現われです。

詩篇133：2「それは頭の上にそそがれたとうとい油のようだ。それはひげに、アロンのひげに流れてその衣のえりにまで流れしたたる。それはまたシオンの山々におりるヘルモンの露にも似ている。主がそこにとこしえのいのちの祝福を命じられたからである。」

エジプト人には、ヨセフがパロ王に会うためにひげを剃って整えたように、ひげは嫌われるものですが、ユダヤ人では反対に男性の誇りです。イスラエルの栄光のあらわれである祭司はひげの両端をそり落としてはいけないと律法で定められています。

レビ記21：5「彼らは頭をそってはならない。ひげの両端をそり落としてもいけない。からだにどんな傷もつけてはならない。」

かつて、アモン人の王ハヌンがダビデ王の家来たちを捕らえ、彼らのひげを半分そり落としてそしりを与えたとき、ダビデ王は「彼らのひげが伸びるまでエリコに留まりそれから帰りなさい」と命令を送り、イスラエル社会でひげのない恥をこうむらないよう彼らを保護しました（第2サムエル10：4）。

これほど社会的にも大切なひげです。それゆえイエス様の御顔から十字架にかけられる直前にひげが抜かれたということは、イエス様のユダヤ人としての尊厳も栄光も踏みにじられたということを意味する大変な出来事です。ひげが抜かれる激痛とともに、そこから外出血の血潮がにじみ出たことでしょう。さらにまた、恥辱ばかりでなく、そこには暴力もありました。

マルコ14：65「そうして、ある人々は、イエスにつばきをかけ、御顔をおおい、こぶしでなぐりつけ、『言い当ててみろ』などと言ったりし始めた。また、役人たちは、イエスを受け取って、平手で打った。」

ゴルゴタ（カルバリ）の丘でのイエス

私は救われる以前、大変な暴れ者でいろんな所へ出ていっては喧嘩をしていました。確かに「剣を取る者は剣により滅びる」ことを身をもって学ばされました。

そんな惨めに砕かれた体験から、今わかることは、人は力強く殴りつけられると、そのときつぶった目の中でピカッと火花が本当に飛び散るということです。また、頬を強く打たれると口の中が歯の形にそって切れ、血が出るということです。

私は喧嘩して疲れ果て、ぼろぼろになって帰宅後、鏡の中で頬の内側が切れて内出血しているのをしばし確認したことがあります。こんな惨めな体験さえ、今、イエス様の御苦しみを万分の一でも理解するための悟りとなり、全てが益になることを感謝します。

イザヤ書50：7「私は顔を火打石のようにし、恥を見てはならないと知った。」

イザヤ書50章7節に出てくる火打石とは、両手に持つ火打石同士を互いにぶつけ合い、火花を散らし火種に火をつける石です。

確かに、そのとき、石はピカッと光ります。しかし強く互い石をにぶつけ合わねば火花は飛び散りません。ガツン、ガツンと打つのです。

イエス様の御顔が打たれたとき、サタンはこのときとばかりに、人間を通して憎しみと怒りのこもる強い拳でガツンと殴りつけたのです。そのためイエス様が目隠しされた暗黒の恐怖の内に見たものとは、実にただただ火打石のごとく火花が飛び散る、すさまじい光景そのものだったのです。強い拳により打ち砕かれたイエス様の御目の内側は当然、頬が切れて内出血という血潮が流されたことでしょう。

その後、打撲傷によりイエス様の御顔は時間とともに醜く腫れ上がり、多くの者が見て驚いたように、その顔だちは損なわれて人のようではなく、その姿も人の子らとは違っていました。群衆の見る中、ゴルゴダへの道、ほふり場に引かれていく屠殺される運命の小羊のように引き出されたイエス様に、ローマ兵は死刑囚の定めにより十字架の非常に大きく重い横棒の木（パティブルムと呼ばれた）を縛り付けて背負わせて、歩かせたのです。

ヨハネ19：17－19「彼らはイエスを受け取った。そして、イエスはご自分で十字架を負って、『どくろの地』という場所（ヘブル語でゴルゴタと言われる）に出て行かれた。彼らはそこでイエスを十字架につけた。イエスといっしょに、ほかのふたりの者をそれぞれ両側に、イエスを真ん中にしてであった。ピラトは罪状書きも書いて、十字架の上に掲げた。それには『ユダヤ人の王ナザレ人イエス』と書いてあった。」

カルバリの発掘現場から発見された十字架の縦の長い木（スティペスと呼ばれた）を差し込む穴の縦横のサイズが31・5センチ×35センチだったことから考えると、固定のために隙間に打ち込む小さな岩のくいの部分を除いたとしても十字架の縦の木の太さは少なくとも30センチ×30センチ四方の、かなり大きな丸太位であろうと推測でき、この縦の木に合わせてクロスする十字架の横棒の木も同じくらいの太さがあり、非常に大きく重い大木の角材であったことが推測されます。

当時の歴史宗ヨセフスによると1世紀頃には、エルサレムで最盛期で毎日500人以上のユダヤ人を十字架にかけるようティトス皇帝が命じたとあり、その結果、ローマ兵たちは十字架刑に使用する木を樹木の少ないイスラエルで調達するため、手近で一番広く分布する樹木である樫の木から十字架をつくり作業を簡略化したと言います。樫の木は固くて重い木です。

そのため、十字架の横棒の木は少なくとも約50〜60キロはあったと計算でき、想像以上に大きく重かった十字架の横棒の木を無理に背負わされ、しかも徹夜と強制断食、5回の不法裁判と尋問責め、そして激しいむち打ちと暴力のため、心底力尽きていたイエス様は重い十字架の木に押しつぶされ、両腕を固定されたまま上っていくつらい坂道ドロローサで、何度も倒されてはひざと御顔を地面に強打したことでしょう。

カルバリへ続く旧道ドロローサはまちまちの大きさの岩で造られた転びやすいでこぼこ道です。イエス様の御顔はここでも大怪我して損なわれたはずです。

詩篇94：20－21「おきてにしたがって悪をたくらむ破滅の法廷が、あなたを仲間に加えるでしょうか。彼らは、正しい者の命を求めて共に集まり、罪に定めて、罪を犯さない人の血を流します。」

こうしてカルバリの丘、十字架は高く上げられました。御言葉は全て成就します。

イザヤ書53：3「人が顔を背けるほどさげすまれ、私たちも彼を尊ばなかった。」

イエス様の損なわれた御顔を道すがら集まった見ず知らずの大群衆さえ、忌み嫌い、顔を背け、頭をふりながらあざけりました。まるで見つけられた強盗人を非難するようにです（エレミヤ書48：27）

それはイエス様の御顔がひげの抜かれた外出血と殴りつけられた内出血、さらにはゴルゴダ途上ドロローサの道でひどく損なわれていたからです。しかし、このときの、この血潮こそ、今を生きる私たちのために注がれた貴い身代わりの犠牲の血潮でした。無駄な流血ではなかったのです。

すなわち、今日、誰でもイエス様を仰ぎ見つめれば、復活の栄光に輝く顔を持てます。陰りのない明るい顔を持って生きます。悩みと憂いの暗い顔が信仰と希望と愛に満ちた明るい顔に変わります。感謝と讃美に満ちた喜び輝いた目を待ちます。このイエス様の犠牲の血潮のゆえに、今日のクリスチャンは輝いています。

イザヤ書55章5節には十字架以降の教会時代について、「あなたを輝かせたイスラエルの聖なる方」とあり、私たちを輝かせるイスラエルの聖なる方とはまさにイエス様です。

詩篇34章5節では「彼らが主を仰ぎ見ると彼らは輝いた。彼らの顔をはずかしめないで下さい」とあります。十字架のイエス様を仰ぎ見て世界の光として大いに輝きましょう。かの日には復活の栄光の中で太陽のように輝くときも来ます。今、人間的な体型や国籍、肌の色、器量の善し悪し等一切の関係なく、内なる聖霊様の光で新しい人となって美しくなれます。

暗闇の勢力、疫病の脅威を打ち砕くもの！

イエスの血潮を受けて輝く魅力ある証人となりましょう。聖霊美人に人はついていくものです。私も初めて教会に行ったとき、熱心な教会員たちの輝く目を発見して心ひかれた一人です。黙示録1章16節では今、イエス様の御顔は復活・昇天により天国でいやされて強く照り輝く、太陽のような栄光に満ちています。復活の日、私たちもまた、そうなれます。

イエス様は十字架に関しては悲しみの人として苦難を受け、一時的に悲しみの御顔を持たれたことでしょうが、通常の宣教をなさった公生涯と30歳になられるまでの生い立ちにおいては、聖霊様の喜びと平安がいつも表情ににじみ出る気品の高い御顔をしておられたことでしょう。時に笑われ、時にやさしく微笑まれ、多くの人々にも無言のうちにも平安を分け与え、周囲の人々を楽にさせるふるまいと表情に群衆は魅了されました。

そのためイエス様が弟子たちに向かって「わたしは、あなたがたに平安を残します。わたしは、あなたがたにわたしの平安を与えます。わたしがあなたがたに与えるのは、世が与えるのとは違います」（ヨハネ14：27）と語られたとき、弟子たちはこの世にない平安をいつも持たれているイエス様のさわやかな表情を見て、それと同じ平安を受けたいと一切迷いなく一層期待する心でついて来たのです。弟子たちはイエス様の持たれるこの世とは異なる平安が欲しかったのです。

ところがもし、イエス様が不安一杯の暗く落ち込んだ憂うつそうな重たい顔で弟子たちに向かって「わたしは、あなたがたにわたしの平安をあたえます」と、ぼそぼそつぶやいたならば、きっとペテロはそっせんして「主よ！　大丈夫です。絶対結構です。わたしはもう、こんなにいっぱい満たされています。嬉しくてたまりません！」と言って得体の知れないこの世にない憂うつそうな顔の平安を断固拒んだことでしょう。

しかし、イエス様の内には確かな清い天国の平安があり、清さがあり、その御顔の上品な喜びの表情1つ1つが弟子たちの心をいつも引きつけて安心させていたのです。ですから、このようなイエス様がただの一度、十字架上で悲しみの人となって御顔が血潮と悲しみに覆われて損なわれた身代わりの死と3日目の復活のために、私たちは絶えず涙の谷を過ぎる試練の只中でも平安を保ち、明るい希望に満ちた清い顔を天に向かって上げることができるのです。ハレルヤ！　悪魔に騙されて堅く暗く憂うつに落ち込んだ顔はもう過去の人、イエス様の血潮によって暗闇の勢力も疫病の脅威も私たちとは一切関係ありません。

Part 9

エルヴィス・プレスリーとジョン・レノンその体験談と裏話

エルヴィスは9歳で洗礼を受け、ゴスペルの歌手を目指した！

アメリカのミシシッピー州テュペロの小さな家に生まれ2歳半から両親に連れられて教会に通った少年エルヴィスは9歳で洗礼を受けています。近所の黒人教会に行き、そこで説教と黒人のゴスペルに耳を傾けていました。そして自分もいつかはゴスペルの歌手になるのだと決めていたのです。自宅には当然自分の聖書があり、ツアーに出かけるときも常に聖書を持参していました。

エルヴィスは、スターになった頃、なぜ自分に富と名声が与えられたのかわからず、神に尋ねていました。

あるとき、邸宅の庭のキリスト像に雷が落ち、そのときに、

「お前にはその美しい声を与えたんだ。お前が歌うことで人が元気になるのだ」という啓示を受けました。そこから、ＴＣＢの稲妻のロゴが生まれました（ＴＣＢ＝Taking Care of Business やるべきことをやろう。使命を果たそう）。

また、エルヴィスは首が長いことにコンプレックスを感じていて、それを隠すために高さのある襟を衣装にしたという。そのデザインの元は、牧師や司祭の詰襟でした。

エルヴィスがガンを消した！

エルヴィスは、ステージが終わったあとに、ゴスペルグループのメンバーをホテルの自分の部屋に呼び、夜を徹してゴスペルを歌ったそうです。

そうした部屋には、有名人が多数つめかけていましたが、エルヴィスは彼らにもゴスペルを聴くように促しました。メンバーたちは、異口同音に、エルヴィスに誘われたら断ることはできず、特に公演の最終日には、朝まで延々とゴスペルを歌い続けたと証言しています。

あるゴスペルグループのメンバーが、ガンに冒されたという診断を受けた際の逸話です。

メンバーたちは悲嘆に暮れていました。そこにエルヴィスが現われ、話を聞き、彼はみんなで祈ろうと言い出しました。そのときエルヴィスは、ガンがあるとされたシルヴィアのお腹に手を当てて祈ったという。翌朝、シルヴィアが病院で診察してもらうと、ガンは跡形もなく消えていました。

１９７０年代に入ると、年間１５０回近くの過密なスケジュールでライブ活動を展開。そのストレスから逃れるために、医師が処方した睡眠薬や鎮痛剤などを誤用し、１９７７年8月16日、エルヴィスは42歳で不整脈と心臓発作により急逝しました。

「わたしが何になろうとも、それは神がわたしのために選んでくれたものだろう。強い酒やタバコは苦手なんだ。オレにふさわしいものじゃないと思っているよ」

「再び会うときまで、神がわたしにされるように、あなたを祝福してくれますように」

エルヴィスはその生涯でアルバム3枚分に相当する87曲もゴスペルを歌っています。3度グラミー賞を受賞していますが、3度ともロック部門ではなくゴスペル部門での受賞でした。と、ここまでは、素晴らしいクリスチャンであり、ロックの王様エルヴィス・プレスリーの救われた証しでしたが、実は、これで全部ではなかったのです。

エルヴィスのイルミナティカード！

カードのタイトルはエルビスの教会。そこにはこう書いています。

「彼は死んでない！　私は先週、ガソリンスタンドで彼を見た。エルビスをほめよ！」

そしてもう1枚のエルヴィスというカードもあり、こう書いています。

「彼だ！　彼だ！　エルヴィスは、彼のアクションを使って、公の場に少しだけ登場することで、どんなメディアグループもそらす力を持っています。

エルヴィスは、どんなメディアグループによって実行されたアクションもキャンセルできます！　彼はまた、エルヴィス教会を直接管理するための＋6を持っています。

彼は建物を出ました……」

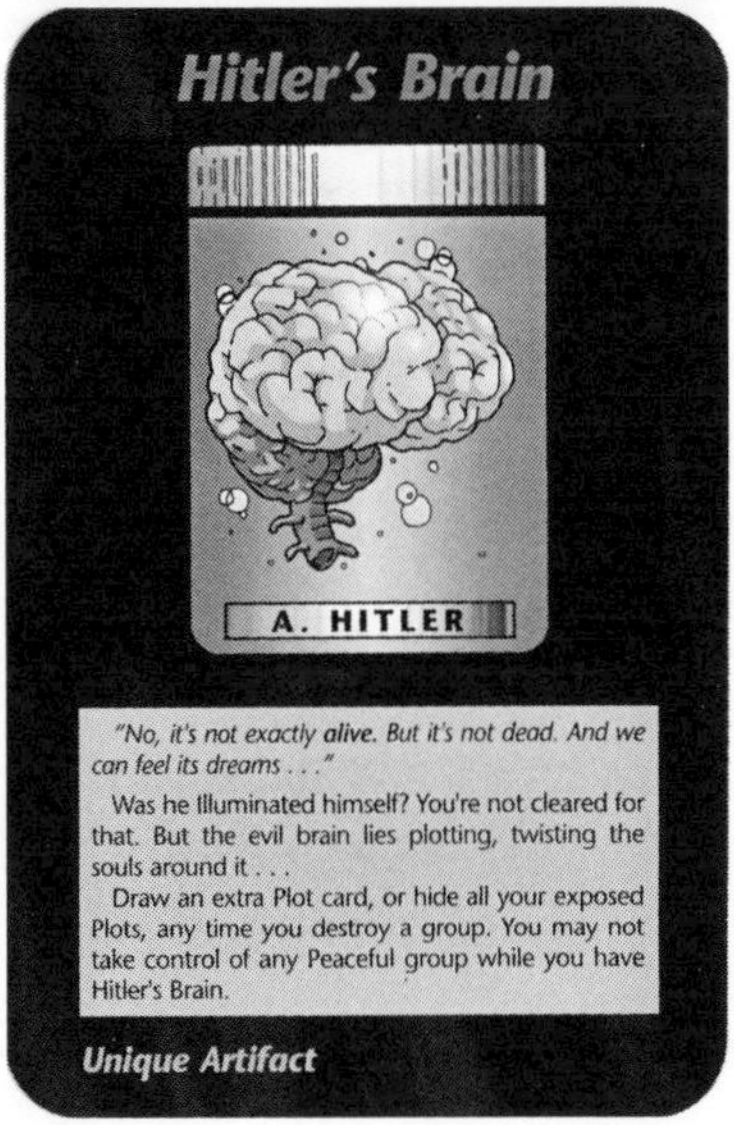

ヒトラーの脳のイルミナティカード！

有名人で死んだふりをしながら、余生を楽に暮らす者たちが他にも時たまいます。イルミナティカードを箱買いすると、赤い字で書かれたゲームの説明書が入っていますが、そこにはヒトラーは死んだが、脳だけ今も生きていると書かれています。イルミナティカードにはヒトラーの脳と書いていますが、彼は自殺を偽装して別人の死体を用意してから、南米アルゼンチンにUボー

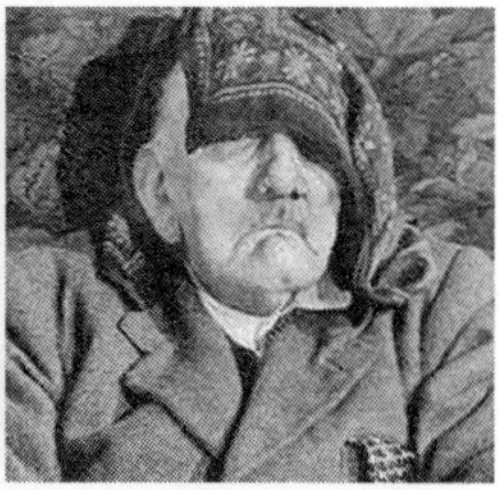

トで逃走して生涯そこで裕福に暮らしていたようです。死後にやがて医学が発展したときの復活の望みを持ってか、ホルマリン漬けで脳だけ生かされているようです。

ゼカリヤ書11：9「私は言った。『私はもう、あなたがたを飼わない。死にたい者は死ね。隠されたい者は隠されよ。』」

エルヴィスがジョン・レノンとビートルズを生んだ⁉

42歳という若さでこの世を去ったとされる定説ですが、プレスリーの生存説というのはアメリカ国民にとっては馴染みのある話です。

マイケル・ジャクソンの嫁だったリサ・マリー（プレスリーの娘）の話では、エルヴィス・プレスリーがイルミナティの言いなりになっていた期間が15年間あったとのこと……。

言いなりになるということは、悪魔に魂を売ったということです。

具体的には、本来ロック・シンガーとしては、反戦、平和主義のはずなのにベトナム戦争（1960年12月～1975年4月：まさに15年間）に賛同しているように振る舞ったり、リチャード・ニクソン大統領（1970年12月21日）に会って、麻薬撲滅に熱心であったニクソン大統領

マイケルジャクソンの歌う姿

メイソン・イルミナティの施設の絵

に対して、「ロックが麻薬使用に影響しているとは思わないが、責任は感じている」と言い、麻薬取締官の資格を与えられたりなど体制側についています。

「Heartbrake Hotel」という曲を歌っていました。エルヴィスは、ローリング・ストーンズやレッド・ツェッペリンなど、多くのミュージシャンに影響を与えましたが、特に代表的なのがビートルズの4人です。発売当時15歳だったジョン・レノンは、ラジオでこの初めて聴くタイプの音楽＝ロックンロールに衝撃を受け、次の日にレコード店へと走り、「ハートブレイク・ホテル」を購入、彼が初めて買ったレコードでした。後にジョンは、「あれ以降世界が変わってしまったんだ。エルヴィスは僕の人生を変えてしまった」「僕はエルヴィスを聴くまで、本当の意味で誰からも影響を受けたことはなかった。エルヴィスがいなかったらビートルズは誕生していなかっただろう」と語っています。

「ハートブレイク・ホテル」と「ホテル・カリフォルニア」は同じサタンの教会本部のこと!?

「ハートブレイク・ホテル」でエルヴィスとジョン・レノンがつながるわけですが、これは私の想像ですが、「ハートブレイク・ホテル」とは、エルヴィスが歌った１９５６年の20年後にイーグルスが歌った曲「ホテル・カリフォルニア」は同じホテルではないかと思います。

理由は両曲の歌詞がいずれも意味深で暗く、罪に堕落したことを賛美しているかのような印象の共通性を感じるからです。そして、これら２つのホテルを同一の場所ととらえると、出てくる結論が、そのホテルとは、カリフォルニアに実在するサタン教会の本部です。

サタン教会は、１９６６年４月30日のヴァルプルギスの夜にアントン・ラヴェイによってカリフォルニア州サンフランシスコにて設立された。ラヴェイは１９６９年に『悪魔の聖書』を出版し、１９９７年に死去するまで教会の司祭長を務めました。

「ホテル・カリフォルニア」の歌詞では、ホテルの光を見つけた主人公は、その玄関に立っている女の姿を見る。そして鐘の音を聞く。そのとき、ここは天国なのか、地獄なのかと思いながら、女の持つロウソクの光に導かれて、ホテルの廊下に入る。

すると「ようこそ、ホテル・カリフォルニアへ、ここは素敵なところですよ」という挨拶の声を聞く。そして「1969年以来、ここにはその霊はいない」との声を聞く。さらに、ホテルに泊まった客がワインを飲みたいと言うと、ホテルの男はここでも「1969年以来、ワインは置かないことにしている」と答える。

1969年とはラヴェイが『悪魔の聖書』を刊行した年、以来サタンの活動は活発になり、サタン教会のあるカリフォルニアに聖霊様はいないと言いたかったようです。ホテルに泊まった主人公がチェックアウトを申し出るが、フロントの人が客に返答する。「落ち着いてください。私たちはそのような申し出は受け付けますが、あなたがチェックアウトしても決して出られません」。これは入ったら出られない「サタン教会」だったのです。

この曲を逆再生すると、「サタンが助けてくれた」と聴こえるという。

「1969年以来、ワインを置かない」の意味は、イエス・キリストが十字架で流された勝利と命の血を意味します。聖書では、イエス様の十字架の血潮は人間の罪を赦して心を清め、神様と和解させて復活と天国を与えます。イエス様の血潮は悪魔・サタンを打ち滅ぼして人間を救い、聖霊様に満たされた豊かで幸せな神様の素晴らしい御計画通りの人生を与えます。だから悪魔・サタンは聖餐式に使うイエスの血潮を象徴するワインを嫌い、ホテルに置かないと言うのです。

こうして考えると、エルヴィス・プレスリーがイルミナティの言いなりになった期間15年とは、最後に悔い改めて、神様に立ち返っていれば救われますが、そうでない限り非常に危険な霊的状態ですね。ロックンロールの原点とジョン・レノンが感銘を受けた「ハートブレイク・ホテル」がサタン崇拝の曲ならば、点と線が結ばれます。

聖書に対抗するロックンロールはサタンのもの。エルヴィスもビートルズのジョン・レノンもそこからイルミナティの息がかかっていたのです。

「イマジン」は反聖書的内容に満ちている⁉

さて、そのビートルズのジョン・レノンですが、１９７１年に「イマジン」という曲をつくりました。ご存じその歌詞は神様を否定する反聖書の内容です。

その内容はだいたいこんな感じです。

想像してごらん　天国は無いんだと。地面の下に地獄は無いし、僕たちの上には　ただ空があるだけ――

きっと世界はひとつになる――人はみんな兄弟。いつかあなたもみんな仲間になって、世界はきっとひとつになる――

このようにメイソン色の強い無神論と友愛、ワンワールドが歌詞に現われていますね。

一見すると、平和への賛歌にも聞こえますが、違います。

天国も、地獄もないという無神論的な内容の曲で神様の存在を否定し、「いつかあなたもみんな仲間になって、きっと世界はひとつになるんだ」とメイソンのスタンスであるワンワールドを歌っています。実はサタン崇拝に属する歌詞の曲です。

ビートルズ最後のアメリカ公演が行われる数か月前の1966年3月4日、モーリーン・クリーブとのインタビュー記事「How dose a Beatle live? John Lennon lives like this」が「ロンドン・イブニング・スタンダード」紙に掲載されました。

この内容はビートルズのメンバーの私生活についてのもので、ここでジョン・レノンは以下のように発言しました。

「キリスト教は衰えていくだろうね。消えて縮小していく。議論の必要はないよ。僕は正しいし、そうだとわかるだろう。今では僕たちはキリストより人気がある。ロックンロールかキリスト教、どちらが先に消えるかはわからない。キリストは良かったけど、弟子は鈍くて平凡だった。僕にとっては、弟子が歪めてしまったせいでダメになったんだと思えるね」

最後はイエスを受け入れたジョン、キリスト教大嫌いのオノ・ヨーコはそれを封印！

ところが、ジョン・レノンは後になってから、親しくしていたオラール・ロバーツ牧師に次のような内容の手紙を出しました。

「ロバーツ先生。ジョンです。僕には、お金がたくさんあります。ビートルズとして世界中を訪れました。世界中の人々がうらやむようなすべてのものを手に入れました。

それでもなお、僕は人生の問題に直面して恐れているのです。希望を見出すことができないのです。もはや、罪悪感からも逃げ出すことができず、自分を愛することができません。僕は、ただ希望が欲しいのです。薬物も使い続けたくはないのです。

キリストが自分のためにどんなことをしてくれるのか教えてください。イエス・キリストはまやかしなのでしょうか？　よみがえりは、嘘なのでしょうか？　僕はイエス・キリストを愛することができるのでしょうか？　いや、イエス・キリストは僕を愛することができるのでしょうか？　僕は、この地獄から抜け出したい。先生、教えてください。希望はありますか？」

オラール・ロバーツ牧師は彼に返事を出し、イエス・キリストは、よみがえって、愛してくださっていること、新しい人生と希望があることを伝え励まし続けました。

ジョン・レノンはその後の4年間、聖書を読んだり、学んだりしているうちに、1980年10月、イエス・キリストを受け入れました。彼は、喜びをもって、「You Saved My Soul」という曲をつくりました。

彼の奥さんのオノ・ヨーコさんは、オカルトに傾倒していたので、キリスト教に嫌悪感があり、その曲が録音されて出版される前に、全てを差し止めてしまい、世に出回らないようにしました。1980年12月8日に残念ながら、彼は、殺されます。しかし、殺される1か月前にある雑誌のインタビューの中で彼はこんなふうに言っています。

「自分の信仰は、クリスチャンとは言えないかもしれないが、今でも聖書は読んでいる。キリストのたとえ話のいくつかは、ようやく今になってわかってきた」

そして、彼が亡くなる3週間前、彼がつくった歌「You Saved My Soul」（あなたは、私の魂を救ってくださった）のデモテープを自分でギターを弾いて、録音しているものが、今は、YouTube動画で見ることができます。

検索ワード「ジョン・レノン幻の名曲」。

だいたい次のような内容です。

ジョンレノンが孤独でおびえていた時、テレビの説教者に支えられたと始まり、東京のホテルの一室で、イエス様だけが真実の愛で自殺から救ってくれたと歌っています。

そして、全てのことの故に、神様と一緒に行きますと言い、歌詞には「僕がアパートの窓から飛び降りようとした時のことを覚えていますか」とイエス様に問いかけ、ニューヨーク街のウエストサイドで、神様だけが愚かなプライドが原因の自殺から僕を救ってくれたと歌っています。

詩の最後は「僕の魂をあなたの真の愛で救ってくださったことを感謝しています」と見事なゴスペルソングです。

ジョン・レノンが、最後につくった歌がキリストに対する賛美の歌だったことは、世間にはあまり知られていませんが、これも隠ぺいされた真実です。きっとジョン・レノンが自宅前で撃たれて暗殺された真相とは、悪魔・サタンが今、クリスチャンとなってイエス・キリストを受け入れ救われたジョン・レノンの喜びを、これ以上、歌われないよう、ジョン・レノンの世界的に絶

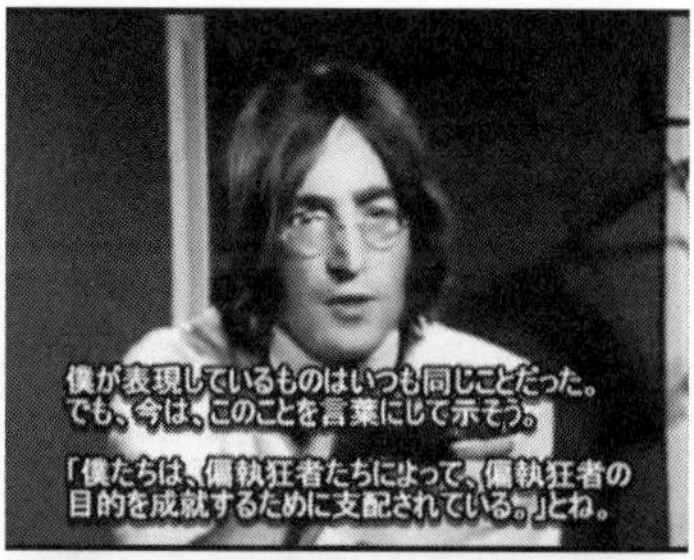

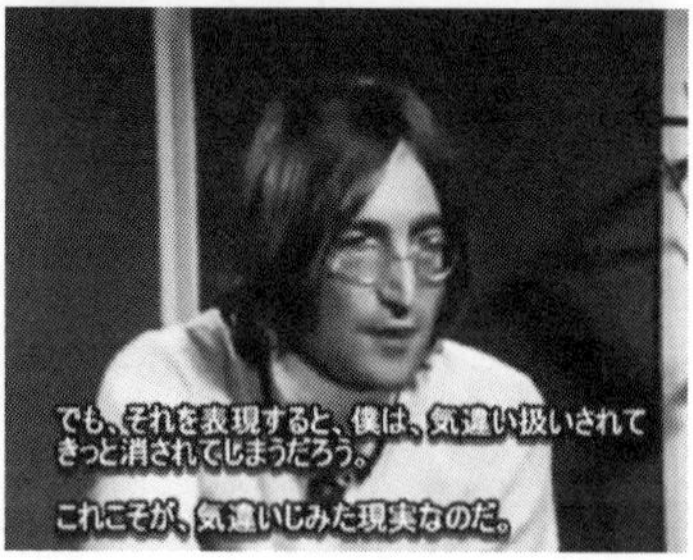

大だった影響力を早期に封じ込めるために行った大迫害だったのでしょう。

第2テモテ3：12「確かに、キリスト・イエスにあって敬虔に生きようと願う者はみな、迫害を受けます。」

マタイ5：10－12「義のために迫害されている者は幸いです。天の御国はその人たちのものだから。わたしのために人々があなたがたをののしり、迫害し、ありもしないことで悪口を浴びせるとき、あなたがたは幸いです。喜びなさい。喜びおどりなさい。天ではあなたがたの報いは大きいから。あなたがたより前にいた預言者たちを、人々はそのように迫害したのです。」

黙示録6：9「小羊が第五の封印を解いたとき、私は、神のことばと、自分たちが立てたあかしとのために殺された人々のたましいが祭壇の下にいるのを見た。彼らは大声で叫んで言った。『聖なる、真実な主よ。いつまでさばきを行わず、地に住む者に私たちの血の復讐をなさらないのですか。』

するとらのひとりひとりに白い衣が与えられた。そして彼らは、『あなたがたと同じしもべ、また兄弟たちで、あなたがたと同じように殺されるはずの人々の数が満ちるまで、もうしばらくの間、休んでいなさい』と言い渡された。」

黙示録14：13「また私は、天からこう言っている声を聞いた。『書きしるせ。「今から後、主にあって死ぬ死者は幸いである。」』御霊も言われる。『しかり。彼らはその労苦から解き放されて休むことができる。彼らの行いは彼らについて行くからである。』」

黙示録21：1－8「また私は、新しい天と新しい地とを見た。以前の天と、以前の地は過ぎ去り、もはや海もない。私はまた、聖なる都、新しいエルサレムが、夫のために飾られた花嫁のように整えられて、神のみもとを出て、天から下って来るのを見た。

そのとき私は、御座から出る大きな声がこう言うのを聞いた。『見よ。神の幕屋が人とともにある。神は彼らとともに住み、彼らはその民となる。また、神ご自身が彼らとともにおられて、彼らの目の涙をすっかりぬぐい取ってくださる。もはや死もなく、悲しみ、叫び、苦しみもない。なぜなら、以前のものが、もはや過ぎ去ったからである。』

すると、御座に着いておられる方が言われた。『見よ。わたしは、すべてを新しくする。』また言われた。『書きしるせ。これらのことばは、信ずべきものであり、真実である。』また言われた。

『事は成就した。わたしはアルファであり、オメガである。最初であり、最後である。わたしは、渇く者には、いのちの水の泉から、価なしに飲ませる。勝利を得る者は、これらのものを相続する。わたしは彼の神となり、彼はわたしの子となる。

しかし、おくびょう者、不信仰の者、憎むべき者、人を殺す者、不品行の者、魔術を行う者、偶像を拝む者、すべて偽りを言う者どもの受ける分は、火と硫黄との燃える池の中にある。これが第二の死である。」

Part 10
［真の科学］自らを守り、他者をも守るもの、それは「祈り」である

疫病からの防御「祈りのセラピー」（聖書預言）

疫病は確かに恐ろしいものです。しかし、そこから守られる方法もあります。

一般的には、日常的な手洗い、うがいの励行。咳エチケットの励行（感染症を他の人に感染させないために、マスクやハンカチ、袖、ティッシュを使って口や鼻を押さえること）、咳や37・5度以上の発熱、呼吸困難など、風邪に似た症状のある場合は病院へ行くか自宅で療養。手洗い・マスク着用の励行。アルコール消毒薬の設置。握手の自粛。部屋の換気などみんな知ってることの実践です。しかし、一般的でない重要な予防策もあります。

自分と病人たちのために祈ることです。

ヤコブ5：14－16「あなたがたのうちに病気の人がいますか。その人は教会の長老たちを招き、主の御名によって、オリーブ油を塗って祈ってもらいなさい。信仰による祈りは、病む人を回復させます。主はその人を立たせてくださいます。また、もしその人が罪を犯していたなら、その罪は赦されます。ですから、あなたがたは、互いに罪を言い表し、互いのために祈りなさい。いやされるためです。義人の祈りは働くと、大きな力があります。」

世界でここ数年、代替医療の1つ「Prayer Therapy－祈りのセラピー療法」が、静かなブームを呼んでいます。タイムズ誌とCNNが共同で、成人1004人を対象に行った最新の意識調査では、「祈りのヒーリングパワーを信じる」が82％、「病人本人ではなくほかの人が祈っても治癒効果はある」が73％、「重病人が治る際にたびたび神の力が働いている」が77％と、神様の力を信じている人が多いです。

アメリカ最大の国立医学研究機関である国立衛生研究所は、これまでに発表された200以上の研究報告を検証し、ガンや心臓病といった病気への祈り療法の効果を調べ、大学などで祈りの治癒メカニズムを科学的に解明しようと様々な研究を行っています。

特に学会発表され世間の関心を引いたのが、ノースキャロライナのデューク大学医学部の調査報告です。

1986年から1992年まで6年間、65歳以上の男女4000人を対象に健康に及ぼす祈りの効果を調べた結果、「祈ったり、聖書を読んでいる高齢者は、健康で長生きしている」と結論づけました。

老人学の専門誌『老人学誌』にも掲載された調査報告によると、6年の調査期間中に亡くなった人の数は、祈らない高齢者のほうが約50％も高かったのです。

同調査にたずさわった研究者の一人ハロルド・コーニング氏は「祈ることでストレスが解消されている」と説明します。ストレスが高まるとアドレナリンなど体に害を及ぼすホルモンが分泌され、高血圧や免疫力低下を引き起こします。祈りは、こういったストレス・ホルモンを抑える脳の化学物質「神経伝達物質」の分泌を促進するため、ストレスを解消するというわけです。

ほかの調査報告にも、「30年間にわたり高血圧患者を対象に行った調査では、教会に行っている人は行かない人よりも血圧が低い」「教会に通う人は通わない人に比べて冠状動脈の病気にかかる率が低い」「信仰心のある人は憂鬱や不安が要因の1つになっている病気にかかる率が低い」「教会に行かない人の自殺率は通う人に比べ高い」などがあります。いずれも祈るという心の作用が健康に影響しています。

次々と立証される祈りの効果！

ハーバード大学のハーバード・ベンソン教授は「祈り」が呼吸数、心拍数、二酸化炭素排出量、酸素消費量を安定させ、「祈り」がガンや糖尿病、不妊症などの病気に効果的に働くと分析しています。

私たちが、誰かに対して怒りや妬み、恐れ、不安といったネガティブな感情を持つと、「ストレス物質」であるコルチゾールという物質が分泌され、記憶の重要回路である「海馬」が委縮するそうです。

つまり、ネガティブな祈りは、自分自身に悪影響を及ぼしています。逆に、ポジティブな祈りは、「ベーターエンドルフィン」や「ドーパミン」「オキシトシン」など、「脳内快感物質」と呼ばれる病気を治す天然の妙薬物質が分泌されるそうです。副作用もない最高の良薬です。それは、多幸感や快感をもたらし、脳を活性化させ、身体の免疫力を高めると。また、記憶力が高まり、集中力も増すそうです。

同じポジティブな祈りでも、「ライバルを蹴落としたい」とかいう攻撃的な祈りには、「怒りのホルモン」である、アドレナリンやベーターエンドルフィンが出てしまう。しかし、それが、「この勝負で、ともに成長していきたい」という、相手の幸せをも祈れるときは、自らの幸福にもつながっていくようです。

人が未来をいきいきと思い描くとき、海馬の活動が活発になることがわかってきました。祈りを日常的にしている人ほど、展望的記憶をしっかり持って、いきいきと生きることができる。それが、ポジティブな利他の祈りであれば、脳に与える良い影響も強まるそうです。

日赤の外科部長をしていた小松健治医師によると、自然治癒力を高めて病気を治す医療で歩行も苦しかった中年のエイズ患者が複数の人に熱心に祈ってもらったところ、半年で旅行に行けるまでに回復したそうです。

また、子宮ガン全摘出後、医者からは3年以内に確実に死亡すると宣告された婦人がキリスト教の伝道者に祈ってもらったところ、3か月後には正常な生活に戻りました。その後、35年以上生きられ、ガンとは違う別の病気で亡くなられました。

これらの事例から小松健治医師の分析結果とは、「良い祈りならば、脳内に『良い物質』が分泌されます。良い物質とはβエンドルフィンやドーパミン、オキシトシンなどです。それは多幸感たこうかんや快感をもたらして、天然の妙薬みょうやくとなって免疫系の活動を高めて自然治癒力も強める」というものです。

あなたが祈れなくても、本人の祈りだけでない、他者のとりなし祈りが働くことも科学的には説明できない現実の現象です。

調査は、ミズーリ州の病院で心臓発作を起こし入院中の男女1000人の患者を対象に行われました。まず、患者の半分を人に祈ってもらうグループ、残り半分をそうでないグループに分ける。祈る人には、患者のファーストネームだけを渡し、4週間にわたり毎日、その患者の回復を祈るように頼みました。祈る人は全員クリスチャンでした。患者には、誰かが祈っていることは知らせていません。

同期間中の患者の健康状態を表にしたところ、祈ってもらっている患者グループのほうが、そうでない患者グループより10％ほど回復率が高い。患者自身は祈りのことなど何も知らないのだから、祈ることでリラックスし脳の神経伝達物質の分泌が活発になるというデューク大学やハーバード大学そして日赤、小松医師の説明にも当てはまらないです。この調査報告を受け「超自然の力を信じる」。そんな声が医者の中からもささやき始められています。

祈りは効く！　処方箋に「1日3回祈ること」を記入すべきだ！

心臓学教授ランドルフ・ビルド博士がサンフランシスコ総合病院の心臓病集中治療室で、心臓病の入院患者393人に対して臨床実験で行われる厳密な基準を適用して実験を行い、「祈り」には治癒効果があることを証明しました。

10か月にわたる実験は、患者がコンピューターにより無作為に分けられ、祈られるグループ192人と祈ってもらわないグループ201人に分けて行われました。患者、看護師、医師も、どのグループにどの患者が入るかを、知らないという厳格さでした。患者のために祈る人たちを全国のカトリックとプロテスタント教会に呼びかけ、患者のために祈ってもらいました。祈る人には患者のファーストネーム、病名、現在の状況を簡単に知らせ、毎日その患者のために祈るように依頼しました。患者1人につき祈る人は5人から7人の割合でした。

結果は祈られた患者グループは、祈られないグループに対して、驚くほど良い治療効果を示しました。

1．抗生物質を必要とした患者の数は、祈られないグループの6分の1でした。
2．祈られたグループでは心臓疾患の結果、肺気腫になった人が、祈られないグループの3分の1でした。
3．祈られたグループでは気道を確保する気管内挿管を必要とする人はいなかった。一方、そうでないグループでは12人が人工気道を必要としました。

この結果を見て博士は、「この研究は精査に耐えうるものだ。われわれ医師は『一日3回祈ること』と処方箋に書くべきだ。祈りは効く」と述べました。

そして実験が「祈り」でなく、新薬や新しい外科手術の方式であれば、「医学界の快挙」とか、「治療に突破口が開かれた」と華々しく宣伝されたはずだと言われました。

リアルタイムの奇蹟

ルカ22：31−32「シモン、シモン。見なさい。サタンが、あなたがたを麦のようにふるいにかけることを願って聞き届けられました。しかし、わたしは、あなたの信仰がなくならないように、あなたのために祈りました。だからあなたは、立ち直ったら、兄弟たちを力づけてやりなさい。」

植物にも祈りの効果あり、が実験で立証されている！

スピンドリフトによる実験でとりなし祈りは人間相手だけでなく、植物さえにも効くことが判明しています。10年以上にわたり祈りの効果を客観的に研究しているスピンドリフトという組織があります。そこでは大豆、緑豆、麦の発芽と祈りの関係を実験調査しました。祈られなかったグループの大豆は、11・5％の成長率。1日1回一緒に祈りを受けた大豆は、祈られなかった大豆よりさらに大きく2・0％〜3・1％成長。2倍多くの時間祈りを受けた大豆は、祈られなかった大豆よりさらに大きく5・4％まで成長。

同様の実験を大豆だけでなく緑豆にもしたところ、1万4400個の緑豆を塩水につける負荷をかけ、24時間9日間置いた。その後、8400個の祈られないグループと6000個の祈られるグループに緑豆を分けました。その結果、祈られない緑豆は、28・4本の発芽。祈られた緑豆は、2倍の52・6本の発芽。祈られなかった緑豆に比べ、祈られた緑豆は85・2％の平均増加。

祈りはストレスがある環境だと、より祈りの効果が見られる傾向がある実験の結果です。麦でも同じ実験をしたが、同様の結果で、このことから8つの結論です。

1．祈りは実現する。
麦の発芽実験で、祈られたグループの種子のほうの発芽率がはるかに高かった（何度実験しても同じであった）。祈りは発芽の成長に効果があった。

2．苦しい時ほど祈りの効果が出る。
発芽しにくいように、麦の種を浸している水に塩分を加える実験で、塩分の濃度を増やす（つまりストレスを多く与えるほど）祈りの効果が大きかった。このことは、祈ってもらう人が重い病気であるほど、あるいは、つらい、不幸な境遇にあるときほど、祈りの効果が大きい。おそらく神様への求める本気さの違いが影響するのでしょう。

3．祈りの量は祈りの効果と比例する。
麦の発芽実験で、祈る時間を2倍にした場合は、発芽率が2倍になりました。このことは病人のために祈る場合、時々、祈る場合よりも、いつもその病人のことを思いながら、できるだけ多く、長く祈ってあげるほうが、病人のためによいと言えます。

4．対象を明確にした祈りが効果的。

祈りが効果を持つためには、誰に対して祈るか、あいは何に対して祈るかと、はっきり祈りの対象を明確にして祈るほど、祈りの効果がある。このことから、ただ漠然と祈るよりも、「病気のAさん、Bさん、Cさん、Dさん」と一人一人を意識しながら祈るほうが効果が大きい。

5．祈りの対象の数が増えても効果は減らない。

例えば種子を用いた実験では、種子の数が多くても少なくても、結果は同じでした。このことから、祈りの対象数がいくら増えて、例えば1人の人への祈りであろうと、5人、10人であろうとも、祈りの効果は変わらない。

6．祈りの経験の長い人ほど祈りの効果が大きい。

実験によって、祈りの経験の長い人のほうが、浅い人よりも大きな効果を生むということがわかりました。ふだんからお祈りをしている人の祈りのほうが、はるかに効果が高い。その意味では、牧師の祈り、よく祈る聖徒の効果は高いと推察されます。おそらく、長い祈りゆえ、背後で働く霊の影響をより一層破壊するからでしょう。

7.「委ねる祈り」は、「指示的な祈り」より効果が大きい

「指示的な祈り」とは、例えば、ガンが治癒すること、苦痛が消えることなど、祈る人が特定の目標やイメージを心に抱いて祈ること。委ねる祈りは、何かしらの結果を想像したり、注文したりせずに、ただ、「最良の結果になってください」とか、「神の御心のままにしてください」と神に全幅の信頼を置いて委ねる祈り方。

実験結果では、「指示的な祈り」と「委ねる祈り」のどちらも効果は上がったが、「委ねる祈り」のほうが、「指示的な祈り」の2倍以上の効果をもたらすことも多かったのです。

8．祈りに距離は関係ない

病人のすぐ側にいなくても、遠くから祈ってあげるだけでも、病状の進行を防いだり、痛みを和らげることができる。遠く離れた家族の癒しを祈ることも、はっきり効果があると言えます。

絵には患者の心を癒やす効果がある

1989年に開院した埼玉県の北里大メディカルセンターは「絵のある病院」の先駆けです。ノーベル賞を昨年受賞した大村智・北里大特別栄誉教授らの研究収益を基に建設。絵画に造詣の深い大村氏の提案で廊下や病室に約300点が飾られ、美術館と見まがうほど。所有作品は約1

700点に及び、定期的に展示作品を入れ替える。アートに要した費用は約3400万円。「医療機器の購入に割くべきだ」と主張する職員も多かったが、その後のアンケートでは「患者や家族が癒やされている」など肯定的な反応が大半を占めた。奥村伸二病院長は「職員も心にゆとりができてコミュニケーションが活発化し、雰囲気が良くなった」と喜ぶ。

「もう一回人生をやり直したい」。開院当時から施設管理に携わった戸井田浩氏は10年以上前、ある女性患者が発した言葉を忘れられない。展示された著名画家の作品を見て感動し、治療に向き合う勇気が湧いたという。「絵には患者の心を癒やす効果があると実感した」（戸井田氏）

Part 11 科学・医学と聖書の結論が同じ！

人の命は「血」の中にある！

私たちの心臓は、毎日約10万回拍動して身体の隅々まで血液を送ります。これを1年に換算すると3500万回、平均寿命では28億回拍動。医療科学によると、心臓が1回収縮するときの力は、手のひらにテニスボールを置いてぎゅっと思い切り握る程度の力だそうです。

「血が体中を巡る」ということは今から400年ほど前にウィリアム・ハーベイという人が発見しました。創造主なる神様を信じていたハーベイでしたが、この説を発表するのは命がけだったそうです。当時、血の役割はほとんど知られていませんでした。確かに人工心臓はできても、人工的に血液をつくり出すことはまだできません。精巧につくられている脳でも血液の供給が止まると、動かなくなるのです。まさに人の命は血の中にあると言えるでしょう。

詩篇71：6「私は生まれたときから、あなたにいだかれています。」

ジョージ・ワシントン大統領は身長が188㎝もあった大柄な男性でした。68歳で体の不調を訴え喉の感染症にかかりました。声を出すのも息をするのもキツかったため、ワシントンは友人でもある専属医に血を抜いてもらうように頼みました。

当時Bloodlettingという治療が病を治すと信じられていました。血を抜き取る医療を表わします。古代ギリシャやインドの時代から19世紀の後半まで、2000年にわたって効果があると信じられていました。現在では禁止されている医療行為です。10時間にわたって3・75リットルもの血液を抜き取られワシントンは体重が90kg程度あったため、この体重からワシントンの血液の量は全部で7リットルであると推定されますが、10時間の間に、致死量の3リットル超えの3・75リットル、全血液量の半分もの血が抜き取られ失血死しました。

レビ記17：11「肉のいのちは血の中にあるからである。わたしはあなたがたのいのちを祭壇の上で贖うために、これをあなたがたに与えた。いのちとして贖いをするのは血である。」

もし、大統領が聖書のこの言葉を信じられたならば、死なずに済んだでしょう。

聖書から分析、健康で長寿するための15の原則。

① 罪以降、肉体的な苦痛。

創世紀3：16「女（エバ）にはこう仰せられた。『私は、あなたのうめきと苦しみを大いに増す。あなたは、苦しんで子を産まなければならない。しかも、あなたは夫を恋い慕うが、彼は、あなたを支配することになる。」

創世紀3：19「あなた（アダム）は、顔に汗を流して糧を得、ついに、あなたは土に帰る。あなたはそこから取られたのだから。あなたはちりだから、ちりに帰らなければならない。」

善悪の知識の木の実を食べてから、肉体的な苦難を受けたアダムとエバ。ゆえに罪を遠ざけると、健康で長生きできます。

② 薬　ヒゼキヤの寿命が15年延びた。

第2列王紀20：7「イザヤが、『干し無花果をひとかたまり、持って来なさい』と命じたので、人々はそれを持って来て、腫物に当てた。すると、彼は直った。」

古代ローマの書物に「無花果《いちじく》には体力を回復させる力がある」と記録。

中国で明王朝時代に出版された『本草綱目《ほんぞうこうもく》』も無花果は5種の痔を治すとある。無花果が腫瘍に効く民間療法を科学的に解明した日本の科学者もいます。無花果からベンズアルデヒド活性成分を抽出し、癌患者に投与で半数以上に改善があった。つまり自然の食べ物には癒しの力がいっぱい。

③ 養命酒少量のぶどう酒の勧め。

第1テモテ5：23「これからは水ばかり飲まないで、胃のために、また、たびたび起る病気のためにも、少量のぶどう酒を用いなさい。」

少量のアルコールは心身をリラックスさせ、血管を緩め血流を良くします。微量なら血流を良くするが、大量に飲むと頭痛、乱行など害が表面化して、二日酔いの症状を引き起こします。ソロモン王は「強い酒は滅びようとしている者に与え、ぶどう酒は心の痛んでいる者に与えよ。彼はそれを飲んで自分の貧しさを忘れ、自分の苦しみをもう思い出さないだろう」（箴言31：6－7）と言いました。

ちなみに酒と来ればタバコの弊害について、聖書預言には、苦しみのうちに伏し倒れる肺炎、肺ガンに対する喫煙リスクをタバコが普及してない２７００年も前の時代から警告しています。

イザヤ書50：11「見よ。あなたがたはみな、火をともし、燃えさしを身に帯びている。あなたがたは自分たちの火のあかりを持ち、火をつけた燃えさしを持って歩くがよい。このことはわたしの手によってあなたがたに起こり、あなたがたは、苦しみのうちに伏し倒れる。」

④ 黙示録7番目の教会＝最後の時代、今は医学が最も発展する時代。

黙示録3：18「私はあなたに忠告する。豊かな者となるために、火で精錬された金をわたしから買いなさい。また、あなたの裸の恥を現さないために着る白い衣を買いなさい。また、目が見えるようになるため、目に塗る目薬を買いなさい。」

聖書預言では、最後の今の時代には、金の価格高騰とアパレル業界の発展、目薬の象徴である西洋医学の発展を預言しています。薬による癒しも素晴らしい恵みです。

⑤ 西洋医学だけでなく、東洋医学も保険適用で、聖書でも認めている。

ヨハネ9：6－7「イエスは、こう言ってから、地面につばきをして、そのつばきで泥を作られた。そしてその泥を盲人の目に塗って言われた。『行って、シロアム（訳して言えば、遣わされた者）の池で洗いなさい。』そこで、彼は行って、洗った。すると、見えるようになって、帰って行った。」

イエス様のつばぷラス中東の土イコール、つば泥＝漢方薬です。漢方薬も用いることができます。

⑥ 神様は医学に貢献されている。

睡眠薬のヒントが聖書にあり。

創世紀2：21「神である主は深い眠りをその人に下されたので、彼は眠った。そして、彼のあばら骨の一つを取り、そのところの肉をふさがれた。」

アダムが寝ている間に骨を除く大手術の外科治療。この言葉をヒントに現代のショック死を除く麻酔薬は完成し、医学界の革命を起こしました。キュリー夫人は、クリスチャンとして使命感で自らも被曝しながら400回の失敗を重ねてラジウムの発見に成功。ラジウム抽出技術を知っているのは、キュリー夫妻だけ。特許をとれば莫大な財産を築けました。しかし、「ラジウムは病人を治療するのに役立つでしょう。けれど、それから利益を引き出すなんてことは、私にはできません」と言って特許をとりませんでした。

特許をとれば大金持ちになれたのに、と話す人に対し、「誰もラジウムでお金持ちになってはいけません。あれは元素です。ですから神様が与えた万人のものです」と答えています。

今日、ガン患者が放射線治療を安価に受けられるのはキュリー夫人のおかげです。ですから、病院も薬も放射線治療も少しならＯＫ。病んだときに利用できます。それは決して神様の奇蹟を期待しない不信仰ではないです。

⑦やまいの悪霊による病気があります。

賛美が人間構成の3領域である霊魂肉をいやします。「霊」サウル王が精神病にかかったとき、その前でダビデが賛美しました。すると、悪霊が離れてサウル王は元気を回復しました。

「心」ロマ書1：21「彼らは神を知っていながら、その神を神としてあがめず、感謝もせず、かえってその思いはむなしくなり、その無知な心は暗くなりました。」

逆説的真理として、神様を崇め感謝の賛美をすると、希望と英知の心に変わり明るくなれます。

「肉」イザヤ書54：1「子を産まない不妊の女よ。喜び歌え。産みの苦しみを知らない女よ。喜びの歌声をあげて叫べ。夫に捨てられた女の子どもは、夫のある女の子どもよりも多いからだ』と主は仰せられる。」

喜びの賛美で不妊治療。難産回避の安息効果。賛美で子供が多産な程の健康と若返りのアンチエイジングができます。聖書のサラは90歳でも美しく、美貌ゆえに評判となってアビメレク王のそばめに選ばれました。その秘訣はサラは繰り返し、「多くの国々の母」と告白しましたが、告白の力で若さと美しさを得ました。鏡に向かって毎日言ってください。「あなたは若くて美しい。まだまだいけるよ。可愛いよ。」

第1テモテ4：3－5「食物は信仰があり、真理を知っている人が感謝して受けるようにと、神が造られた物です。神が造られた物はみな良い物で、感謝して受けるとき、捨てるべき物は何一つありません。神の言葉と祈りとによって、聖められるからです。」

有害な食物が多いですが、感謝の祈りで清くなって人体無害に解毒されます。また以下の言葉も大事です。

マルコ16：17－18「信じる人々には次のようなしるしが伴います。すなわち、私の名によって悪霊を追い出し、新しい言葉を語り、蛇をも摑み、たとい毒を飲んでも決して害を受けず、また、病人に手を置けば病人は癒されます。」

⑧ 食べ過ぎて病む現代　小食の勧め。

第1列王紀19：5－8「彼の頭のところに、焼け石で焼いたパン菓子一つと、水の入ったつぼがあった。彼はそれを食べ、そして飲んで、また横になった。それから、主の使いがもう一度戻って来て、彼にさわり、『起きて、食べなさい。旅はまだ遠いのだから』と言った。そこで、彼は起きて、食べ、そして飲み、この食べ物に力を得て、四十日四十夜、歩いて神の山ホレブに着いた。」

憂鬱症のエリヤの治療に御使いは少食を勧めています。規則正しい生活、惰眠禁止も大事です。エリヤが落ち込んだとき、彼は心乱れて昼寝しています。御使いの食事はわずかに焼石のパン菓子2個と水だけです。少食の勧めです。さらにその後、食べたら運動。ホレブ山まで40日歩行しています。向かいのコンビニさえ車で行く時代、そうしないで歩きましょう。

⑨水からくる病気　エリコの汚染水。

第2列王紀2：19－22「この町の人々がエリシャに言った。『あなたさまもご覧のとおり、この町は住むのには良いのですが、水が悪く、この土地は流産が多いのです。』すると、エリシャは言った。『新しい皿に塩を盛って、私のところに持って来なさい。』人々は彼の所にそれを持って来た。エリシャは水の源の所に行って、塩をそこに投げ込んで言った。『主はこう仰せられる。「私はこの水をいやした。ここからは、もう、死も流産も起こらない。」』こうして、水は良くなり、今日に至っている。エリシャが言ったことばのとおりである。」

発展途上国ではコレラや腸チフス、赤痢など感染症の80％は汚れた水が原因です。汚濁水を飲み、不潔な環境ゆえ起こる下痢性で毎日４４００人の子供たちが死亡しているのです。石鹸で手を洗うだけで、死亡率は44％も改善できます。水道水が飲める国は、世界１９６か国中15か国しかないのです。日本の水道水は、塩素消毒で殺菌のため、そのまま飲めるクオリティ。塩素を入れない水は微生物などが繁殖し、すぐに食中毒を起こします。水道水に塩素は欠かせない存在で、微量なら体に悪くないです。ＷＨＯで定められた塩素の濃度基準は５㎎／Ｌで、これは一生飲み続けても大丈夫な濃度。日本の水道法で定められた水質基準では塩素は０・１㎎／Ｌ以下の濃度に設定されています。日本の水はWHOの基準よりもかなり低い濃度で、飲み続けても問題ないです。

心配なら浄水器を付けて水をたくさん飲みましょう。

⑩清涼飲料水の砂糖の量が多すぎ。体に悪い白砂糖はガンの餌。万病の元　白砂糖のとりすぎは危険。

「ダイエット」だけでなく、白砂糖が大量に投与された食品はできるだけ控えめに。漂白精製された白い砂糖には中毒性があります。

それだけでなく体内のビタミン、ミネラル、カルシウムを大量に奪い虫歯をつくります。骨粗《こつそ》鬆症《しょう》・うつやパニック障害など精神的疾患・アレルギー、アトピーの進行、悪化・頭痛や記憶障害・ガン、生活習慣病・血液に入り込んで血管を傷める・集中力、記憶力の低下・短気、イライラ、攻撃的・老化や肌荒れ・むくみ、疲労感・性器トラブル、不妊・リウマチ・ウイルスに弱くなります。

今の日本人を一億総病人にしているのは砂糖です。おいしいと思うものは、ほとんど砂糖。料理も菓子も飲物も、全てに砂糖が蔓延しています。

イギリスのジョン・ワトキンス博士は、「この世から白砂糖をなくしたら精神病は全てなくなる」と断言しています。

「砂糖は毒」として、米国の小児科医らがタバコや酒のように税を課すべきだとの意見を英科学誌『ネイチャー』に発表。世界中で増加する糖尿病や心臓病の原因について、カリフォルニア大学のラスティグ教授らは、肥満だけでなく「この50年間で砂糖の消費量が3倍増えた」として「砂糖の消費と関係している」と主張。過剰摂取による肝臓への毒性や依存性、その結果もたらされる社会への悪影響を挙げ「タバコや酒と共通している」と指摘しました。

白砂糖の過剰摂取は、キレる子供のように我慢できず短気な性格をつくると言います。聖書にも甘いもの好きな犯罪者アムノンがいます。アムノンは、妹タマルへの暴行事件を起こします。そこにアムノンの甘いパン好きと甘ったれた堕落の心が表われています。

第2サムエル13：6「そこでアムノンは床につき、仮病を使った。王が見舞いに来ると、アムノンは王に言った。『どうか、妹のタマルをよこし、目の前で二つの甘いパンを作らせてください。私は彼女の手から食べたいのです。』」

こうして二人だけになったとき、この性欲一杯の汚れた犯罪者は妹に襲いかかったのです。白砂糖は栄養素がないだけでなく、むしろ毒。白砂糖の酸がカルシウムなどのミネラルを奪い、歯や骨を弱くします。白砂糖を蜂蜜、糖蜜、天然のフルーツシロップに置き換えましょう。砂糖をやめて健康が回復した体験者は大勢います。

ある方は、言います。「Ｗｅｂディレクターをやっていて忙しくて定時までは会議、定時後からが作業時間みたいな生活でした。そこで毎日コーラを3本飲んで。あとはグミやチョコレートを食べてましたよ。疲れると甘いもの食べたくなるんですよね。うつ病になりました」

またある方はこう言います。「私は、毎日、夜勤でジュース2本を飲んでいると、ひと月で十二指腸潰瘍にかかり、食べても空腹、満腹感が消滅しました」

ある夫婦は砂糖を断ってから、そろって視力検査で目が良くなっていました。

砂糖を毎日ドバドバ給食に使っていた元学校給食調理員。小学校給食に毎日砂糖大量に使うのを疑問視して自ら砂糖断ち実験。1か月前と比べて結果、イライラしなくなった。気持ちが穏やかになり心に余裕が生まれた。「元は、特に天気が悪いと偏頭痛が起こるという典型的な頭痛持ちで、バファリン等の頭痛薬を常に携帯していて、月に10錠くらい飲むんですが、砂糖をやめてからこの1か月間は1度も薬を飲んでいません」。偏頭痛が治まった。3キロダイエットできた。頭がスッキリ集中できるようになったと言います。

白砂糖の影響として、北里大学東洋医学総合研究所の早崎知幸先生が犯罪や暴力との関連を指摘しています。

多量の糖分が繰り返し体内に入ると、血糖値は乱高下を繰り返し、バランスを保つために過剰なインスリンとアドレナリン、ノルアドレナリンが分泌されます。アドレナリンは別名「攻撃ホルモン」とも言われ、分泌されると、イライラしたり怒りっぽくなったりします。ノルアドレナリンの分泌は、不安感や恐怖感が増すなど、いずれも発作的・衝動的感情が増します。

罪を犯した少年たちの食生活を聴き取り調査すると、共通点が見えてきました。

朝食なしで、ジュース・炭酸飲料、スナック菓子のオンパレードで、大量の砂糖を摂取しているため低血糖症。犯罪に手を染める子供たちに共通している食生活は、大量の砂糖摂取です。清涼飲料水・お菓子などから砂糖を毎日大量に摂取しており、ビタミン・ミネラルはほとんど摂っていません。

1980年代カリフォルニア州立大学のシュテフェン・ショーエンセーラー博士調査によると、バージニア州の少年院に収容されている囚人276人を対象に17か月にわたって、砂糖の摂取を減らしたグループと普通食のグループのそれぞれの行動の変化を調べました。

そこで、砂糖を減らす対策として「清涼飲料水や炭酸飲料水を100％ジュースに変える」「砂糖の代わりに野菜や果物のジュースを煮詰めたシロップで調理する」「おやつは、砂糖の多いデザートとスナックをやめて、代わりに新鮮な果物や種実類、野菜などにする」という3つを実施しました。

結果は、砂糖の摂取を減らしたグループは普通食のグループに比べ、反社会的行動が46％低下。このうち特に変化が見られたのは、暴行（82％減）、盗み（77％減）、命令への服従拒否（55％減）でした。

さらに、カルフォルニア州、ワシントンDCなどの12の少年院、計8000人余で同様の調査をした結果、反社会的行動の47％減という改善結果が出ました。

フィンランドで放火犯を調べたところ、放火犯の約半数が低血糖症つまり砂糖の過剰摂取と報告。

日本でも、食生活とイジメとの関係について調査、食生活が悪化すればするほど、イジメをする子供が増えることがわかりました。これは男子でも女子でも同じ結果でした。

また、暴力、ゆすり、すぐカッとしてキレる14歳の日本少年に、食生活の指導を行ったところ、低血糖症の症状である「だるい、疲れた」という言葉を言わなくなり、それとともに行動も変わり、ゆすりもしなくなりました。

キレる子供の食生活を正しく指導した場合、性格まで変わるケースも多数報告されていて、子供のキレる行動の背景には、低血糖症が関係している場合が多いと指摘する専門家も増えています。知り合いのクリスチャン男性もチョコレートやお菓子の甘いものをやめてから異常な性的誘惑がなくなったと言います。

自然由来が大事　ペリシテ人との戦争時、ベテ・アベンにて。

第1サムエル14：25－27「この地はどこでも、森に入って行くと、地面に蜜があった。民が森に入ると、蜜がしたたっていたが、だれもそれを手につけて口に入れる者はなかった。民は誓いを恐れていたからである。ヨナタンは、父が民に誓わせていることを聞いていなかった。それで手にあった杖の先を伸ばして、それを蜜蜂の巣に浸し、それを手につけて口に入れた。すると彼の目が輝いた。」

砂糖を使わなくても、人体に有益で美容的にも美しく輝かせる自然由来のはちみつやサトウキビやてんさいシロップなど代用品がたくさんあります。

⑪　食材はなるべく加工食品を避けて自然由来が大事。自然由来でない食材とは、化学合成の人工的な加工食品、家畜の抗生物質、成長ホルモン、化学肥料、遺伝子組み換え食品などです。

ルカ4：3－4「そこで、悪魔はイエスに言った。『あなたが神の子なら、この石に、パンになれと言いつけなさい。』イエスは答えられた。『「人はパンだけで生きるのではない」と書いてある。」

日本の食品添加物は2015年現在で1500種類を超え、ダントツで世界一の認可数。中でも石油から合成された添加物は350種類あり、アメリカは133種、ドイツは64種、フランス32種、イギリスは21種とダントツの世界一。一説では日本人は1日に80種類以上の食品添加物を食べている。塩にも精製されたものと天然塩がある。精製塩は、一般的に食卓塩として知られており、全ての栄養素を除去するように処理された塩化ナトリウムで、その多くは、ダマにならないように添加剤が含まれています。精製塩を買わないで、精製していないビタミンやミネラルが含まれている自然の海の塩を選択しましょう。

アメリカは土葬しますが、腐らない遺体が増えています。腐らず風化したミイラになります。原因は残留農薬のように体内に長年蓄積された防腐剤です。防腐剤でお弁当や野菜果物が腐らないように、人間の体も死後に腐らなくなります。生涯どれだけ多く防腐剤を摂取していたのか、遺体が無言のうちに語りかけます。

⑫　反聖書的な食料は危険。ユダヤ人は比較的健康。理由が聖書の清い食生活の実践。旧約聖書に3回も書かれた御言葉。共食いは神の摂理に反する野蛮行為。

出エジプト23：19「あなたの土地の初穂の最上のものを、あなたの神、主の家に持って来なければならない。子やぎを、その母親の乳で煮てはならない。」

牛に餌として牛の骨の粉を食べさせた結果、狂牛病発症。フォア族という人食い人種がパプアニューギニアの高地に住んでますが、「クールー病」という手足が震え、方向感覚を失って歩けなくなり、言語障害や認知障害になり、意識を失い約1年で死に至るという不治の病にかかって2500人が死んだ。「人が人を食べてはいけない」と、この病気が語りかけます。エイズも「同性愛は、いけない。麻薬も注射針の使いまわしも、いけない」そう、神様が無言に教えています。

コンビニ注意。循環型リサイクル。店舗で賞味期限切れとなった弁当などを鶏の餌とする。鶏の肉や卵を鶏の餌にリサイクル。東京都と埼玉県の1300店舗が排出した食品を取引先が配合飼料に加工し、指定の養鶏農場で使用。一見、残飯をなくす良い取り組みですが、実際は鶏肉や卵の残飯を鶏の餌にすることは、共食いです。危険。日本は2人に1人がガンでなくなります。特に若者がガンになる傾向が最近増え、原因の大部分が食事です。

アメリカは心筋梗塞、癌、脳梗塞、肥満が多いことを懸念し、1975年にアメリカ上院栄養問題特別委員会が設置され、2年間で200億円を使用し世界中の3000人を超える医師、学者を集め、資料分析し5000ページにわたる報告書をまとめました。この「マクガバンレポート」は世界の健康政策の原典と言われます。この報告時に、マクガバン上院議員が涙ながらに「我々はバカだった。我々は造病食、殺人食を食べていた」と演説しました。この報告書以降、アメリカ人は「和食こそ体に良い食事だ」と気付き、米や豆腐、味噌などの豆製品、魚介類や野菜を積極的に摂るように心がけ、足りない栄養素はサプリメントで補いました。意図的にメディアを使って日本食ブームをつくりました。その結果、２０１１年に心筋梗塞による死亡を58％、ガンによる死亡を17％減少に成功。聖書でも、野菜と水だけで食べて10日間テストした若者ダニエルたちは、聖書の禁じる王様の御馳走を食べるバビロンの知者たちより10倍も英知がありました。それは、日々、何を食べるか、食事次第で英才が生まれた成功事例です。

⑬ 聖書に近い日本食は長寿で放射能汚染も解毒できる。

長崎の原爆投下直後から、献身的に被災者の救護・治療に活躍された、聖フランシスコ病院の秋月辰一郎医師は「昭和20年8月9日の原子爆弾は長崎市内を大半灰にし、数万の人々を殺しました。爆心地より1・8キロメートルの私の病院は、死の灰の中に廃墟として残った。私と私の病院の仲間は、焼け出された患者を治療しながら働き続けました。私達の病院は、長崎市内の味噌・醤油の倉庫にもなっていた。玄米と味噌は豊富でした。さらに、わかめもたくさん保存していました。その時私と一緒に、患者の救助、付近の人々の治療に当たった従業員に、原爆症が出なかった原因の一つは、『わかめの味噌汁』であったと、私は確信している」と述べました。

「わかめの味噌汁と玄米食」で自分の結核も克服したと信じていた秋月医師は、スタッフ全員に「わかめの味噌汁と玄米食」を勧めました。また砂糖は避けるように指示しました。そのおかげで、医師・看護師らは多くの命を救い、原爆症を発症したスタッフは一人もいなかったのです。味噌（大豆）のたんぱく質やビタミン・ミネラル、わかめのミネラル・繊維、玄米のビタミン等々の総合力によって放射能の害を抑えたとしか考えられないです。

フランスのロスコフ海洋生物研究所の生物学者によると北米人にはワカメ消化の腸内細菌がないです。福島被曝対策に玄米とワカメ。日本ではアメリカと逆に１９５０年から30年の間に「食生活の変化」が大きいです。食の欧米化。野菜を中心とした日本古来の伝統食から、肉や油の多い欧米食へと変化。それと足並みを揃えるかのように、ガンも増え、特に大腸ガンや生殖器系の病では若年化が進んでいます。

⑭「種を持つすべての草」「種を持って実を結ぶ」が食用。種持たない子孫残さない品種Ｆ１や遺伝子組み換えでは非食用。種がない自死遺伝子因子は食用でないと聖書が言います。

創世記１：29「神は仰せられた。『見よ。私は、全地の上にあって、種を持つすべての草と、種を持って実を結ぶすべての木をあなたがたに与える。それがあなたがたの食物となる。』」

エデンに食べてよい木の実いのちの木と、食べてはいけない善悪の知識の木があり、このことは選択責任があると教えています。モンサント社はベトナム戦争で枯葉剤を開発した化学メーカーで米国バイオテクノロジーの生物特許を背景に、世界の農業や食を支配する国家戦略に基づき、遺伝子組み換え作物を普及。内部告発映画『モンサントの不自然な食べ物』によると、遺伝子組み換えジャガイモを2年間与えられたネズミが体中、腫瘍まみれで体の形状すらわからないくらい醜く歪んだ映像があります。脳と心臓を委縮してＩＱを下げ短命化させると学者が指摘します。

⑮ 今は食べて病気になる時代　断食の勧め　骨を強くし、癒し効果があります。

イザヤ書58：11「主は絶えず、あなたを導いて、焼けつく土地でも、あなたの思いを満たし、あなたの骨を強くする。あなたは、潤された園のようになり、水のかれない源のようになる。」

断食は大腸をキレイにする。有害な化学物質・重金属・薬物など、身体の正常な機能を妨げる有害物質が予想以上に蓄積。断食は腸をキレイに大腸ガンや過敏性腸症候群を掃除する。認知症・てんかん・自閉症・アレルギー・自律神経失調症・免疫不全・糖尿病等の原因となる有害物質除去効果。美容整形で導入の断食美容で大腸内の宿便除き美肌効果がある。臓器を休ませる代わりに、莫大なエネルギーを、病原菌と戦う免疫系や組織を再生させるプロセスに回すため手付かずだった部分を修復でき、ガン細胞やウイルス等と戦う力も養われます。日頃ストレスを感じて生きる人は、常に頭がそのことを考えて、脳の同じ場所ばかりを使用。それがうつ病等の精神疾患を患います。

断食は余計な事を考えなくなり脳に休息。脳の発達、知能の回復にも効果があります。大食時に活性酸素は大量発生し、細胞にダメージを与え、老化促進遺伝子のスイッチをオンにして、老化や病気の原因をつくる。反対に断食で活性酸素は抑制され、老化抑制遺伝子のスイッチをONにして、若返りの維持と促進、血液もサラサラになる。断食はサーチュイン遺伝子を活性化し、しみやしわなどの防止効果、認知症の予防効果、細胞を修復する効果、あらゆる老化要因を抑制する効果があります。ガン細胞の縮小も実証されていて、精神疾患の場合は癒す効果のセロトニンの増加が確認できました。

Part 12 モーセとアロンの杖が発動した超パワーの源

モーセの不思議な助言者

神様は、全ての災害からあなたを守ります。
「イスラエル人の住むところには光があった」

出エジプト12：13－14「あなたがたのいる家々の血は、あなたがたのためにしるしとなる。わたしはその血を見て、あなたがたの所を通り越そう。わたしがエジプトの地を打つとき、あなたがたには滅びのわざわいは起こらない。この日は、あなたがたにとって記念すべき日となる。あなたがたはこれを主への祭りとして祝い、代々守るべき永遠のおきてとしてこれを祝わなければならない。」

かつて神様は解放者モーセを選び出し、４３０年来エジプトで奴隷となっていたイスラエル人を脱出させました。そして、「乳と蜜の流れる約束の地カナン」へと彼らを導き入れました。この記述は、現代を生きる私たちへの教訓でもあります。この行程は、当時の古代エジプトのような罪の世界である「この世」から解放され、約束の地カナンに象徴される「天国」に導き入れられることを教えています。また、砂漠のような迷い多いこの世にあって、私たちは寄留者であり、旅人であることを教えています。昼は雲の柱、夜は火の柱をもって神の民を導かれた主なる神様。この「雲の柱」「火の柱」とは、現代においては「聖霊なる神様」を象徴しています。イエス・キリストを自らの救い主として信じ、その血潮を受けた私たちを天国の約束の地カナンまで、無事に、安全に日々、導いておられます。

さて、神様がモーセを召し出した経緯は次の通り。

出エジプト3：4〜10「神は柴の中から彼を呼び、『モーセ、モーセ。』と仰せられた。彼は『はい。ここにおります。』と答えた。神は仰せられた。『ここに近づいてはいけない。あなたの足のくつを脱ぎなさい。あなたの立っている場所は、聖なる地である。』また仰せられた。『わたしは、あなたの父の神、アブラハムの神、イサクの神、ヤコブの神である。』モーセは神を仰ぎ見ることを恐れて、顔を隠した。主は仰せられた。『わたしは、エジプトにいるわたしの民の悩みを確かに見、追い使う者の前の彼らの叫びを聞いた。わたしは彼らの痛みを知っている。わたしが下って来たのは、彼らをエジプトの手から救い出し、その地から、広い良い地、乳と蜜の流れる地、カナン人、ヘテ人、エモリ人、ペリジ人、ヒビ人、エブス人のいる所に、彼らを上らせるためだ。見よ。今こそ、イスラエル人の叫びはわたしに届いた。わたしはまた、エジプトが彼らをしいたげているそのしいたげを見た。今、行け。わたしはあなたをパロのもとに遣わそう。わたしの民イスラエル人をエジプトから連れ出せ。』」

80歳の高齢に加えて、雄弁家ではないということの故に、彼は「自分など到底リーダーになどなれない」と考えて、神様に対してこう答えています。

出エジプト記4：10「モーセは主に申し上げた。『ああ主よ。私はことばの人ではありません。以前からそうでしたし、あなたがしもべに語られてからもそうです。私は口が重く、舌が重いのです。』」

「絶対、無理！」と答えたわけです。しかし、神様はそんなモーセのことをよく理解しておられ、助け手を備えられました。それは、モーセより3つ年上の兄アロンでした。アロンは雄弁家でした。世の中には、沈黙であまりお話し好きでない人もいれば、おしゃべり好きで雄弁な人もいます。アロンは後者でした。

出エジプト記4：14－16「あなたの兄、レビ人アロンがいるではないか。わたしは彼がよく話すことを知っている。今、彼はあなたに会いに出て来ている。あなたに会えば、心から喜ぼう。あなたが彼に語り、その口にことばを置くなら、わたしはあなたの口とともにあり、彼の口とともにあって、あなたがたのなすべきことを教えよう。彼があなたに代わって民に語るなら、彼はあなたの口の代わりとなり、あなたは彼に対して神の代わりとなる。」

「アドナイ・イルエ」＝「主が備えてくださる（計らってくださる）」、すなわち備え主であるという名を持つ我らの神様は、準備して、適材適所、相応しい人財を備えておられるのです。うまくおしゃべりのできない口下手なモーセが何かを語ると、雄弁家のアロンがわかりやすい言葉に翻訳して人々に伝えたのです。

このモーセとアロンの関係は、私たちと聖霊様との関係を象徴しています。私たちも、イエス様を宣べ伝えたいのに、うまく語れない。何をどう祈ったら良いのかがわからない。しかしそんなとき、聖霊様に満たされるとき、私たちがどう宣べ伝えたら良いのか、どう祈ったら良いのかを示してくださいます。ですから、私たちは恐れる必要は全くありません。弱いときにこそ、私たちを励まし、必要な言葉を語れるように私たちの舌をうまく解いて、語らせてくださいます。

マタイ10：19－20「人々があなたがたを引き渡したとき、どのように話そうか、何を話そうかと心配するには及びません。話すべきことは、そのとき示されるからです。というのは、話すのはあなたがたではなく、あなたがたのうちにあって話されるあなたがたの父の御霊だからです。」

聖霊様は、「不思議な助言者」。私たちにとってのアドバイザーです。

箴言15：22「密議をこらさなければ、計画は破れ、多くの助言者によって、成功する。」

箴言24：6「あなたはすぐれた指揮のもとに戦いを交え、多くの助言者によって勝利を得る。」

聖霊様の助言に従うとき、私たちは成功し勝利することができます。聖霊様の不思議な助言を大切にしましょう。

イザヤ書9：6「ひとりのみどりごが、私たちのために生まれる。ひとりの男の子が、私たちに与えられる。主権はその肩にあり、その名は『不思議な助言者、力ある神、永遠の父、平和の君』と呼ばれる。」

モーセには、我らにとっての聖霊のごときアロンが助け手として与えられていたのですが、神様はさらに「しるしを行う力」をモーセに授け、3つの不思議な能力をもってエジプトのパロの心を動かしたのです。

今、イエス・キリストを宣べ伝えようとする私たちにも、モーセと同様に「しるしを行う力」が与えられています。

【1つ目　サタンの力を無力化する力】

この3つの能力が与えられています。

出エジプト4：3－5「主は彼に仰せられた。『あなたの手にあるそれは何か。』彼は答えた。『杖です。』すると仰せられた。『それを地に投げよ。』彼がそれを地に投げると、杖は蛇になった。モーセはそれから身を引いた。主はまた、モーセに仰せられた。『手を伸ばして、その尾をつかめ。』彼が手を伸ばしてそれを握ったとき、それは手の中で杖になった。『これは、彼らの父祖の神、アブラハムの神、イサクの神、ヤコブの神、主があなたに現われたことを、彼らが信じるためである。』」

　モーセが主なる神様のおっしゃる通り杖を地に投げると、なんとその杖は蛇になり、またその蛇に手を伸ばして尾をつかんだとき、蛇が杖に戻ったのです。蛇は悪魔を象徴します。私たちは、思いのままに蛇なるサタンの尻尾を摑み、頭を摑み、無害・無力化してしまう悪魔を制する力が与えられているのです。

　マルコ16：17－18「信じる人々には次のようなしるしが伴います。すなわち、わたしの名によって悪霊を追い出し、新しいことばを語り、蛇をもつかみ、たとい毒を飲んでも決して害を受けず、また、病人に手を置けば病人はいやされます。」

【2つ目　病いの癒しの力】

出エジプト4：6－7「主はなおまた、彼に仰せられた。『手をふところに入れよ。』彼は手をふところに入れた。そして、出した。なんと、彼の手は、らいに冒されて雪のようであった。また、主は仰せられた。『あなたの手をもう一度ふところに入れよ。』そこで彼はもう一度手をふところに入れた。そして、ふところから出した。なんと、それは再び彼の肉のようになっていた。」

　主なる神様の民には、病いを癒す能力も与えられているということです。どうぞイエス様を信じた皆さんは、病んでいる方々と出会ったなら、手を置いてイエス様の御名で祈ってあげてください。

「信仰による祈りは、病む人を回復させせます」

【3つ目　奇蹟を行う力】

出エジプト4：8－9「たとい彼らがあなたを信ぜず、また初めのしるしの声に聞き従わなくても、後のしるしの声は信じるであろう。もしも彼らがこの二つのしるしをも信ぜず、あなたの声にも聞き従わないなら、ナイルから水を汲んで、それをかわいた土に注がなければならない。あなたがナイルから汲んだその水は、かわいた土の上で血となる。」

水を血に変える奇跡です。信じる人は奇蹟を行うことができます。

【アロンの杖】

出エジプト7：10－11「モーセとアロンはパロのところに行き、主が命じられたとおりに行なった。アロンが自分の杖をパロとその家臣たちの前に投げたとき、それは蛇になった。そこで、パロも知恵のある者と呪術者を呼び寄せた。これらのエジプトの呪法師たちもまた彼らの秘術を使って、同じことをした。」

なんと、神様に言われた通り杖を蛇に変えたモーセに対抗し、パロ王に使えていた呪術者たちも杖を蛇に変えたというのです。モーセが行ったのは文字通り奇蹟でしたが、呪術者たちが行ったのは、おそらくこんなところではないでしょうか。蛇を撫でて催眠をかけると真っ直ぐの硬直した棒になり、それを手に持って杖の棒のように見せかけておいて、地面にパッと解き放った瞬間に我に返った蛇がにょろにょろと動き出す。そのようなマジックかな？　とも思いますが、真相はわかりません。いずれにしても、モーセの杖が変身した蛇のほうが強く、呪術者たちの蛇を飲み込んでしまったというのです。

出エジプト7：12「彼らがめいめい自分の杖を投げると、それが蛇になった。しかしアロンの杖は彼らの杖をのみこんだ。」

呪術者たちの蛇は複数であったことがわかります。ちなみに、ここでモーセがこのときに用いた杖は「アロンの杖」と書かれています。このアロンの杖は、アーモンドの芽を出した特別な杖となり、やがて契約の箱に納められることになります。旧約聖書の民数記17章にこんな記述があります。

民数記17：8「イスラエル人に告げて、彼らから、杖を、父の家ごとに一本ずつ、彼らの父祖の家のすべての族長から十二本の杖を、取れ。その杖におのおのの名を書きしるさなければならない。レビの杖にはアロンの名を書かなければならない。彼らの父祖の家のかしらにそれぞれ一本の杖とするから。あなたはそれらを、会見の天幕の中のわたしがそこであなたがたに会うあかしの箱の前に置け。わたしが選ぶ人の杖は芽を出す。こうしてイスラエル人があなたがたに向かってつぶやく不平をわたし自身が静めよう。』モーセがイスラエル人にこのように告げたので、彼らの族長たちはみな、父祖の家ごとに、族長ひとりに一本ずつの杖、十二本を彼に渡した。アロンの杖も彼らの杖の中にあった。モーセはそれらの杖を、あかしの天幕の中の主の前に置いた。その翌日、モーセはあかしの天幕にはいって行った。すると見よ、レビの家のためのアロンの杖が芽をふき、つぼみを出し花をつけ、アーモンドの実を結んでいた。」

アロンの杖は今も契約の箱の中にある！

アロンの杖だけに神様の選びの奇蹟が起きました。その後、後々の人たちへの証しとて、契約の箱の中に安置されることになるわけですが、このアロンの杖の他に、モーセの石板、マナの入った壺というものが一緒に契約の箱に納められることになります。この3つがのちに「三種の神器」として海と大陸を越えて日本にも伝わったと考えられます。

この杖は、今も契約の箱の中にあると考えられます。いつの日か、これが発見されるときが来るかもしれません。アロンの杖が納められている契約の箱の所在については、様々な説がありますが、私自身は、考古学者のロン・ワイアット氏の発見であるエルサレム旧市街北部の「エレミヤの洞窟」にあるという説が有力なのではないかと考えています。彼は自身のことが記された本『契約の櫃』(徳間書店、ヒカルランドで新装版刊行予定）の中で発掘調査の様子や証拠について言及しています。

ワイアット氏によれば、これはイエス・キリストが処刑されたであろう十字架跡地のさらに地下6メートルの地点に安置されており、世の終わり、ちょうど良いときにそれは再び世に出てくるといいます。契約の箱は純金製です。金は何千年経っても錆びません。

やがてその契約の箱が発見され、その蓋を開けて中を覗くと、一本の古びた杖がドライフラワーの残骸のようにアーモンドの花をつけて出るでしょう。現代ならば、科学技術を駆使してレントゲン・スキャンや成分や年代を分析し調べ上げるはずでしょう。すると、「これは！　間違いない。アーモンドの杖だ」となる。そして、その杖をさらに分析していくと、なんと、杖の中に小さな杖がたくさん入っているではないか！　これはどういうことだろう？　そして、聖書を読むと、出エジプト記にちゃんとその記述、モーセの杖の蛇が魔術師たちの杖の蛇を飲んだ、とある。「そうか！　やはり聖書の記述は本当だったんだ！」と気づく。そこで、飲まれた杖の数からモーセに対抗した呪術者たちの人数までわかる？　なんてことがあるかもしれません。

今こそ活かせ！　出エジプトに至る10の災いのエピソード

さて、その後、モーセはパロ王の所に出て行って、イスラエルの民を奴隷から解放せよと、奴隷解放宣言の力強い器として用いられてゆくのです。出エジプト記7章以降、具体的に神様がどのような奇蹟をもってイスラエルの民を奴隷から解放して出エジプトさせたのかが記されています。神様は、イスラエルの民を解放するために10の災いをもたらされ、頑なパロ王の心を低くしました。

今から、出エジプトに至るまでの10の災いのエピソードから、現代も起き得るこれらの災いの中で神様がどのように私たちを守られるのかを見てゆきたいと思います。

【第一の災い】ナイル川の水を血に変える（7：14－25）

心を頑なにして、イスラエルの民を解放しないパロ王に対して、モーセは神様の命令通り以下のように告げます。

出エジプト7：18「主はこう仰せられます。『あなたは、次のことによって、わたしが主であることを知るようになる。』ご覧ください。私は手に持っている杖でナイルの水を打ちます。水は血に変わり、ナイルの魚は死に、ナイルは臭くなり、エジプト人はナイルの水をもう飲むことを忌みきらうようになります。」

ある学者は、この箇所を文字通りには受け取らずに「赤潮のような現象が起きただけ」と言ったりします。しかし、この記述の通りに、実際に「血に変わった」と私は信じています。私たち日本人は、実はこの災いとよく似た災いを過去に経験していると言えます。２０１１年3月11日に起こった東日本大震災とその後の福島原発事故により、放射能汚染によって水が飲めない、水を飲むことが怖くなるという事象が起こりました。飲料水の汚染問題。実際に伝道チームが被災地に赴き、ペットボトルを無料配布するという尊い働きをしていたことを覚えています。

聖書にこのような言葉があります。

イザヤ書33：15－16「正義を行なう者、まっすぐに語る者、強奪による利得を退ける者、手を振ってわいろを取らない者、耳を閉じて血なまぐさいことを聞かない者、目を閉じて悪いことを見ない者、このような人は、高い所に住み、そのとりでは岩の上の要害である。彼のパンは与えられ、その水は確保される。」

私たちが神様に信頼して歩むなら、「パンは与えられ、その水は確保される」と信じましょう。

【第二の災い】カエルを放つ（８：１―15）

出エジプト８：１―３「主はモーセに仰せられた。『パロのもとに行って言え。主はこう仰せられます。「わたしの民を行かせ、彼らにわたしに仕えさせるようにせよ。もし、あなたが行かせることを拒むなら、見よ、わたしは、あなたの全領土を、かえるをもって、打つ。かえるがナイルに群がり、上って来て、あなたの家にはいる。あなたの寝室に、あなたの寝台に、あなたの家臣の家に、あなたの民の中に、あなたのかまどに、あなたのこね鉢に、はいる。』」

第二の災いは、カエルの災いです。そこら中がカエル、カエル、カエル。ご飯の中にまで入り込み、「カエルご飯」！　気持ちが悪いですね。このとき、なんとエジプトの呪法師たちも彼らの秘術を使って、同じようにカエルをエジプトの地の上に、はい上がらせたとあります。この災いに困り果てたパロ王は、モーセとアロンを呼び寄せてこう言いました。

出エジプト８：８「かえるを私と私の民のところから除くように、主に祈れ。そうすれば、私はこの民を行かせる。彼らは主にいけにえをささげることができる。」

モーセが祈ると主はモーセの言葉通りにされたので、カエルは家と庭と畑から死に絶えました。

実はこのことにおいても、東日本大震災のときに同様のことが起こっています。私たちのキリスト教会からも、何度も被災地に赴き、復興支援活動をさせていただきましたが、津波によって被災したエリアに入りますと、やはり様々な打ち上げられた海産物や汚物のためか悪臭がしました。エジプトでのカエルの災いのとき、これ以上の悪臭がしたに違いないと思わされたものです。

【第三の災い】ぶよを放つ（8：16－19）

さて、第一、第二と災いを経験したエジプトとパロ王ですが、パロは息つく暇のできたのを見て、強情になり、彼らの言うことを聞き入れませんでした。

そこで神様はモーセにこう仰せられました。

出エジプト8：15「アロンに言え。あなたの杖を差し伸ばして、地のちりを打て。そうすれば、それはエジプトの全土で、ぶよとなろう。」

ぶよを実際にご覧になったことはあるでしょうか。それは小さく見えない災いですが、確実に攻撃を加えてくるようなものです。他の災い同様に、この日本で起きた東日本大震災になぞらえるなら、つまり放射能漏れがそれに当たるかもしれません。放射能は見えない有害物質、しかし、私たちを恐れさせるものです。今、守られます。新型コロナの大気汚染、見えない有害生物、見えない敵なる悪霊の攻撃や痛みから守られます。悪魔の攻撃を恐れないでください。「イエス様の名前で命じる！　出て行け！」と命じれば、出て行きます。

【第四の災い】アブを放つ（8：20－32）

アブは大きなハエのような姿をしています。ぶよとアブでは、その攻撃方法が違っています。アブはガブッと噛み、血が出たところを舐めます。家畜にだけつくアブというものもあります。私たちも、ぶよのように小さく痛みがないが、知らないうちに刺されているような災いやサタン、悪霊からの攻撃もあれば、アブに噛まれたように「痛い！」とわかるけれども防ぎようがなかった災いというものを経験することがあります。

敵なるサタンは、神様の真似をして、ぶよのような内的攻撃、アブのような外的攻撃その両方を用いて私たちを攻撃してきます。あるときにはぶよのような「あなたは醜くなったな」とか「太った」とか、心を刺すような言葉のようなものかもしれません。後になって「なんであんなこと言われなきゃいけないの」と思い出して落ち込んだり嫌な気持ちにさせられたり、不快な思いをさせられたり、これが内的攻撃です。外的攻撃とは、実際に殴られたりする迫害がそれに当たるかもしれません。この世は大気汚染のごとく、偽りの言葉、悪口雑言、作り話に満ちています。そのような偽りに耳を貸さないようにしなければなりません。暴力的な悪人から神様はあなたを守ります。

【第五の災い】家畜に疫病流行（9：1－7）

次は、家畜に対する災いです。

出エジプト9：2－3「もしあなたが、行かせることを拒み、なおも彼らをとどめておくなら、見よ、主の手は、野にいるあなたの家畜、馬、ろば、らくだ、牛、羊の上に下り、非常に激しい疫病が起こる。」

この災いにおいても、東日本大震災を思い起こすことができます。放射能汚染された家畜たちの殺処分です。多くの放射能汚染されたと思われる披災地の家畜たちが殺処分されたと言います。しかし実のところは、私たちの教会から復興支援に向かった車に乗っていた教会員らの証言によりますと、「いついつまでに家畜の県外移動を禁止します」という政府からのお達しの期日前に、ラッシュアワーのように家畜を大量に積んだトラックが県外に出てゆくところを目撃し、そのような車と多数すれ違ったといいます。私も、もしクリスチャンとなっていない頃の私であったなら、おそらく同様に県外に自分の家畜を持ち出したりしたかもしれません。安心してください。主なる神様に信頼するなら今、あなたとともにいる可愛いペットちゃんたちもあなたも「疫病から守られる」のです。

【第六の災い】腫れ物を生じる（9：8－12）

出エジプト9：8－9「主はモーセとアロンに仰せられた。『あなたがたは、かまどのすすを両手いっぱいに取れ。モーセはパロの前で、それを天に向けてまき散らせ。それがエジプト全土にわたって、細かいほこりとなると、エジプト全土の人と獣につき、うみの出る腫物となる。』」

この災いは、疫病です。今、あなたはケムトレイルや疫病から守られます。

詩篇91：3～8「主は狩人のわなから、恐ろしい疫病から、あなたを救い出されるからである。主は、ご自分の羽で、あなたをおおわれる。あなたは、その翼の下に身を避ける。主の真実は、大盾であり、とりでである。あなたは夜の恐怖も恐れず、昼に飛び来る矢も恐れない。また、暗やみに歩き回る疫病も、真昼に荒らす滅びをも。千人が、あなたのかたわらに、万人が、あなたの右手に倒れても、それはあなたには、近づかない。あなたはただ、それを目にし、悪者への報いを見るだけである。」

私の解釈では、この聖書箇所のごとく、文字通り「羽で」覆って守ってくださると信じています。天の御使いには羽根のある天使と羽根のない天使がいると言います。もし、様々な疫病や災いが降りかかりそうなとき、力の強い御使いを神様が遣わしてくださって、私たちをその翼で覆ってくださいます。信じてください。

「主よ！　御使いを送って、私をその翼の陰にかくまってください」と祈ってみてください。主なる神様は文字通り、あなたを覆って守ってくださいます。

今年流行している新型コロナにおいても朗報があります。先にご紹介した映画から検証しますと、後には特効薬とワクチンが開発されて終息するということになっています。おそらく現実でも、すでにそのような特効薬とワクチンは開発済みでしょう。それをちょうどいいときに世に出し、大儲けしようと企む連中がいるということです。

【第七の災い】雹を降らせる（9：13－35）

今度は7つ目の災い、氷のかたまりです。

出エジプト9：18－19「さあ、今度は、あすの今ごろ、エジプトにおいて建国の日以来、今までになかったきわめて激しい雹をわたしは降らせる。それゆえ、今すぐ使いをやり、あなたの家畜、あなたが持っている野にあるすべてのものを避難させよ。野にいて家へ連れ戻すことのできない人や獣はみな雹が落ちて来ると死んでしまう。』」

氷の塊です。黙示録にもやがて「1タラント」の雹が降るという記述が登場します。

黙示録16：21「また、一タラントほどの大きな雹が、人々の上に天から降って来た。人々は、この雹の災害のため、神にけがしごとを言った。その災害が非常に激しかったからである。」

ある学者の研究によれば、1タラントの雹とは34キロに相当すると言い、あるいは別の人に言わせれば50キロに相当すると言います。中間をとって40キロとしましょう。いずれにしても、相当な大きさの氷の塊です。それが、イエス・キリストを信じない人たちの上にズドンと落ちてくるというのです。恐ろしいです。この出エジプト直前の災いにおいて、神様が雹を降らせるに当たって劇的な演出効果があります。

出エジプト9：23「モーセが杖を天に向けて差し伸ばすと、主は雷と雹を送り、火が地に向かって走った。主はエジプトの国に雹を降らせた。」

雷と火が混じっていたと言います。凄い大変な災いです。しかし、ここでも神様の奇蹟を見ることができます。このように書いてあります。

出エジプト9：26「ただ、イスラエル人が住むゴシェンの地には、雹は降らなかった。」

確かに、異常気象は世の終わりに近づくに従って増えるでしょう。南極での最高気温が過去最高の20度を記録するなど、これまでの常識ではあり得ないことが起こっています。しかし、神様はその愛する民を異常気象の災害の中でも不思議と守られるのです。

【第八の災い】イナゴを放つ（10：1－20）

出エジプト10：4－5「もし、あなたが、わたしの民を行かせることを拒むなら、見よ、わたしはあす、いなごをあなたの領土に送る。いなごが地の面をおおい、地は見えなくなる。また、雹を免れて、あなたがたに残されているものを食い尽くし、野に生えているあなたがたの木をみな食い尽くす。」

これはイナゴの大群です。イナゴの大発生と言えば、今年、初頭から話題になっているアフリカでの大発生が記憶に新しいところです。その数はさらに拡大し、中国との国境にまで迫っていると言います。アモス書という箇所にもイナゴの大発生による災いの警告が神様から下されています。そこでは、預言者アモスが民のために執りなして祈る姿が記録されています。

アモス書7：1「神である主は、私にこのように示された。見よ。王が刈り取ったあとの二番草が生え始めたころ、主はいなごを造っておられた。そのいなごが地の青草を食い尽くそうとしたとき、私は言った。『神、主よ。どうぞお赦しください。ヤコブはどうして生き残れましょう。彼は小さいのです。』

主はこのことについて思い直し、『そのことは起こらない』と主は仰せられた。」

このアモス書のときの「イナゴ大発生による災い」は、アモスの執りなし祈禱《きとう》の故に神様が思い直されました。

ほかに、ヨエル書においてもイナゴによる災いについて記されています。ヨエル書での警告については、民は結局、悔い改めることをせず、この預言による警告は現実のものとなってしまいました。

ヨエル書1：3「これをあなたがたの子どもたちに伝え、子どもたちはその子どもたちに、その子どもたちは後の世代に伝えよ。かみつくいなごが残した物は、いなごが食い、いなごが残した物は、ぼったが食い、ばったが残した物は、食い荒らすいなごが食った。」

イナゴの災害についての過去の教訓から学ぶため、「これをあなたがたの子どもたちに伝え、子どもたちはその子どもたちに、その子どもたちは後の世代に伝えよ」とヨエル書は語っています。過去にこのような災いにあったのは私たちの罪のためであり、へりくだって悔い改めましょうというのが、ヨエル書のメッセージでした。

仮面ライダーはイナゴだった⁉

これらの聖書箇所から受け取る教訓は、私たちも子供たちのために祈らなければならないということです。子供たちをイナゴの害から守らなければならないということです。私たちの子供の頃、テレビ番組の「仮面ライダー」シリーズが大人気でした。仮面ライダーとは改造人間なのですが、実はこれのデザインのモチーフとなったのはイナゴでした。仮面ライダーは、カッコいい。バイクにまたがり、悪者のショッカーらをバッタバッタと倒し、カッコよく思ってしまうのです。当時、まだ小学生だった私は、仮面ライダーの影響で暴れ、そこで学んだ格闘の知識を持って学校の友達とも戦いとなるわけです。

1号ライダーである本郷猛に扮する役者の藤岡弘さんがバイクシーンの撮影中に事故で大腿部複雑骨折の重傷。全治3～6か月と診断され、出演は不可能となったと言います。ヒーローが骨折で番組中止というのでは具合が悪い。そこで、当初は予定になかった「仮面ライダー2号」を登場させようということになったそうです。するとどうでしょう。2号ライダーはますます、カッコいい！　そこで視聴率はさらにアップしてしまう。

当時の私は、また朝から晩まで仮面ライダーに夢中でした。おやつはというと、仮面ライダースナックを買うのです。そのスナックに仮面ライダーの絵柄が入ったカードがついてくるからです。栄養が偏り、カードを集め、テレビをポカ〜ンと目を開けて見ている。勉強はしない。このような状況を「イナゴの害」というのですね。さらに仮面ライダーは3号、4号……と続き、今でも続いているというのですから驚きです。仮面ライダーに種類が多いのはバッタだからでしょうか？　嚙みつくバッタ、イナゴなど、バッタは種類が多いものですから。

このように、幼少期からバッタなる仮面ライダーに慣らされた者が大人になったらどうなるでしょうか？　例えば、私の場合は今でもカッコいいバイクが好きです（2号ライダーの一文字隼人は、一文字乗りという特殊なバイクの乗り方をするため。多くの人が影響され、バイクや自転車で真似をします。そこで事故が起こるわけです）。

仮面ライダーは、「変〜身！」と言ってポーズをとると姿が変わりますが、同様に普通のイナゴがあるとき、仮面ライダーよろしく「変〜身！」となると、異常発生し、目が黄緑から黒色に、はねが長く足が短くなる。頭幅が大きくなり、胸の上がへこむ。触角の感覚子の数が減少する。普段は互いに離れようとするのに、互いに近づこうとする産卵前期間が増加し、羽化後生存日数が減少し、産卵回数、産卵数が減少する。食べなかった植物まで食べるように変質するというのです。今、これがアフリカで大発生しているというわけです。

イナゴの害から守られるように私たちも気をつけて子供たちとアフリカ、中国のために祈らなければなりません。FAOによると、現在、ジブチ、エリトリア、エチオピア、ケニア、ソマリアの1300万人が「きわめて深刻な食料不足」に陥っていて、さらに2000万人がその一歩手前の状況にあると言います。イナゴは貧困と食糧難だけでなく疫病をも運ぶ最悪の災害です。映画「エクソシスト2」では災害としてイナゴの大群が襲うようですが、人工的な災害は全て闇組織が何らかの形で犯行予告してから実行していますね。

【第九の災い】暗闇がエジプトを覆う（10：21－29）

出エジプト10：21－23「主はモーセに仰せられた。『あなたの手を天に向けて差し伸べ、やみがエジプトの地の上に来て、やみにさわれるほどにせよ。』モーセが天に向けて手を差し伸ばしたとき、エジプト全土は三日間真、暗やみとなった。三日間、だれも互いに見ることも、自分の場所から立つこともできなかった。」

これは恐ろしい災いだったことでしょう。3日間、誰も立ち歩くこともできないほどの暗闇です。ところが、それに続く聖書の言葉が素晴らしいのです。

出エジプト10：23「しかしイスラエル人の住む所には光があった。」

この御言葉を現代に当てはめるなら、神様からの災いは、神様に信頼するあなたには一切降りかからないという約束であると信仰によって受け止めることができるのです。計画停電のような陰謀や暗闇の辛い生活から救います。

【第十の災い】長子を皆殺しにする（11、12：29－33）

いよいよ最後の災いです。

出エジプト12：30「夜中になって、主はエジプトの地のすべての初子を、王座に着くパロの初子から、地下牢にいる奴隷の初子に至るまで、また、すべての家畜の初子をも打たれた。それで、その夜、パロやその家臣および全エジプトが起き上がった。そして、エジプトには激しい泣き叫びが起こった。それは死人のない家がなかったからである。」

神様は、ご自分の民を特別に扱われ、守られるのです。コロナウイルスや大地震、戦争、核、飢饉、疫病など、様々なものが襲ってきたとしても、恐れることはありません。世の終わりの前兆について、イエス・キリストはこのように預言されました。

マタイ24：4－12『人に惑わされないように気をつけなさい。わたしの名を名のる者が大ぜい現われ、「私こそキリストだ。」と言って、多くの人を惑わすでしょう。また、戦争のことや、戦争のうわさを聞くでしょうが、気をつけて、あわてないようにしなさい。これらは必ず起ることです。しかし、終わりが来たのではありません。民族は民族に、国は国に敵対して立ち上がり、方々にききんと地震が起こります。しかし、そのようなことはみな、産みの苦しみの初めなのです。そのとき、人々は、あなたがたを苦しいめに会わせ、殺します。また、わたしの名のために、あなたがたはすべての国の人々に憎まれます。また、そのときは、人々が大ぜいつまずき、互いに裏切り、憎み合います。また、にせ預言者が多く起こって、多くの人々を惑わします。不法がはびこるので、多くの人たちの愛は冷たくなります。』」

主イエスのこの言葉の通り、方々で戦争の噂を聞き、様々な天変地異によって世の終わりの兆しがあります。しかし、そのような中にあって、主イエスに信頼する者は守られる、救われるというのです。しかもその救いは「家族単位の救い」です。

「主イエスを信じなさい。そうすればあなたもあなたの家族も救われます」

出エジプト時においても、主なる神様を信じる者たちに一つの約束を与えられました。

出エジプト12：3－8「イスラエルの全会衆に告げて言え。この月の十日に、おのおのその父祖の家ごとに、羊一頭を、すなわち、家族ごとに羊一頭を用意しなさい。もし家族が羊一頭の分より少ないなら、その人はその家のすぐ隣の人と、人数に応じて一頭を取り、めいめいが食べる分量に応じて、その羊を分けなければならない。あなたがたの羊は傷のない一歳の雄でなければならない。それを子羊かやぎのうちから取らなければならない。あなたがたはこの月の十四日までそれをよく見守る。そしてイスラエルの民の全集会は集まって、夕暮れにそれをほふり、その血を取り、羊を食べる家々の二本の門柱と、かもいに、それをつける。」

子羊の生贄、過越の祭の意味とは？

家の入り口の門柱に子羊の血を塗った家は、神様の裁きが過越すという約束です。思えば、このときイスラエルの人たちの家には可愛い子羊が招き入れられ、それを家族で見守り、数日間一緒に生活するわけです。

「可愛いから、メリーくんと名付けよう！」と。子供たちが可愛がって、すっかり愛着もわいてきた14日目、一家のお父さんは玄関の前に穴を掘り、そこで子羊を殺してその血を鴨居に塗りつけるのです。しかも、その日の夜はジンギスカン・パーティーです。これを行えというのが、神様の命令だったのです。なぜ、神様はこれほど残酷と思えることを命じられたのでしょうか？

それは、人間の罪というのは、この可愛いかわいい罪なき子羊のメリーくんが血を流して、死んでしまう犠牲を捧げなければならないほど人間は罪深い者なのだということを教えるためであったのです。

私たちにとっての本物の「メリーくん」は？　そうです。我らの救い主なるイエス・キリスト、神の子羊です。

「あなたがたの羊は傷のない一歳の雄でなければならない」とありました。羊にとっての「一歳」というのは人間でいうならば成人です。これは大人を象徴しているわけです。イエス様は30歳から公生涯を始められました。

14日、イエス様はこの同じ日に十字架の上で殺され、民の身代わりとなられたのです。そして、イエス様が「完了した」という最後の言葉を残して息を引き取られた午後の15時というのは、ユダヤ暦ではまさに出エジプト時に小羊を屠った「夕暮れ」時だったのです。出エジプトにおいては、神様はさらに子羊を屠った後に以下のようにせよ命じられています。

出エジプト12：9－10「その夜、その肉を食べる。すなわち、それを火に焼いて、種を入れないパンと苦菜を添えて食べなければならない。それを、生のままで、または、水で煮て食べてはならない。その頭も足も内臓も火で焼かなければならない。それを朝まで残してはならない。朝まで残ったものは、火で焼かなければならない。」

主イエスはこう言われました。「わたしは、渇く」。これは、イエス様ご自身が「全焼の犠牲」であったという象徴です。また、「種を入れないパンと苦菜を添えて食べなければならない」という部分にも意味があります。「種を入れないパン」とは、罪が全くないお方であるイエス・キリストを表わしています。罪がある存在は「救い主」にはなれないからです。そして、「苦菜」とは、イエス様の苦しみを象徴しているのです。

「朝まで残してはならない。朝まで残ったものは、火で焼かなければならない」とありますが、これはイエス様の十字架の翌日は祭りであったので、「明日は大事な祭りの最終日、遺体を朝まで残してはならない」とか言われながら、その足の骨を折られることもなく十字架から降ろされました。

イエス様の死を確認するために、ローマ兵が槍で脇腹を突き刺します。そのとき、イエス様の脇腹からは「血と水」が分かれて流れ出たと聖書にあります。これは槍で心臓あるいは大血管系を突き刺したために、すでに血清と血餅に分離した血液が流れ出たと考えられます。

血液を容器に入れて、しばらく静かに放置しておくと、上は血清、下は血餅に分離します。同じことが心臓、大血管系の中で起こっていたと考えられるのです。それは、人間の死の中で最も苦しいと言われる心臓破裂によって息を引き取られたということを物語っています。

出エジプト12：13－14「あなたがたのいる家々の血は、あなたがたのためにしるしとなる。わたしはその血を見て、あなたがたの所を通り越そう。わたしがエジプトの地を打つとき、あなたがたには滅びのわざわいは起こらない。この日は、あなたがたにとって記念すべき日となる。あなたがたはこれを主への祭りとして祝い、代々守るべき永遠のおきてとしてこれを祝わなければならない。」

「代々守るべき永遠のおきて」とあります。今は、私たちの心の門柱にイエス様の血潮を塗って、神の裁き・災いが過ぎ越すようにと祈っていく必要があります。

私の罪のためにイエス様が十字架にかかって死んでくださったこと、3日目に死人の中からよみがえってくださったということを心から信じて、そのことに感謝する。これがイエスの血潮信仰を持つということです。心に悪いものが入ってこないように、子羊イエスが守ってくださるということです。

かつて出エジプト時にイスラエルの民の家々があったとされるゴシェンの地から、たくさんの住居跡が発掘されています。その中で、考古学者たちが驚くのは、その家々の入り口の真ん前に穴が空いていることだと言います。それは何を意味するのでしょうか?

本来なら、家の入り口に穴があったなら、邪魔でしょうがないでしょう。これは、出エジプトの時に子羊を屠るために掘られた穴であり、と同時に「奴隷生活のエジプトを立ち去り、もうこの家には戻らない」という決意の表われでもあったのです。私たちも罪の奴隷生活から解放できるのです。古い意識を捨てて、新たな思いで天国に向かってともに出発できます!

イエス様が十字架にかかられたときにも、実は地面に穴が掘られました。十字架を立てるためです。その穴に十字架の木を差し込み、イエスが十字架上で足にも釘打たれました。そして、まるで門柱の左右の梁に血を塗るかのように、広げた両手にも釘を打たれました。そして、門柱の上部にも血を塗ったように、いばらの冠によって流された血潮が頭上には流れていました。

イエス様に心の門柱の入り口に立っていただきましょう。

「イエス様の血潮を感謝します」と賛美することはとても重要なことです。イエス様の血潮を賛美する賛美は天国でも続きます。イエスの血潮には癒しの奇蹟も伴います。病んだ人や老いた人々もともに出エジプトしたように、イエス様の血潮信仰を持つ者は病いの癒しも受け取ることができるのです。

神様は「ひとり残らず」と言われました。出エジプトのメンバーは全員です。

出エジプト11：1「主はモーセに仰せられた。『わたしはパロとエジプトの上になお一つのわざわいを下す。そのあとで彼は、あなたがたをここから行かせる。彼があなたがたを行かせるときは、ほんとうにひとり残らずあなたがたをここから追い出してしまおう。』」

詩篇105：37「主は銀と金とを持たせて御民を連れ出された。その部族の中でよろける者はひとりもなかった。」

神様が出エジプトさせたイスラエルの人々は「ほんとうにひとり残らず」全員です。皆、病気も癒されて足腰が強くなって「よろける者はひとりもなかった」のです。その晩、「明日は私を置いて行ってくれ。寝たきりの病弱だから」「ご覧、私は足が悪いから旅立つことは無理だ」。そんなことを言っていた家族が、その晩、イエス様の血と肉を象徴する、小羊の血を門柱とかもいに塗って、ジンギスカンにして肉を食べたら、翌朝には元気に癒されたのです。足腰は丈夫にもはや、よろけない。全ての病人が癒されて本当に全員、健康に旅立てたのです。ですから、イエス様の十字架の血潮を賛美して、聖書の言葉を読むとき、肉を食すことになります。聖書を読んだら元気になります。こうして、天国のカナンに旅立つのです！

この世は偽りも多く、悪魔の陰謀も確かにあります。しかし、天地と私たちを創造された父なる神様は偽ることなく愛と真実であられ、あなたを愛しています。

第一ヨハネ4：10～12「私たちが神を愛したのではなく、神が私たちを愛し、私たちの罪のために、なだめの供え物としての御子を遣わされました。ここに愛があるのです。愛する者たち。神がこれほどまでに私たちを愛してくださったのなら、私たちもまた互いに愛し合うべきです。いまだかつて、だれも神を見た者はありません。もし私たちが互いに愛し合うなら、神は私たちのうちにおられ、神の愛が私たちのうちに全うされるのです。」

イエス・キリストを信じてともに永遠の命を獲得したくはありませんか？　そう思われるお方は、どうぞ以下のことを信じて受け取ってください。

神様からの5大プレゼント「なぜなら神は愛だからです」

1、新しく生まれ変わります

罪を悟り悔い改め、イエス様を救い主として受け入れるなら、聖霊様が私たちの内に住まれ、罪と死の原理から解放され、神の子どもとされる特権が与えられ、神様が計画した素晴らしい祝福が与えられます。

2、聖霊によって聖められます

聖霊様に満たされるとき、力を得、福音を宣べ伝えるようになり、また聖霊様によって聖められ、罪悪の力と本性的な堕落から離れ、聖潔な生活を送るようになります。

3、病が癒されます

イエス様は病人を治すときごとに罪の赦しと病の癒しを不可分なものとして結び付け、全人的な癒しを行われました。

4、恵みの中で豊かな生活を送れます

イエス様は私たちを呪いから解放してくださいました。愛を、希望を、祈りを、物質を与える時、まことに祝福されるクリスチャンになります。

5、イエス・キリストの再臨により天国へ行けます

私たちの究極的な希望はこの世にあるのではなく、キリストの再臨と永遠の御国にあります。これは、ぼんやりとした宗教的な幻ではなく、聖書が見せているはっきりとした未来です。私たちは死後に体から離れて、霊魂が復活して神の国へ移されます。案内者は天国の御使いです。あなたは喜び輝く永遠の命に入ります。

「キリストも一度罪のために死なれました。正しい方が悪い人々の身代わりとなったのです。それは、肉においては死に渡され、霊においては生かされて、私たちを神のみもとに導くためでした」

使徒信条　以下の言葉を声に出して口で告白して信じてください。なぜなら聖書にこうあるか

らです。「人は心に信じて義と認められ、口で告白して救われるのです」。今、ここにイエス・キリストがおられます。今、ここで告白しましょう。

「我は天地の造《つく》り主《ぬし》、全能の父なる神を信ず。
我はその独《ひと》り子《ご》、我らの主《しゅ》、イエス・キリストを信ず。
主は聖霊によりてやどり、処女《おとめ》マリヤより生《うま》れ、
ポンテオ・ピラトのもとに苦しみを受け、十字架《じゅうじか》につけられ、
死にて葬られ、陰府《よみ》にくだり、三日目に死人のうちよりよみがえり、天に昇り、全能の父なる神の右に座したまえり。
かしこより来たりて生ける者と死にたる者とを審《さば》きたまわん。
我は聖霊を信ず。聖なる公同の教会、聖徒の交わり、罪の赦《ゆる》し、
身体《からだ》のよみがえり、永遠《とこしえ》の生命《いのち》を信ず。
アーメン。」

主の祈り「だから、こう祈りなさい。」

「天にまします我らの父よ。

ねがわくは御名《みな》をあがめさせたまえ。
御国《みくに》を来たらせたまえ。
みこころの天になるごとく、地にもなさせたまえ。
我らの日用の糧《かて》を、今日《きょう》も与えたまえ。
我らに罪をおかす者を、我らがゆるすごとく、我らの罪をもゆるしたまえ。
我らをこころみにあわせず、悪より救いいだしたまえ。
国とちからと栄えとは、限りなくなんじのものなればなり。
アーメン。」

おめでとうございます。只今の勇気ある信仰告白をもって、あなたは救われた神様の子となりました。

ぜひとも、聖書を読んでお近くの十字架のあるプロテスタントの教会に通ってください。牧師が親切にあなたを神の国へお導きします。

本書のような陰謀の世界のことを全く知らない牧師先生の教会で大丈夫です。ただ一生懸命にイエス様のことを話してくださり、あなたのために親身になってお祈りしてくださる牧師先生のおられる教会を見つけてください。必ずあなたにふさわしい教会が見つかります。

あきらめないで真理を探究し続けてください。必ず天国の門は開かれて幸福になれます。

泉パウロ
純福音立川教会　牧師
『本当かデマか３・11［人工地震説の根拠］衝撃検証』ヒカルランド
『３・11人工地震でなぜ日本は狙われたか１』ヒカルランド
『３・11人工地震でなぜ日本は狙われたか２』ヒカルランド
『３・11人工地震でなぜ日本は狙われたか３』ヒカルランド
『３・11人工地震でなぜ日本は狙われたか４』ヒカルランド
『３・11人工地震でなぜ日本は狙われたか５』ヒカルランド
『３・11人工地震でなぜ日本は狙われたか６』ヒカルランド
『人工地震７　環境破壊兵器 HAARP が福島原発を粉砕した』ヒカルランド
『「イルミナティ対談」ベンジャミン・フルフォード×泉パウロ』学研
『悪魔の秘密結社「イルミナティ」の黙示録』学研
『大発見！　主イエスの血潮』マルコーシュ・パブリケーション
『イエス・キリストの大預言』マルコーシュ・パブリケーション
『大地震』フルゴスペル出版
『クリスチャンになろう！』フルゴスペル出版
『イエス様 感謝します』フルゴスペル出版
その他、日本 CGNTV、月刊誌 HOPE、
月刊誌 HAZAH など連載多数。

新型コロナウィルスは細菌兵器である！

第一刷　2020年4月30日

著者　泉パウロ

発行人　石井健資

発行所　株式会社ヒカルランド
〒162-0821　東京都新宿区津久戸町3-11　TH1ビル6F
電話　03-6265-0852　ファックス　03-6265-0853
http://www.hikaruland.co.jp　info@hikaruland.co.jp

振替　00180-8-496587

本文・カバー・製本　中央精版印刷株式会社

DTP　株式会社キャップス

編集担当　TakeCO

ISBN978-4-86471-877-6

みらくるヒーリングマシンが勢ぞろい!
今日も元気!
神楽坂ヒカルランドみらくる
からのお知らせ!

ミトコンドリアが活性化！
生命エネルギーが３倍に!?
プラズマパルサー

私たちが生きるのに使っている生命エネルギーは、ミトコンドリアが生み出す ATP。
この ATP を３倍に増やすのと同じ現象を起こすのが、天才・田丸滋先生が開発した「プラズマパルサー」です！

早くからプラズマに携わり、液晶や排気ガス装置などを作り上げ、特許を110も出願した天才・田丸滋氏が、世界を救う技術を集結させて開発したプラズマパルサー。細胞内の生命エネルギーが増え、持続力が増し、疲れにくく、元気になります！

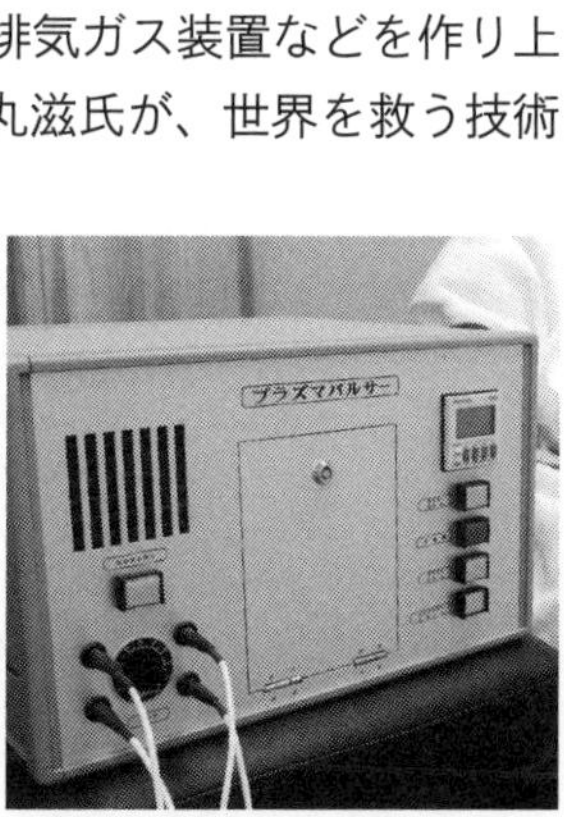

プラズマセラピー
（プラズマウォーターつき）
30分／12,500円

自然の中にいるような心地よさと開放感が
あなたにキセキを起こします

神楽坂ヒカルランドみらくるの1階は、自然の生命活性エネルギーと肉体との交流を目的に創られた、奇跡の杉の空間です。私たちの生活の周りには多くの木材が使われていますが、そのどれもが高温乾燥・薬剤塗布により微生物がいなくなった、本来もっているはずの薬効を封じられているものばかりです。神楽坂ヒカルランドみらくるの床、壁などの内装に使用しているのは、すべて45℃のほどよい環境でやさしくじっくり乾燥させた日本の杉材。しかもこの乾燥室さえも木材で作られた特別なものです。水分だけがなくなった杉材の中では、微生物や酵素が生きています。さらに、室内の冷暖房には従来のエアコンとはまったく異なるコンセプトで作られた特製の光冷暖房機を採用しています。この光冷暖は部屋全体に施された漆喰との共鳴反応によって、自然そのもののような心地よさを再現。森林浴をしているような開放感に包まれます。

みらくるな変化を起こす施術やイベントが
自由なあなたへと解放します

ヒカルランドで出版された著者の先生方やご縁のあった先生方のセッションが受けられる、お話が聞けるイベントを不定期開催しています。カラダとココロ、そして魂と向き合い、解放される、かけがえのない時間です。詳細はホームページ、またはメールマガジン、SNSなどでお知らせします。

神楽坂ヒカルランド　みらくる　Shopping & Healing
〒162-0805　東京都新宿区矢来町111番地
地下鉄東西線神楽坂駅２番出口より徒歩２分
TEL：03-5579-8948　メール：info@hikarulandmarket.com
営業時間11：00～18：00（１時間の施術は最終受付17：00、２時間の施術は最終受付16：00。時間外でも対応できる場合がありますのでご相談ください。イベント開催時など、営業時間が変更になる場合があります。）
※ Healingメニューは予約制。事前のお申込みが必要となります。
ホームページ：http://kagurazakamiracle.com/

★《AWG》癒しと回復「血液ハピハピ」の周波数

生命の基板にして英知の起源でもあるソマチッドがよろこびはじける周波数をカラダに入れることで、あなたの免疫力回復のプロセスが超加速します！

世界12カ国で特許、厚生労働省認可！　日米の医師＆科学者が25年の歳月をかけて、ありとあらゆる疾患に効果がある周波数を特定、治療用に開発された段階的波動発生装置です！ 神楽坂ヒカルランドみらくるでは、まずはあなたのカラダの全体環境を整えること！　ここに特化・集中した《多機能対応メニュー》を用意しました。

※180分／24,000円のコースもあります。
※妊娠中・ペースメーカーご使用の方にはご案内できません。

A．血液ハピハピ＆毒素バイバイコース
　(AWG コード003・204)　60分／8,000円
B．免疫 POWER UP　バリバリコース
　(AWG コード012・305)　60分／8,000円
C．血液ハピハピ&毒素バイバイ&免疫 POWER UP バリバリコース　120分／16,000円
D．水素吸入器「ハイドロブレス」併用コース
　60分／12,000円
E．脳力解放「ブレインオン」併用コース　60分／12,000円
F．AWG プレミアムコース　9回／55,000円　60分／8,000円×9回
※その都度のお支払いもできます。

AWGプレミアムメニュー

1つのコースを一日1コースずつ、9回通っていただき、順番に受けることで身体全体を整えるコースです。2週間〜1か月に一度、通っていただくことをおすすめします。

①血液ハピハピ＆毒素バイバイコース　②免疫 POWER UP バリバリコース
③お腹元気コース　④身体中サラサラコース
⑤毒素やっつけコース　⑥老廃物サヨナラコース

★音響免疫チェア《羊水の響き》

脊髄に羊水の音を響かせて、アンチエイジング！
基礎体温1℃アップで体調不良を吹き飛ばす！
細胞を活性化し、血管の若返りをはかりましょう！

特許1000以上、天才・西堀貞夫氏がその発明人生の中で最も心血を注ぎ込んでいるのがこの音響免疫チェア。その夢は世界中のシアターにこの椅子を設置して、エンターテインメントの中であらゆる病い／不調を一掃すること。椅子に内蔵されたストロー状のファイバーが、羊水の中で胎児が音を聞くのと同じ状態をつくりだすのです！　西堀貞夫氏の特製 CD による羊水体験をどうぞお楽しみください。

A．自然音Aコース「胎児の心音」　60分／10,000円
B．自然音Bコース「大海原」　60分／10,000円
C．「胎児の心音」「大海原」　120分／20,000円

神楽坂ヒカルランド みらくる Shopping & Healing

神楽坂《みらくる波動》宣言！

神楽坂ヒカルランド「みらくる Shopping & Healing」では、触覚、聴覚、視覚、嗅（きゅう）覚、味覚の五感を研ぎすませることで、健康なシックスセンスの波動へとあなたを導く、これまでにないホリスティックなセルフヒーリングのサロンを目指しています。ヒーリングは総合芸術です。あなたも一緒にヒーリングアーティストになっていきましょう。

★ TimeWaver《タイムウエイバー》

時間も空間も越えて、先の可能性が見える！
多次元量子フィールドへアクセス、新たな未来で成功していく指針を導きだします。

空間と時間を超越したヒーリングマシン「TimeWaver」は、抱えている問題に対して、瞬時に最適な指針を導き出します。タイムマシンの原理を応用し12次元レベルから見た情報を分析。肉体的なレベルだけではなく、チャクラや経絡、カルマ、DNA、遺伝的な要因など広い範囲にわたる情報フィールドにアクセスし、問題の原因を見つけます。「目標に対しての戦略エネルギー」、「ご自身や周りにいる人々のマインドエネルギー」などを分析し、最も効率よく最大限の成功へと導く道標を示し、さらに時空からその成功をサポート。すごい時代になりました！

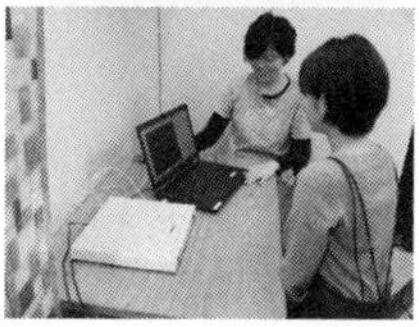

初回 60分／35,000円　　2回目以降 60分／25,000円

ご来店

事前にご自身がお一人で写っている顔写真の画像と、生年月日などのデータをお送りいただきます。特に体に何かつける、横になるなどはなく、オペレーターと画面を見ながらセッションを進めていきます。

遠隔セッション

TimeWaver がアクセスするのは、量子フィールド。お一人で写っているご自身の顔写真と生年月日などの情報があれば、アプリや、お電話などでの遠隔セッションが可能です。プライベートなお話のできる静かな場所で、椅子などにゆっくり座りながらお受けください。

★植物の高波動エネルギー《ブルーライト》

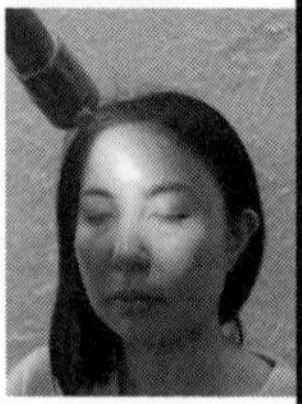

高波動の植物の抽出液を通したライトを頭頂部などに照射。抽出液は13種類、身体に良いもの、感情面に良いもの、若返り、美顔……など用途に合わせてお選びいただけます。より健康になりたい方、心身の周波数や振動数を上げたい方にピッタリ！

A．健康コース　7か所　10〜15分／3,000円
B．メンタルコース　7か所　10〜15分／3,000円
C．健康＋メンタルコース　15〜20分／5,000円
D．ナノライト（ブルーライト）使い放題コース　30分／10,000円

★ソマチッド《見てみたい》コース

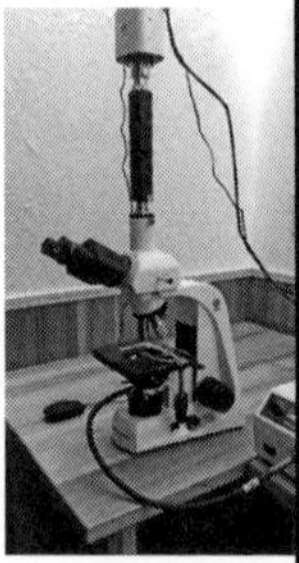

あなたの中で天の川のごとく光り輝く「ソマチッド」を暗視野顕微鏡を使って最高クオリティの画像で見ることができます。自分という生命体の神秘をぜひ一度見てみましょう！

A．ワンみらくる　1回／1,500円（5,000円以上の波動機器セラピーをご利用の方のみ）
B．ツーみらくる（ソマチッドの様子を、施術前後で比較できます）2回／3,000円（5,000円以上の波動機器セラピーをご利用の方のみ）
C．とにかくソマチッド　1回／3,000円（ソマチッド観察のみ、波動機器セラピーなし）

★脳活性《ブレインオン》

聞き流すだけで脳の活動が活性化し、あらゆる脳トラブルの予防・回避が期待できます。集中力アップやストレス解消、リラックス効果も抜群。緊張した脳がほぐれる感覚があるので、AWG との併用がおすすめです！

30分／2,000円
脳力解放「ブレインオン」AWG 併用コース
60分／10,000円

★激痛！ デバイス《ドルフィン》

長年の気になる痛み、手放せない身体の不調…たったひとつの古傷が気のエネルギーの流れを阻害しているせいかもしれません。他とは全く違うアプローチで身体に氣を流すことにより、体調は一気に復活しますが、痛いです！！！

A．エネルギー修復コース 60分／15,000円
B．体験コース 30分／5,000円

★量子スキャン＆量子セラピー《メタトロン》

あなたのカラダの中をDNAレベルまで調査スキャニングできる
量子エントロピー理論で作られた最先端の治療器！

筋肉、骨格、内臓、血液、細胞、染色体など——あなたの優良部位、不調部位がパソコン画面にカラーで６段階表示され、ひと目でわかります。セラピー波動を不調部位にかけることで、その場での修復が可能！
宇宙飛行士のためにロシアで開発されたこのメタトロンは、すでに日本でも進歩的な医師80人以上が診断と治癒のために導入しています。
Ａ.Ｂ.ともに「セラピー」「あなたに合う／合わない食べ物・鉱石アドバイス」「あなただけの波動転写水」付き

Ａ.「量子スキャンコース」 60分／10,000円
あなたのカラダをスキャンして今の健康状態をバッチリ６段階表示。気になる数か所へのミニ量子セラピー付き。

Ｂ.「量子セラピーコース」
120分／20,000円
あなたのカラダをスキャン後、全自動で全身の量子セラピーを行います。60分コースと違い、のんびりとリクライニングチェアで寝たまま行います。眠ってしまってもセラピーは行われます。

★脳活性《ブレイン・パワー・トレーナー》

脳力UP＆脳活性、視力向上にと定番のブレイン・パワー・トレーナーに、新メニュー、スピリチュアル能力開発コース「0.5Hz」が登場！　0.5Hzは、熟睡もしくは昏睡状態のときにしか出ないδ（デルタ）波の領域です。「高次元へアクセスできる」「松果体が進化、活性に適している」などと言われています。

Ａのみ　15分／3,000円　　Ｂ～Ｆ　30分／3,000円
AWG、羊水、メタトロンのいずれか（5,000円以上）と同じ日に受ける場合は、2,000円

Ａ.「0.5Hz」スピリチュアル能力開発コース
Ｂ.「6Hz」ひらめき、自然治癒力アップコース
Ｃ.「8Hz」地球と同化し、幸福感にひたるコース
Ｄ.「10Hz」ストレス解消コース
Ｅ.「13Hz」集中力アップコース
Ｆ.「151Hz」目の疲れスッキリコース

本といっしょに楽しむ ハピハピ♥ Goods&Life ヒカルランド

悪性電磁波から身を守る電磁波対策グッズ「テクノＡＯ」持ち運びに便利なシリーズの人気アイテムを紹介！

増川いづみ博士

昨今私たちを取り巻く電磁波は増加の一途をたどり、人体への悪影響は深刻化しています。電磁波は細胞や遺伝子を徐々に破壊していき、人間の脳や心臓、自律神経へ害を与えていきます。人のα波の周波数が乱れてくると、不調やストレス症状、さらには脳や身体に重大な障害を引き起こす危険が示唆されています。30年も前から電磁波の危険に対して警鐘を鳴らしてきた増川いづみ博士は、米軍や旧ソ連軍の研究所に赴き、電磁波から守る技術を習得。「テクノ AO」シリーズとして数々の電磁波対策グッズを世に出しています。テクノ AO 製品には、太古の深海ミネラルバランスに着目して開発された、バイオ溶液を封じ込めたカプセルが内蔵されています。このバイオ溶液が、脳のα波帯を増幅させることで自己防衛能力を最大限に高め、危険性の高い人工的な電磁波を生体になじむ波動に変換し、身体に最大限に調和させて電磁波の驚異から守ってくれるのです。

テクノAO ミニエネルギーバランサー

■86,700円（税込）

■別売 キャリーバック　2,900円（税込）

内蔵された液体「生体波」の波動によって、悪性電磁波を無害な波動に変換し、さらに周囲の空間をパワースポットのように調整します。持ち運び可能な携帯サイズで利便性が高いのもポイント。ヘンプ100%の布を贅沢に二重使いした、丈夫で持ち歩きに便利な専用バッグもご一緒にどうぞ。

●サイズ：直径約70mm×高さ約55mm

●重さ：約175g　●有効範囲：直径約10m

【お問い合わせ先】ヒカルランドパーク

＊ご案内の価格、その他情報は発行日時点のものとなります。

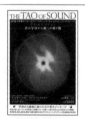

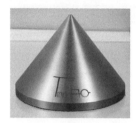

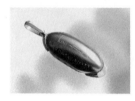

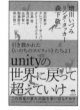

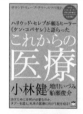

5G 対策にも！

電磁波を知り尽くす増川いづみ博士も愛用する一級品
テクノ AO シリーズ その他ラインナップ

テクノAO MP12(携帯電話用)
■9,400円（税込）

電磁波ストレスって知っていますか？　パソコンや携帯電話などから出る電磁波を長時間浴びることで起きる体や神経からの SOS のことです。電磁波問題は、欧米では「二十一世紀の公害」「第二のアスベスト」といわれて、政府主導で対策も立てられていますが、日本では超低周波の規制はありません。テクノ AO の技術は電磁波をカットしたり、反射したり吸収するものではありません。生体の持つ防御能力を高めることで、電磁波の害を軽減するのです。MP12は携帯電話に貼ってお使いになることで、脳のアルファ波が増幅されます。
●サイズ：幅13㎜×高さ６㎜×奥行31㎜　●重さ：25g　●有効範囲：半径30㎝
【使用例】携帯電話・シェーバー・ヘアドライヤー（※スマートフォンにはPC15をおすすめいたします）

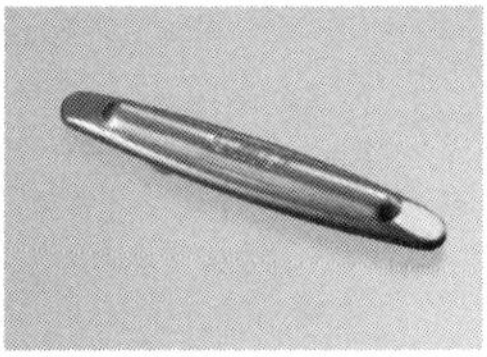

テクノAO PC15(一般家電用)
■14,600円（税込）

目が痛い、肩が凝る、よく眠れない、イライラする。こうした症状にお悩みの方、パソコンに長時間向かっていたり、携帯電話を頻繁に使っていたり、テレビゲーム・オンラインゲームに夢中だったりしていませんか？

これらは「電磁波ストレス」の可能性があります。テクノ AO は脳がリラックスしているときに出すアルファ波と同じ８～12㎐前後に近いごく微弱な磁気を発振しています。テクノ AO があることで、脳のアルファ波が増幅され、活性化されます。またベータ波も自然に活性化されます。PC15はパソコン・スマートフォン・IH 調理器・ヘアドライヤーなどに貼ってお使いください。
●色：メタリックブルー　●サイズ：幅10㎜×高さ５㎜×奥行61㎜　●重さ：３g　●有効範囲：半径３～４m

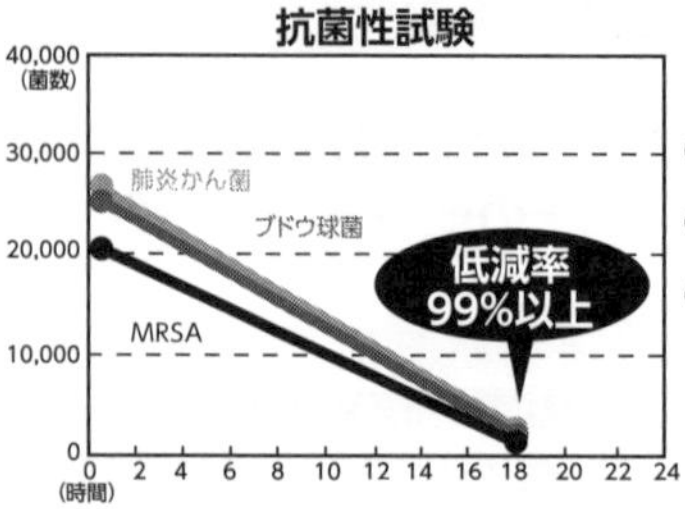

メディカルハイブリッドレースシールド

■S（２枚入り） 90,200円（税込）
■M（２枚入り） 99,000円（税込）
■L（２枚入り）107,800円（税込）
●サイズ：［S］100cm×135cm、［M］100cm×176cm、［L］100cm×198cm
●特許技術アースプラス技術使用

メディカルハイブリッド寝具カバー３点セット

■シングル 107,800円（税込） ■ダブル 140,800円（税込）

●サイズ：【シングル】［枕カバー（１枚）］45cm×90cm、［掛けカバー］150cm×210cm、［敷カバー］150cm×250cm、【ダブル】［枕カバー（２枚）］45cm×90cm、［掛けカバー］190cm×210cm、［敷カバー］190cm×250cm
●特許技術アースプラス技術使用、日本アトピー協会推薦品
※布団は付属しておりません。

●ご購入・お問い合わせについて
メディカルハイブリッド製品をご購入の際はヒカルランドパークまで、お電話（03-5225-2671／平日10～17時）またはFAX（03-6265-0852／24時間受付）でご連絡ください。メディカルハイブリッド製品はインターネットによるご注文はお受けできませんので、ご了承ください。

＊ご案内の価格、その他情報は発行日時点のものとなります。

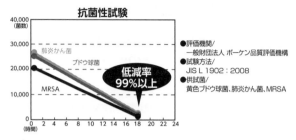

本といっしょに楽しむ ハピハピ♥ Goods&Life ヒカルランド

ウイルスをシャットアウトして大切な命を守る！
まるで空気清浄機のようなスーパーカーテン

◎開発のきっかけは災害時の院内感染対策

「災害時に電気供給が制限された時に、院内感染を防ぐ方法はないだろうか？　もしもカーテンが空気を清浄してくれたなら……」。ある病院関係者のそんな声がきっかけとなり、開発メーカーがその思いを真摯に受け止めて研究を重ね、ついに空気清浄器すら超える“スーパーカーテン”が誕生しました。
一見、普通のカーテン。しかし、その高い能力を示す裏付けとして、現在は国内で3000以上の病院・医療機関で導入が進み、世界最高基準・ドイツの研究機関による認定を受けています。それがご家庭でご利用できるサイズとして一般の方でもお買い求めできるようになったのです。

◎スーパーカーテンと呼ばれる理由

このカーテンに使われている素材は「アースプラス」というセラミックス複合機能材料。食品添加物に認可された成分で構成され、最新の光触媒技術により空気中に浮遊している細菌、ウィルス、花粉、アレル物質などをつかまえ、それを水や二酸化炭素に分解していく仕組みを半永久的に繰り返します。つまり、設置すれば、電気を使わずして部屋の環境を安全で清潔な空間へと整えることが可能となるわけです。西陣織で織られた丈夫な生地なので、600〜1000回洗濯しても機能が落ちず、永く使えるのもポイントです。
病院のニーズに応えた確かな品質で、家計にも地球にも優しい夢のようなスーパーカーテン。お部屋の毒出し＝ルームデトックスが必要な時代です。安心な暮らしを守る必需アイテムとして、ぜひご活用ください。

国際特許アースプラス技術

アースプラス™技術は国際基準（ホーエンシュタイン／ISO／繊維製品の抗菌評価法【ISO20743】）最先端の感染症対策技術（吸着分解技術）として世界のウイルス、細菌対策国際基準をクリアしました。

抗ウイルス性試験

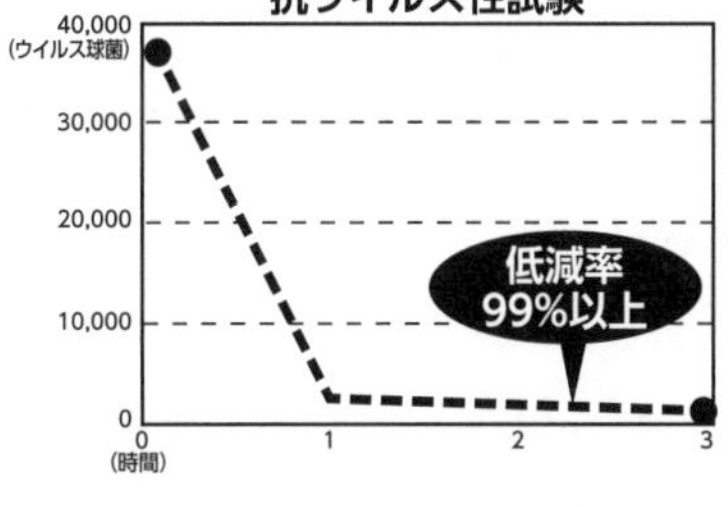

ノロウイルスにも対応！

●評価機関／
NPO法人バイオメディカルサイエンス研究会
●試験方法／
新型インフルエンザ（H1N1Pdm）A/California/07/09を使用しMDCK（イヌ肝臓細胞）を用いたプラーク法にて感染価を測定

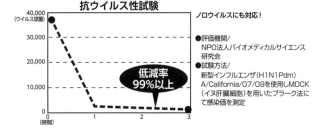

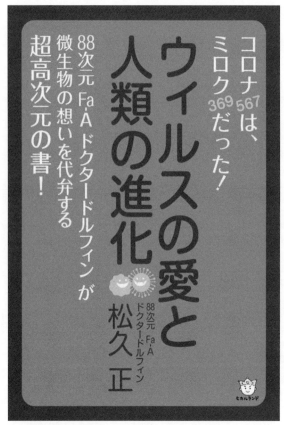